Rapport final
de la quarante et unième
Réunion consultative
du Traité sur l'Antarctique

RÉUNION CONSULTATIVE
DU TRAITÉ SUR L'ANTARCTIQUE

Rapport final
de la quarante et unième
Réunion consultative
du Traité sur
l'Antarctique

Buenos Aires, Argentine
13 - 18 mai 2018

Volume I

Secrétariat du Traité sur l'Antarctique
Buenos Aires
2018

Publié par :

 Secretariat of the Antarctic Treaty
Secrétariat du Traité sur l'Antarctique
Секретариат Договора об Антарктике
Secretaría del Tratado Antártico

Maipú 757, Piso 4
C1006ACI Ciudad Autónoma
Buenos Aires - Argentina
Tel: +54 11 4320 4260
Fax: +54 11 4320 4253

Ce rapport est également disponible à : *www.ats.aq* (version numérique)
et exemplaires achetés en ligne

ISSN 2346-9900
ISBN (vol. I): 978-987-4024-68-8
ISBN (œuvre complète): 978-987-4024-64-0

Table des matières

VOLUME I

3. Résolutions   **209**

VOLUME II

Acronymes et abréviations

PARTIE II. MESURES, DÉCISIONS ET RÉSOLUTIONS (SUITE)

4. Plans de gestion

PARTIE III. DISCOURS D'OUVERTURE ET DE CLÔTURE ET RAPPORTS

1. Discours d'ouverture et de clôture

2. Rapports des dépositaires et des observateurs

3. Rapports des Experts
    Rapport de l'OMM
    Rapport de l'ASOC
    Rapport de l'IAATO

PARTIE IV. DOCUMENTS SUPPLÉMENTAIRES DE LA XLIᵉ RCTA

1. Liste de documents
    Documents de travail
    Documents d'information
    Documents du Secrétariat
    Documents de contexte

2. Liste des participants
    Parties consultatives
    Parties non consultatives
    Observateurs, Experts et invités
    Secrétariat du pays hôte
    Secrétariat du Traité sur l'Antarctique

Acronymes et abréviations

ACAP	Accord sur la conservation des albatros et des pétrels
AMP	Aires marines protégées
ASOC	Coalition sur l'Antarctique et l'océan Austral
BP	Document de contexte
CCAMLR	Convention sur la conservation de la faune et de la flore marines de l'Antarctique et/ou Commission pour la conservation de la faune et de la flore marines de l'Antarctique
CCAS	Convention pour la protection des phoques de l'Antarctique
CCNUCC	Convention-cadre des Nations Unies sur les changements climatiques
CCS	Centre de coordination des opérations de sauvetage
Clubs IGP&I	Groupe international des clubs de protection et d'indemnisation
COMNAP	Conseil des directeurs des programmes antarctiques nationaux
COI	Commission océanographique intergouvernementale
CPE	Comité pour la protection de l'environnement
CS-CAMLR	Comité scientifique de la CCAMLR
EGIE	Évaluation globale d'impact sur l'environnement
EIE	Évaluation d'impact sur l'environnement
EPIE	Évaluation préliminaire d'impact sur l'environnement
FIPOL	Fonds d'indemnisation pour les dommages dus à la pollution par les hydrocarbures
GCI	Groupe de contact intersessions
GIEC	Groupe intergouvernemental d'experts sur l'évolution du climat
GSRCC	Groupe subsidiaire chargé de la réponse au changement climatique
GSPG	Groupe subsidiaire sur les plans de gestion
IAATO	Association internationale des organisateurs de voyages dans l'Antarctique
IP	Document d'information
MARPOL	Convention internationale pour la prévention de la pollution par les navires
OACI	Organisation de l'aviation civile internationale
OHI	Organisation hydrographique internationale
OMI	Organisation maritime internationale
OMM	Organisation météorologique mondiale

OMT	Organisation mondiale du tourisme
PNUE	Programme des Nations unies pour l'environnement
PTRCC	Programme de travail en réponse au changement climatique
RCBA	Régions de conservation biogéographiques de l'Antarctique
RCTA	Réunion consultative du Traité sur l'Antarctique
RETA	Réunion d'experts du Traité sur l'Antarctique
SAR / R&S	Recherche et sauvetage
SCAR	Comité scientifique pour la recherche en Antarctique
SEEI	Système électronique d'échange d'informations
SMH	Sites et monuments historiques
SOLAS	Convention internationale pour la sauvegarde de la vie humaine en mer
SOOS	Système d'observation de l'océan Austral
SP	Document du Secrétariat
STA	Système du Traité sur l'Antarctique ou Secrétariat du Traité sur l'Antarctique
UAV/RPAS	Véhicules aériens sans pilote / systèmes d'aéronefs pilotés à distance
UICN	Union internationale pour la conservation de la nature
WP	Document de travail
ZGSA	Zone gérée spéciale de l'Antarctique
ZICO	Zones importantes pour la conservation des oiseaux
ZSPA	Zone spécialement protégée de l'Antarctique

1. Rapport final

Rapport final de la quarante et unième Réunion consultative du Traité sur l'Antarctique

Buenos Aires, Argentine, 16 - 18 mai 2018

1. Conformément à l'article IX du Traité sur l'Antarctique, les représentants des Parties consultatives (Afrique du Sud, Allemagne, Argentine, Australie, Belgique, Brésil, Bulgarie, Chili, Chine, Espagne, Équateur, États-Unis d'Amérique, Fédération de Russie, Finlande, France, Inde, Italie, Japon, Nouvelle-Zélande, Norvège, Pays-Bas, Pérou, Pologne, République de Corée, République tchèque, Royaume-Uni de Grande-Bretagne et d'Irlande du Nord, Suède, Ukraine et Uruguay) se sont réunis à Buenos Aires, du 16 au 18 mai 2018, afin d'échanger des informations, tenir des consultations, examiner et recommander à leurs gouvernements des mesures destinées à assurer le respect des principes et la réalisation des objectifs du Traité.

2. Ont également assisté à la Réunion des délégations des Parties contractantes au Traité sur l'Antarctique qui ne sont pas des Parties consultatives : le Bélarus, le Canada, la Colombie, la Malaisie, le Portugal, la Roumanie, la Suisse, la Turquie et le Venezuela.

3. Conformément aux articles 2 et 31 du Règlement intérieur, des Observateurs représentant la Commission pour la conservation de la faune et de la flore marines de l'Antarctique (CCAMLR), le Comité scientifique pour la recherche en Antarctique (SCAR) et le Conseil des directeurs des programmes antarctiques nationaux (COMNAP) ont également pris part à la Réunion.

4. Conformément à l'article 39 du Règlement intérieur, des Experts des organisations internationales et non gouvernementales suivantes ont pris part à la Réunion : la Coalition pour l'Antarctique et l'océan Austral (ASOC), le Secrétariat de l'Accord sur la conservation des albatros et des pétrels (ACAP), l'Association internationale des organisateurs de voyages dans l'Antarctique (IAATO), et l'Organisation météorologique mondiale (OMM).

5.   L'Argentine, en sa qualité de pays hôte, s'est acquittée de ses obligations d'information à l'égard des Parties contractantes, des Observateurs et des Experts en diffusant les circulaires et correspondances du Secrétariat et en tenant à jour un site Internet consacré à la Réunion.

Point 1 : Ouverture de la Réunion

6.   La Réunion a été officiellement ouverte le 16 mai 2018. Au nom du gouvernement du pays hôte, et conformément aux articles 5 et 6 du Règlement intérieur, le responsable du Secrétariat du gouvernement du pays hôte, M. Juan Antonio Barreto, a ouvert la séance et a proposé la candidature de Madame l'ambassadrice María Teresa Kralikas au poste de Présidente de la XLIᵉ RCTA. La proposition a été acceptée.

7.   La Présidente a souhaité la bienvenue en Argentine à toutes les Parties, aux Observateurs et aux Experts. Elle a souligné l'engagement historique de l'Argentine en faveur de l'Antarctique et du Système du Traité sur l'Antarctique, et mentionné les circonstances inhabituelles qui ont entouré cette XLIᵉ RCTA - XXIᵉ réunion du CPE abrégée. Elle a remercié la délégation d'Argentine et le Secrétariat du Traité sur l'Antarctique d'avoir organisé les réunions en des délais aussi brefs. La Présidente a également souligné qu'il ne s'agissait pas d'une réunion normale ou ordinaire, et que celle-ci ne devait pas être considérée comme constituant un précédent pour les réunions ultérieures. Elle a souhaité aux délégués une réunion et des débats fructueux.

8.   Les délégués ont observé une minute de silence à la mémoire du vice-commodore Carlos Rolando (Argentine), de Shri Subhajit Sen (Inde), du capitaine de frégate Javier Montojo Salazar (Espagne) et du directeur des opérations de navires, M. Bigboy Joseph (Afrique du Sud). Les délégués ont également honoré le Dr José Valencia, un ornithologue chilien renommé, spécialiste de l'Antarctique, ainsi que le général Jorge Edgar Leal, qui a mené la première expédition terrestre argentine au pôle Sud et établi la station Esperanza.

9.   Son Excellence Jorge Faurie, le ministre argentin des Affaires étrangères et du Culte, s'est joint à la Réunion et a souhaité la bienvenue à tous les délégués. Soulignant que l'organisation de la Réunion représentait un honneur pour l'Argentine, il a reconnu les immenses efforts déployés par le ministère argentin des Affaires étrangères, le Secrétariat du pays hôte et le Secrétariat du Traité sur l'Antarctique pour organiser la Réunion, malgré la brièveté des délais

impartis. Son Excellence a rappelé la présence longue et ininterrompue de l'Argentine en Antarctique, soulignant l'engagement continu de l'Argentine envers les objectifs et les principes du Système du Traité sur l'Antarctique.

10. Il a insisté sur le fait que le Traité était le fruit d'efforts diplomatiques ambitieux, menés depuis près de 60 ans. L'Argentine fait partie des douze signataires originels du Traité sur l'Antarctique, dont le nombre de pays membres est passé à 53, et le ministre a souligné l'engagement continu de l'Argentine envers le renforcement des objectifs de paix, de science, de coopération internationale et de conservation environnementale dans la région. Mettant l'accent sur l'implication de l'Argentine dans tous les aspects du Système du Traité sur l'Antarctique, que ce soit à travers ses scientifiques, son personnel logistique ou ses diplomates, il a décrit l'Argentine comme l'un des États les plus actifs dans la recherche de solutions à de nombreux problèmes auxquels l'Antarctique est confronté. Reconnaissant que l'augmentation du tourisme antarctique pouvait générer une croissance économique, mais aussi avoir des impacts environnementaux potentiellement indésirables, il a réaffirmé l'importance des conseils issus du Comité pour la protection de l'environnement en tant que pilier fondamental du Système du Traité sur l'Antarctique. Célébrant la coopération internationale, il a également rappelé que plus de 20 accords de coopération ont été signés entre l'Argentine et d'autres Parties, notamment avec le Royaume-Uni et l'Uruguay, en marge de cette RCTA.

11. Conscient du rôle clé que joue de la ville d'Ushuaia, point de départ vers l'Antarctique, il a pris note des dispositifs déjà mis en place pour les personnes transitant par l'Argentine en vue d'entreprendre des recherches en Antarctique. Il a également pris acte du rôle de l'Argentine en tant que membre de la CCAMLR et de sa proposition concernant l'aire marine protégée (AMP) de la péninsule antarctique occidentale et de l'arc Sud de Scotia en collaboration avec le Chili. Il a en outre réaffirmé que l'Argentine considère que la CCAMLR joue un rôle vital dans la protection de l'environnement mondial et la viabilité économique des activités de la région, et que les réunions telles que celle-ci démontrent que les Parties sont capables de gérer de nouveaux problèmes tout en maintenant leur engagement envers les principes originels du Traité. Enfin, il a insisté sur le fait que les Parties doivent continuer à œuvrer ensemble pour que la paix et la collaboration restent au cœur de toutes les activités menées en Antarctique pour les générations à venir. Il a souhaité une réunion fructueuse à toutes les Parties. L'ensemble des remarques de Son Excellence Jorge Faurie se trouve dans le Volume II, Partie III.1.

12. L'Honorable Ségolène Royal, ambassadrice française des pôles arctique et antarctique, a prononcé un discours sur les impacts climatiques en Antarctique et sur le rôle de l'Antarctique dans le système climatique.

Point 2 : Nomination des membres du Bureau

13. Le Dr Martin Smolek, chef de la délégation de la République tchèque, pays hôte de la XLIIᵉ RCTA, a été élu vice-président. Conformément à l'article 7 du Règlement intérieur, M. Albert Lluberas Bonaba, Secrétaire exécutif du Traité sur l'Antarctique, a fait office de Secrétaire lors de la Réunion. M. Juan Antonio Barreto, responsable du Secrétariat du pays hôte, a fait office de Secrétaire adjoint. M. Ewan McIvor, d'Australie, a continué de présider le Comité pour la protection de l'environnement. La Présidente a noté que M. McIvor arrivait au terme de son mandat de président du CPE cette année et l'a remercié pour le travail qu'il avait accompli. Elle a en outre fait remarquer que Madame Birgit Njåstad, de Norvège, avait été élue présidente du prochain CPE.

14. Rappelant la courte durée de la Réunion, la Présidente a indiqué que la RCTA se déroulerait en séance plénière et que les présidents de chaque groupe de travail présideraient aux discussions relatives aux points de l'ordre du jour attribués à leur groupe de travail dans le cadre des séances plénières. Les points de l'ordre du jour traitant des questions politiques, juridiques et institutionnelles ont été présidés par Madame Therese Johansen, de Norvège, et les points de l'ordre du jour traitant des opérations, de la science et du tourisme ont été présidés par la professeur Jane Francis, du Royaume-Uni, et par M. Máximo Gowland, d'Argentine.

Point 3 : Adoption de l'ordre du jour

15. L'ordre du jour suivant a été adopté :
    1. Ouverture de la Réunion
    2. Nomination des membres du Bureau
    3. Adoption de l'ordre du jour
    4. Fonctionnement du Système du Traité sur l'Antarctique :
        a) Rapports des Parties, des Observateurs et des Experts
        b) Demande du Venezuela en vue d'obtenir le statut de Partie consultative
        c) Sujets urgents relatifs au Secrétariat et aux questions financières
    5. Prospection biologique en Antarctique

6. Inspections effectuées en vertu du Traité sur l'Antarctique et du Protocole relatif à la protection de l'environnement

7. Tourisme et activités non gouvernementales dans la zone du Traité sur l'Antarctique

    a) Tendances et modèles

    b) Impacts environnementaux

8. Plan de travail stratégique pluriannuel

9. Rapport du Comité pour la protection de l'environnement

10. Préparation de la XLIIe RCTA

11. Autres questions

12. Adoption du rapport final

13. Clôture de la Réunion

16. La Réunion a réparti les points de l'ordre du jour comme suit :

- Plénière : Points 1, 2, 3, 4a, 9, 10, 11, 12, 13
- Groupe de travail 1 : Points 4b, 4c et 5
- Groupe de travail 2 : Points 6 et 7
- Groupes de travail 1 et 2 : Point 8

17. En outre, la Réunion a décidé de confier les projets d'instruments émanant des activités du Comité pour la protection de l'environnement et des groupes de travail à un groupe de rédaction juridique pour en examiner les aspects institutionnels et juridiques.

Point 4a : Fonctionnement du Système du Traité sur l'Antarctique : Rapports des Parties, des Observateurs et des Experts

18. Conformément à la Recommandation XIII-2, la Réunion a pris acte des rapports des gouvernements dépositaires et des secrétariats. Au vu des contraintes temporelles inhérentes à la réunion, la Présidente a indiqué que les documents d'information seraient considérés comme présentés, en soulignant que :

- la Turquie a ratifié le Protocole sur l'environnement, qui est entré en vigueur en Turquie le 27 octobre 2017 (document d'information IP 6) ;
- l'Ukraine a déclaré avoir approuvé la Mesure 4 (2004), la Mesure 1 (2005) et la Mesure 15 (2009) (document d'information IP 16) ;
- en sa qualité de gouvernement dépositaire de la Commission pour la conservation de la faune et la flore marines de l'Antarctique

(CCAMLR), l'Australie n'a reçu aucune nouvelle adhésion à la Convention depuis la XLᵉ RCTA (document d'information IP 39) ;

- en sa qualité de gouvernement dépositaire de la Convention pour la protection des phoques de l'Antarctique (CCAS), le Royaume-Uni n'a reçu aucune demande d'adhésion à cette Convention, ni aucun instrument d'adhésion depuis la XLᵉ RCTA (document d'information IP 1 rév. 1) ;

- en sa qualité de gouvernement dépositaire de l'Accord sur la conservation des albatros et des pétrels (ACAP), l'Australie a indiqué qu'il n'y avait eu aucune nouvelle adhésion à l'Accord depuis la XLᵉ RCTA (document d'information IP 38) ;

- dans son rapport annuel, le Conseil des directeurs de programmes antarctiques nationaux (COMNAP) a indiqué qu'il célébrait son 30ᵉ anniversaire (document d'information IP 11) ; et

- la CCAMLR a également présenté son Rapport annuel (document d'information IP 40).

19. Les États-Unis ont informé la Réunion que l'annonce de l'Ukraine quant à son approbation des Mesures 4 (2004), 1 (2005) et 15 (2009) n'avait pas encore été reçue par le gouvernement dépositaire et qu'elle n'était donc pas encore officiellement enregistrée. Ils ont en outre précisé que, dès réception de l'annonce par les voies dépositaires officielles, ils transmettraient cette approbation à toutes les Parties au Traité sur l'Antarctique.

20. La Présidente a invité le SCAR à s'adresser aux Parties, dans le cadre de la célébration de son 60ᵉ anniversaire.

21. Le SCAR a rendu compte de son histoire et des contributions exceptionnelles et extraordinaires de ses membres et scientifiques, apportées au cours des six dernières décennies. Le SCAR a rappelé à la Réunion qu'il était un organe du Conseil international pour la science, chargé de promouvoir les activités scientifiques en, depuis et à propos de l'Antarctique et de l'océan Antarctique et qu'il fournit des conseils aux Parties au Traité sur l'Antarctique, aux autres organes du Système du Traité sur l'Antarctique, ainsi qu'à d'autres organisations. Le SCAR a indiqué qu'en 1957, le Conseil international des unions scientifiques avait établi un Comité, lui confiant la préparation d'un plan en vue de l'exploration scientifique en Antarctique. Le SCAR organisa sa première réunion du 3 au 5 février 1958 à La Haye, aux Pays-Bas. Depuis, ses activités et le nombre de pays y ayant adhéré ont considérablement augmenté. Le SCAR a salué la collaboration fructueuse établie avec les Parties au Traité sur l'Antarctique, le Comité pour la

protection de l'environnement (CPE), les autres organes du Système du Traité sur l'Antarctique, les Observateurs, les Experts et la société civile. Enfin, le SCAR a noté qu'il se réjouissait de collaborer davantage avec les Parties, en particulier en ce que cela répond à d'importants défis scientifiques et aux responsabilités mondiales qui incombent à la communauté antarctique.

22. La Réunion a félicité le SCAR pour son 60ᵉ anniversaire et le COMNAP pour son 30ᵉ anniversaire. En prenant acte du document d'information IP 11, plusieurs Parties ont remercié le COMNAP d'avoir établi le *« COMNAP Antarctic Station Catalogue »* [Catalogue des stations du COMNAP], un outil utile et bien développé qui a renforcé l'efficacité.

23. La Réunion a considéré comme lus les documents présentés en vertu de la Recommandation XIII-2 :

   - document d'information IP 1 rév. 1 *Rapport du gouvernement dépositaire de la Convention pour la protection des phoques de l'Antarctique (CCAS), en vertu de la Recommandation XIII-2, paragraphe 2(D)* (Royaume-Uni). En sa qualité de gouvernement dépositaire de la Convention pour la protection des phoques de l'Antarctique (CCAS), le Royaume-Uni a fait savoir qu'aucune nouvelle demande d'adhésion à cette Convention, ni aucun instrument d'adhésion n'avaient été déposés depuis la XLᵉ RCTA ;

   - document d'information IP 6 *Rapport du gouvernement dépositaire du Traité sur l'Antarctique et de son Protocole conformément à la Recommandation XIII-2* (États-Unis). Les États-Unis, en leur qualité de gouvernement dépositaire du Traité sur l'Antarctique et de son Protocole relatif à la protection de l'environnement, ont rapporté une seule adhésion au Protocole, l'année dernière : la Turquie a déposé son instrument d'adhésion au Protocole le 27 septembre 2017. Le Protocole est entré en vigueur le 27 octobre 2017 pour la Turquie. Les États-Unis ont indiqué qu'il y avait actuellement 53 Parties au Traité et 40 Parties au Protocole ;

   - document d'information IP 11 *Rapport annuel 2017-2018 du Conseil des directeurs des programmes antarctiques nationaux (COMNAP)* (COMNAP). Le document d'information souligne que le 30ᵉ anniversaire du COMNAP aura lieu en septembre 2018. Le document indique que le COMNAP compte désormais 30 programmes antarctiques nationaux et quatre programmes d'observateurs, un nombre jamais atteint dans l'histoire du COMNAP. Il mentionne que la Médaille inaugurale du COMNAP a été décernée aux corécipiendaires M. Patrice Godon (anciennement IPEV) et M. Henry Valentine (anciennement SANAP). Il informe la Réunion que la 29ᵉ Assemblée générale annuelle du COMNAP (AGA) (2017) s'est tenue à Brno, en République tchèque, et a été organisée par l'université de Masaryk. Cette assemblée a proposé des sessions axées sur la sécurité / l'activité aérienne, la gestion de crises (perspective sociale) et la navigation / le Code polaire, ainsi qu'un atelier sur les innovations énergétiques et technologiques. Le document indique que la 30ᵉ AGA du COMNAP et le 18ᵉ Symposium se tiendront à Garmisch-Partenkirchen, en Allemagne, en juin 2018 et qu'ils seront organisés par l'Institut Alfred Wegener. L'AGA comportera des discussions axées sur la télémédecine, la prévention du harcèlement, le soutien aux sciences marines, la facilitation de collaborations scientifiques internationales, ainsi qu'une session sur l'environnement ;

- document d'information IP 26 *Rapport annuel 2017 - 18 du Comité scientifique pour la recherche antarctique (SCAR) à la XLIe Réunion consultative du Traité sur l'Antarctique*. Ce document note que le SCAR travaille à l'élaboration d'une nouvelle série de programmes de recherche scientifique. Le SCAR a indiqué qu'il s'agissait d'une occasion d'examiner des façons d'inclure les priorités scientifiques faisant l'objet de discussions entre les Parties dans le Programme de recherche scientifique du SCAR. Le document informe la Réunion que la XXXVe Réunion des délégués du SCAR et sa Conférence scientifique ouverte se tiendront du 15 au 26 juin 2018 à Davos, en Suisse. La réunion sera organisée conjointement avec la Semaine du sommet sur la science arctique 2018 et les réunions de travail du Comité international de la science arctique (IASC) et s'intitulera *« Polar 2018 - Where the Poles Come Together »* [Où les pôles se rejoignent]. Le SCAR a fait état des changements récemment survenus dans son organisation, indiquant en particulier que : le Dr Chandrika Nath sera la nouvelle directrice exécutive en juillet 2018 ; le Conseil international pour la science (CIUS), l'organisme de tutelle du SCAR, a fusionné avec le Conseil international pour les sciences sociales (CISS) pour former l'International Science Council [Conseil international des sciences] (ISC) ; et le SCAR organisera sa XXVIe réunion des Délégués et sa Conférence scientifique ouverte à Hobart, en Australie, en 2020 ;

- document d'information IP 38 *Rapport du gouvernement dépositaire de l'Accord sur la conservation des albatros et des pétrels (ACAP)* (Australie). En sa qualité de dépositaire de l'ACAP, l'Australie a fait savoir qu'aucune nouvelle adhésion à l'Accord n'avait été enregistrée depuis la XLe RCTA, le nombre de Parties à l'Accord s'élevant à 13 ;

- document d'information IP 39 *Rapport du gouvernement dépositaire de la Convention sur la conservation de la faune et de la flore marines de l'Antarctique (CCAMLR)* (Australie). En sa qualité de dépositaire de la CCAMLR, l'Australie a fait savoir qu'aucune nouvelle adhésion à la Convention n'avait été enregistrée depuis la XLe RCTA. Elle a indiqué que la Convention comptait actuellement 36 Parties ;

- document d'information IP 40 *Rapport de l'Observateur de la CCAMLR à la quarante et unième Réunion consultative du Traité sur l'Antarctique* (CCAMLR). Ce document présente un résumé des conclusions de la 36e réunion annuelle de la CCAMLR, qui s'est tenue à Hobart, en Australie, du 16 au 27 octobre 2017. Celle-ci était présidée par le Dr Monde Mayekiso (Afrique du Sud). Vingt-trois membres, deux États en cours d'adhésion, deux États observateurs et neuf Observateurs représentant des organisations non gouvernementales y ont participé. Les principaux résultats présentant un intérêt pour la RCTA comprenaient les efforts actuels visant à renouveler les dispositions de publication de données du système de suivi des navires (VMS) de la CCAMLR pour soutenir les efforts de recherche et de sauvetage (SAR) dans la zone de la Convention de la CCAMLR. Il a fait état de la pêche de légines et de krill dans les zones de pêche réglementées par la CCAMLR au cours de la saison 2017-2018 et des travaux permanents relatifs aux AMP. Il a souligné les travaux entrepris pour planifier des AMP dans la région de la péninsule antarctique et de la mer de Weddell, ainsi que les progrès réalisés pour mettre sur pied des recherches et une surveillance dans l'AMP de la région de la mer de Ross et l'AMP de la plateforme méridionale des îles Orcades du Sud. Il a informé la Réunion qu'une importante quantité de glaces marines s'était détachée de la plateforme glaciaire Larsen C dans la sous-zone statistique 48.5 le 12 juillet 2017. La Commission a approuvé la recommandation du Comité scientifique selon laquelle la Zone spéciale d'étude scientifique initialement en Phase 1, au titre de la Mesure de conservation 24-04, devrait être élargie en Zone spéciale d'étude scientifique de Phase 2. Elle a été désignée pour une période de dix ans. Le document indique que la Commission, ses organes subsidiaires et le Comité scientifique ont examiné le rapport de la deuxième évaluation de la performance (PR2). Parmi les principales recommandations ayant reçu le soutien de la XXXVIe réunion de la CCAMLR figurent la poursuite des efforts visant à examiner les possibilités de générer des recettes et de réduire les dépenses, de renforcer les capacités et d'établir un Bureau de la Commission et un Bureau du Comité scientifique. La Réunion a été informée que le rapport serait disponible au public sur le site Web de la Commission.

24. La Réunion a pris acte des rapports d'autres organisations internationales au titre de l'article III-2 du Traité sur l'Antarctique. La Présidente a fait remarquer que les documents d'information suivants seraient également considérés comme présentés :

- document d'information IP 47 *Rapport annuel de l'OMM 2017-2018* (OMM). Ce document décrit les activités de l'OMM depuis la XLe RCTA. Il explique que l'activité prioritaire de l'OMM pour les régions polaires et de haute montagne consiste à promouvoir et à coordonner les observations pertinentes, la recherche et les services effectués dans les régions antarctiques, arctiques et de haute montagne par des pays et des groupes de pays. Il informe également la Réunion que la veille mondiale de la cryosphère (VMC) était à la base d'initiatives polaires de l'OMM, et que sa composante d'observation constituait l'un des quatre systèmes essentiels des Systèmes d'observation mondiaux de l'OMM, lequel comprend aussi le Réseau d'observation antarctique (AntON), soutenu par l'OMM et le SCAR. L'OMM a indiqué que l'Année de la prédiction polaire (APP) couvrait la période allant de 2017 à 2019 et qu'une période spéciale d'observation était prévue en Antarctique du 16 novembre 2018 au 15 février 2019 (document d'information IP 48). L'OMM a informé la Réunion qu'elle développait un réseau d'observatoires régionaux du climat polaire antarctique (PRCC) sur la base des enseignements tirés du réseau arctique de PRCC et qu'un atelier d'étude était prévu, de façon provisoire, en mai 2019. La RCTA et le CPE seront invités à envoyer des représentants à cet atelier. L'OMM a souligné que le Programme mondial de recherche sur le climat, coparrainé par l'OMM, travaille actuellement à l'élaboration de nouveaux plans stratégiques et de mise en œuvre. Le climat des régions polaires est l'un des éléments clés de ces plans. L'OMM a également fait référence au lancement du Programme de subventions de l'OMM et du SCAR pour les scientifiques en début de carrière (document d'information IP 44) ;

- document d'information IP 56, intitulé « Liability Annex: Financial Security » [Annexe sur les responsabilités : Sécurité financière] (Clubs IGP & I). Selon ce document, les 13 principales associations de souscription comprenant les Clubs IGP & I ont fourni une couverture d'assurance responsabilité civile pour des tiers à environ 90 % du tonnage océanique mondial, dont un grand nombre des navires opéraient en Antarctique. Il informe la Réunion que les GI continuent à analyser les questions soulevées à la XLe RCTA (document d'information IP 87) et qu'ils souhaiteraient participer à la prochaine RCTA en 2019 pour aider à la mise en œuvre et à l'application de l'Annexe VI ;

- document d'information IP 57 *Rapport de l'ASOC à la RCTA* (ASOC). Ce document décrit brièvement les activités menées par l'ASOC au cours de l'année écoulée, et expose certaines des questions clés pour cette RCTA. Il souligne que l'an dernier, l'ASOC et les représentants de ses groupes membres avaient activement participé aux discussions conduites lors des périodes intersessions dans les forums de la RCTA et du CPE, ainsi que dans d'autres réunions internationales. L'ASOC a indiqué que ses questions prioritaires pour la RCTA comprenaient l'élargissement du réseau de zones protégées ; l'augmentation de l'efficacité du Programme de travail en réponse au changement climatique (PTRCC) ; l'amélioration du suivi des évaluations globales d'impact sur l'environnement (EGIE) ; la réponse à la croissance touristique prévue en Antarctique ; l'harmonisation des ZSPA et des ZGSA avec les AMP de la CCAMLR ; et le développement des lignes directrices concernant l'évitement des mammifères marins par les navires. Au cours de l'année écoulée, l'ASOC a travaillé avec la CCAMLR et divers partenaires, notamment l'IAATO, le SCAR, la Coalition des pêcheurs légaux de légine (COLTO), et le Fonds pour la recherche sur la faune de l'Antarctique (AWR), afin d'élargir les travaux visant à identifier les forces et les faiblesses existant dans les procédures et les pratiques du Système du Traité sur l'Antarctique, tout en proposant des solutions pour combler ces lacunes ;

- document d'information IP 70 *Rapport 2017-2018 de l'Association internationale des organisateurs de voyages dans l'Antarctique* (IAATO). Le document réaffirme la mission de l'IAATO qui consiste à défendre et à promouvoir des visites responsables et sûres d'un point de vue environnemental dans la zone du Traité sur l'Antarctique, et a favorablement accueilli les perspectives de collaboration avec d'autres organisations. Il note que, depuis 2010, l'IAATO représente presque tous les bateaux de passagers qui naviguent dans les eaux de l'Antarctique, en vertu de la Convention internationale pour la sauvegarde de la vie humaine en mer (SOLAS). Le document rend également compte des activités de l'IAATO au cours de la saison 2017-2018. Il rapporte que, pendant la saison de tourisme antarctique 2017-2018, le nombre total de visiteurs ayant voyagé avec les opérateurs de l'IAATO s'élevait à 51 707. Ce chiffre représente une augmentation de 17 % par rapport à la saison précédente et constitue un nouveau pic, puisque le record précédent, enregistré lors de la saison 2007-2008 (46 265 visiteurs), a été dépassé. Il a été noté que les travaux et activités récemment réalisés comprenaient : le lancement d'un projet de recherche conjoint SCAR/IAATO de deux ans visant à élaborer un Plan de Conservation systématique pour la péninsule antarctique ; l'investissement dans l'évaluation du personnel de terrain, reconnaissant l'importance de leur rôle dans l'application des accords du Traité et des normes et directives de l'IAATO ; et la collaboration avec le COMNAP et le système automatisé de suivi des vols des États-Unis d'Amérique afin d'améliorer la sécurité aérienne. Il a aussi été noté que pendant la saison 2017-2018, des opérateurs de l'IAATO ont transporté, à moindre coût ou gratuitement, 211 membres des équipes scientifique, de soutien et de conservation ainsi que leur équipement et leurs vivres entre des stations, des sites et des ports ;

- document d'information IP 73 rév. 1 *Rapport du Secrétariat sur l'Accord sur la conservation des albatros et des pétrels (ACAP)* (ACAP). Le document confirme l'engagement de l'ACAP à collaborer avec le Traité sur l'Antarctique et les accords connexes dans la mise en œuvre d'actions visant à améliorer l'état de conservation des espèces d'intérêt et de leurs habitats. L'ACAP a rendu compte de sa sixième Réunion des Parties, organisée entre les 7 et 11 mai à Skukuza, en Afrique du Sud, et qui a impliqué l'examen, l'élaboration et la mise à jour des lignes directrices de conservation sur la biosécurité, l'éradication d'espèces introduites, des enquêtes et des collectes d'échantillons, ainsi que des conseils sur les bonnes pratiques visant à réduire la mortalité accidentelle des oiseaux de mer dans les pêcheries. L'importance de la zone du Traité sur l'Antarctique pour l'ACAP a été soulignée, puisque la quasi-totalité des espèces inscrites actuellement à l'ACAP se reproduisent ou se nourrissent au sein de cette zone. L'ACAP espère que la relation mutuelle établie avec le Traité sur l'Antarctique et ses accords connexes se poursuivra.

25. Les documents suivants ont également été soumis au titre de ce point de l'ordre du jour, et considérés comme présentés :

- document d'information IP 16, intitulé « Ukraine's Approval of Measure 4 (2004), Measure 1 (2005), and Measure 15 (2009) » [Approbation par l'Ukraine de la Mesure 4 (2004), de la Mesure 1 (2005) et de la Mesure 15 (2009)] (Ukraine). Ce document indique que l'Ukraine a approuvé trois mesures : la Mesure 4 (2004) *Assurance et plans de contingence pour le tourisme et les activités non gouvernementales dans la zone du Traité sur l'Antarctique*, la Mesure 1 (2005) *Annexe VI du Protocole sur la protection de l'environnement du Traité sur l'Antarctique : Responsabilité découlant des urgences environnementales*, et la Mesure 15 (2009) *Débarquement de personnes des navires de passagers dans la zone du Traité sur l'Antarctique*. Il note que la législation régissant l'application de ces mesures, la décision nº 441 prise par le gouvernement d'Ukraine *De l'application des mesures approuvées par la Réunion consultative du Traité sur l'Antarctique*, était entrée en vigueur le 21 juin 2017 ;

- document du Secrétariat SP 3 *Liste des Mesures portant la mention « N'est pas entrée en vigueur »*. Le document rapporte que, selon les informations reprises dans la base de données du STA, plusieurs mesures ne sont pas encore en vigueur.

26. L'Argentine a présenté le document de travail WP 8 *Typologie des Réunions consultatives : nécessité de définitions supplémentaires.* Compte tenu des circonstances particulières entourant l'organisation de la XLIᵉ RCTA, l'Argentine a décrit aux Parties le processus par lequel, en un délai très court, elle a organisé la présente réunion. L'Argentine a indiqué que, dans le cadre de ce processus, elle a consulté les Parties sur le format de la réunion, la structure du plan de travail et pour savoir si la XLIᵉ RCTA et la XXIᵉ réunion du CPE devaient ou non être considérées comme des réunions spéciales. Ce processus a mis en évidence le fait qu'il n'existait pas de règles de procédure spécifiques pour les Réunions d'experts du Traité sur l'Antarctique, les Réunions consultatives spéciales, ou le financement de la RCTA ou du CPE en des circonstances extraordinaires, comme celles-ci. L'Argentine a recommandé que les Parties envisagent de discuter, lors de la période intersessions, de la nécessité de mieux anticiper certains aspects organisationnels des RCTA et d'éventuellement intégrer des points spécifiques dans le Règlement intérieur.

27. La Réunion a remercié l'Argentine pour son document, et a exprimé sa sincère gratitude à l'Argentine et au Secrétariat de s'être chargés de l'organisation et de la tenue de la XLIᵉ RCTA dans des circonstances uniques et difficiles. De nombreuses Parties ont fortement appuyé le document de travail WP 8 et ont reconnu l'utilité de mener des discussions intersessions pour mettre à profit les enseignements tirés de l'expérience de l'Argentine, et s'assurer que des mécanismes appropriés soient en place pour l'avenir. Plusieurs Parties ont exprimé leur souhait de participer à des discussions intersessions sur cette question.

28. Soulignant qu'il était important de discuter et de chercher à améliorer les aspects organisationnels des RCTA, certaines Parties étaient d'avis que les circonstances entourant la XLIᵉ RCTA constituaient un cas unique qui avait peu de chance de se reproduire. Ces Parties ont souligné qu'il convenait d'adopter une approche prudente afin de ne pas créer de précédent et de ne pas encourager les Parties à renoncer à leurs responsabilités en vertu du Traité sur l'Antarctique. Il a également été noté que le Règlement intérieur actuel s'appliquait également à une RCTA ou une réunion consultative extraordinaire.

29. L'Équateur a présenté ses excuses quant à son incapacité à accueillir la XLIᵉ RCTA en raison de l'adoption du décret 135. Il a remercié l'Argentine d'avoir pris la responsabilité d'accueillir la XLIᵉ RCTA et a réaffirmé son engagement envers les principes du Traité.

30. La Réunion a décidé de créer un GCI sur les aspects organisationnels de la RCTA ; elle est convenue des mandats suivants :

    (1) examiner les implications et les enseignements tirés de l'organisation de la XLIᵉ RCTA et de la XXIᵉ réunion du CPE, y compris :

    • l'impact sur les questions traitées par la RCTA et le CPE car elles ont pour but d'assurer une gouvernance efficace de l'Antarctique ou l'entretien du Système du Traité sur l'Antarctique ;

    • l'impact sur les ressources du Secrétariat.

    (2) Examiner les différents scénarios possibles et la meilleure manière de les gérer si, en raison de circonstances exceptionnelles, l'organisation de la RCTA et du CPE ne suit pas les pratiques existantes de rotation entre les Parties consultatives (à moins que l'échange de rotation n'ait été précédemment organisé), comme par exemple :

    • l'utilité que le pays hôte de la RCTA suivante présente un document d'information au cours de la séance précédente et le contenu de celui-ci ;

    • l'anticipation, la régularité et les délais pour la présentation des rapports d'état d'avancement (informels) par le pays hôte au Secrétariat du Traité sur l'Antarctique concernant l'organisation de la RCTA ;

    • l'examen du bien-fondé de la création d'un fonds de garantie (avec, éventuellement, une contribution spéciale par le prochain pays hôte de la RCTA) pour supporter le coût des dépenses extraordinaires assumé par le STA et requis par l'organisation d'une RCTA dans un pays autre que celui initialement convenu ;

    • les éventuelles implications pour le Règlement intérieur de la RCTA ou du CPE ;

    • les éventuelles orientations pour gérer les scénarios de ce type pouvant se présenter à l'avenir ; et

    • sauf cas de force majeure, l'éventualité de prendre des mesures concernant les Parties qui ne respecteraient pas l'engagement pris d'organiser la RCTA (par exemple, paiement de frais supplémentaires pour compenser les dépenses imprévues, perte des droits sur les deux prochaines RCTA, etc.).

31. Par ailleurs, il a été convenu que :

    • l'échange d'informations ne serait ouvert qu'aux Parties consultatives ;

    • le Secrétariat établirait un forum de discussion électronique interactif et proposerait son aide au GCI ; et

    • l'Argentine agirait en tant qu'organisateur et ferait rapport des avancées réalisées par le GCI à la XLIIᵉ RCTA.

Point 4b : Fonctionnement du Système du Traité sur l'Antarctique : demande du Venezuela en vue d'obtenir le statut de Partie consultative

32. Le Venezuela a informé la Réunion que, suite à la Décision 2 (2017), il avait introduit une nouvelle demande auprès du gouvernement dépositaire du Traité sur l'Antarctique pour obtenir le statut de Partie consultative. Le Venezuela a indiqué qu'il avait progressé dans ses activités de recherche en Antarctique et renforcé ses accords bilatéraux en Amérique du Sud, ce qui témoigne de son engagement en faveur de la coopération internationale. Le Venezuela a indiqué qu'au cours des dix dernières années, il avait contribué à la connaissance scientifique de la région de l'Antarctique. Il a également fait savoir qu'il était déterminé à accroître les activités scientifiques et logistiques à l'avenir. Il a déjà établi un centre d'études de l'Antarctique qui s'intéresse particulièrement au changement climatique, à la microbiologie et à l'écologie ; il est devenu membre associé du SCAR en 2014 et il est également un observateur du COMNAP. Le Venezuela a également souligné sa contribution à l'éducation et à la sensibilisation grâce à la diffusion d'informations aux écoles et au grand public.

33. La Réunion a examiné la demande du Venezuela, à la lumière des exigences énoncées dans le Traité sur l'Antarctique et les directives contenues dans la Décision 2 (2017). Plusieurs Parties ont noté les progrès du Venezuela dans le développement de son programme de recherche en Antarctique. Plusieurs Parties ont par ailleurs noté que le programme antarctique du Venezuela en était encore à ses balbutiements et qu'il avait besoin d'être davantage approfondi avant de satisfaire aux conditions requises pour devenir Partie consultative. Aucun consensus ne s'est donc dégagé pour accorder le statut de Partie consultative au Venezuela, pour le moment.

34. La Réunion a encouragé le Venezuela à continuer à développer et à renforcer son programme scientifique en Antarctique, en collaboration avec d'autres Parties intéressées.

Point 4c : Fonctionnement du Système du Traité sur l'Antarctique : Sujets urgents relatifs au Secrétariat et aux questions financières

35. Le Secrétaire exécutif a présenté le document du Secrétariat SP 4 rév. 1 *Rapport du Secrétariat 2017/2018*, qui fournit des détails sur les activités du Secrétariat durant l'exercice fiscal 2017-2018 (du 1er avril 2017 au 31 mars 2018).

36. Le Secrétaire exécutif a renseigné la Réunion sur des questions liées à des services de coordination et de contact, aux technologies de l'information, à la publication du rapport final de la XLe RCTA, aux informations publiques et aux questions financières et de personnel. Le Secrétariat du Traité sur l'Antarctique a présenté les deux nouvelles conceptions proposées pour le site Web du Secrétariat du Traité sur l'Antarctique. Les deux conceptions ont pour but de faciliter l'accès des délégués et du grand public aux informations présentes sur le site Web et à améliorer l'esthétique de ce dernier.

37. La Réunion a remercié le Secrétariat du Traité sur l'Antarctique pour son travail d'actualisation et d'amélioration du site Web. Elle a noté que les deux options présentées semblaient résoudre les problèmes identifiés au niveau de la conception actuelle du site Web.

38. Une nouvelle version de la base de données de contacts a également été présentée au cours d'une démonstration. Dans cette version, un seul et même mot de passe permettrait d'accéder à toutes les parties du site Web protégées par un mot de passe.

39. Le Secrétaire exécutif a présenté le document du Secrétariat SP 5 rév. 1 *Programme 2018-2019 du Secrétariat*. Ce programme de travail présente les activités proposées au Secrétariat pour l'exercice financier 2018-2019 (du 1er avril 2018 au 31 mars 2019). Le Secrétaire exécutif a souligné qu'une grande partie du programme proposé concernait : des améliorations du site Web ; une collaboration avec le COMNAP pour réduire les dédoublements d'efforts et accroître la compatibilité de l'ensemble de leurs bases de données ; et un soutien aux pays hôtes des prochaines réunions de la RCTA et du CPE.

40. Le Secrétaire exécutif a informé la Réunion que le dernier contrat conclu avec le commissaire aux comptes (*Sindicatura General de la Nación* - SIGEN) avait pris fin et qu'il négocierait un nouveau contrat dans l'année à venir pour les exercices financiers 2018-2021.

41. Le Secrétaire exécutif a présenté le document du Secrétariat SP 6 *Profil budgétaire quinquennal prévisionnel 2019/2020 – 2023/2024*, présentant le profil budgétaire du Secrétariat pour la période 2019-2024. Tout en notant la hausse continue dans l'ajustement des coûts exprimés en dollars américains, le profil de budget prévoit une augmentation nominale nulle des contributions jusqu'en 2023-2024. Le Secrétaire exécutif a ajouté que de nombreux montants en souffrance avaient été payés, ce qui a permis de réduire considérablement les dettes dues au Secrétariat, et que les coûts associés à la XLIe RCTA et à la XXIe réunion du CPE étaient inférieurs à ceux

des années précédentes en raison de la nature inhabituelle de cette réunion, plus courte. Cependant, le changement de lieu de l'Équateur à l'Argentine a entraîné un coût net d'environ 110 000 USD, à la charge du Secrétariat.

42. Le Japon a indiqué qu'il soutenait l'utilisation du fonds général pour organiser la XLIᵉ RCTA et la XXIᵉ réunion du CPE et qu'il appréciait que ce fonds soit utilisé en cas d'urgence. Le Japon a également fait remarquer que ces dépenses avaient contribué à réduire le montant du fonds, alors que celui-ci connaissait jusque-là une augmentation progressive.

43. Le Secrétaire exécutif a présenté le document du Secrétariat SP 7 *Politique de ressources humaines du Secrétariat du Traité sur l'Antarctique*. Il a rappelé la Décision 3 (2003) qui définit les questions liées aux ressources humaines, lesquelles composent le Statut du personnel. Le Secrétaire exécutif a pris note de plusieurs questions relatives à ce Statut du personnel et a invité les Parties à examiner les questions soulevées dans le document.

44. La Réunion a remercié le Secrétaire exécutif pour cette précieuse présentation de la politique en matière de ressources humaines pour le personnel du Secrétariat du Traité sur l'Antarctique. Elle a demandé au Secrétariat d'élaborer une proposition plus détaillée et plus spécifique concernant l'évaluation de la performance, l'évolution et la progression professionnelles, et l'âge de la retraite, qui pourrait faire l'objet de discussions informelles par les Parties pendant la période intersessions. La Réunion a en outre suggéré que le Secrétariat détermine si le statut du personnel déjà en place au Secrétariat de la CCAMLR pourrait être envisagé comme modèle à suivre. L'Argentine a accepté de mener des discussions informelles sur le forum de discussion de la RCTA.

45. La Réunion est convenue de la nécessité de conduire des discussions supplémentaires sur des révisions du Système électronique d'échange d'informations (SEEI) et a inclus ce point dans le Programme de travail stratégique pluriannuel.

46. La Réunion a noté qu'en raison du caractère abrégé de cette réunion, la question de la responsabilité et les progrès réalisés en vue de ratifier l'Annexe 6 ne figuraient pas à l'ordre du jour cette année. La Réunion a décidé d'inviter l'International Group of Protection and Indemnity Clubs (IGP&I Clubs) [Clubs du groupe International de Protection et d'indemnisation (IGP&I Clubs)], l'Organisation maritime internationale (OMI) et le Fonds d'indemnisation international en cas de pollution par les hydrocarbures (FIPOL) à participer aux débats sur la responsabilité qui auront lieu lors de la XLIIᵉ RCTA.

47. Après discussion, la Réunion a adopté la Décision 1 (2018) *Rapport, Programme et Budget du Secrétariat* et la Décision 2 (2018) *Renouvellement du contrat du commissaire aux comptes externe du Secrétariat.*

Point 5 : Prospection biologique en Antarctique

48. L'Argentine a présenté le document de travail WP 25 *Prospection biologique en Antarctique – Nécessité d'améliorer l'information et l'examen par la RCTA*, préparé conjointement avec le Chili, la France et la Norvège. Elle a rappelé que, lors de la XLe RCTA, la Réunion était convenue de la nécessité de tenir des discussions supplémentaires à ce sujet lors de la XLIe RCTA et qu'elle avait inclus la prospection biologique dans le Plan de travail stratégique pluriannuel.

49. Les Pays-Bas ont présenté le document d'information IP 29, intitulé « Biological Prospecting in the Antarctic Treaty Area » [Prospection biologique dans la zone du traité sur l'Antarctique]. Ce document donne des informations actualisées sur la situation et les tendances en matière de prospection biologique dans la zone du Traité sur l'Antarctique, ainsi qu'un aperçu des débats pertinents menés au sein des organes du Système du Traité sur l'Antarctique. Les Pays-Bas ont mis en évidence les divers brevets déjà existants dans les secteurs pharmaceutique, industriel et liés au krill, qui ont un lien avec le Traité sur l'Antarctique. Le document examine également les questions liées à l'information, l'accès aux spécimens, la commercialisation et les définitions et fournit des informations récentes sur les évolutions politiques récentes dans d'autres instances internationales. Le document propose un argumentaire favorable à ce que la RCTA prenne l'initiative en matière de prospection biologique dans la zone du Traité sur l'Antarctique et rappelle que le Système du Traité sur l'Antarctique a pour tradition de régler les problèmes de manière proactive, de les anticiper et de développer des réponses à ceux-ci avant qu'ils ne surgissent.

50. La Réunion a remercié les auteurs du document de travail WP 25 et du document d'information IP 29. De nombreuses Parties ont fait remarquer l'importance que revêt la question de la prospection biologique pour le Système du Traité sur l'Antarctique, comme en témoigne le fait qu'il constitue un point de l'ordre du jour de la RCTA depuis bien longtemps.

51. Bien qu'appréciant ces documents, les États-Unis, ont indiqué qu'ils avaient de sérieux doutes quant à ce que la RCTA peut effectivement accomplir en

discutant des nombreux aspects de cette question. Selon eux, la question fondamentale de savoir ce qui nous inquiète, reste sans réponse. Le gouvernement américain ne finance pas la « bioprospection » en Antarctique, laquelle se fonde sur une définition raisonnable de ce terme. En outre, à l'échelle internationale, il n'existe pas encore de définition reconnue. De l'avis des États-Unis, il est nécessaire de tenir compte des négociations menées à l'ONU sur un nouvel instrument juridiquement contraignant relatif à la biodiversité au-delà des juridictions nationales (BBNJ). Pour les États-Unis, certaines zones de l'océan Austral pourraient être couvertes par un nouvel instrument BBNJ, et les États-Unis souhaitent que les discussions sur le BBNJ suivent leur cours avant que la RCTA n'envoie des signaux indiquant que les ressources génétiques marines devraient être exclues du BBNJ, que celles-ci se situent dans la zone du Traité de l'Antarctique ou dans la zone de la Convention CAMLR.

52. La plupart des délégations ont estimé que le Système du Traité sur l'Antarctique doit continuer à aborder la question de la bioprospection, indépendamment de la question du BBNJ, puisque celui-ci possède une compétence intrinsèque s'agissant des activités menées en Antarctique. Il a été souligné qu'il était nécessaire que la RCTA exerce ses responsabilités. Certaines délégations ont souligné certains aspects de la collecte et l'utilisation d'organismes biologiques, la conservation et les incidences des brevets sur la mise à disposition gratuite des observations scientifiques et des résultats, tel que prévu à l'article III du Traité sur l'Antarctique. La plupart des délégations ont soutenu la création d'un GCI, tel que proposé dans le document de travail WP 25.

53. L'ASOC a remercié les auteurs du document de travail WP 25 et du document d'information IP 29, notant qu'ils illustrent clairement l'étendue des activités de prospection biologique relatives à l'Antarctique et a également souligné la nécessité pour la RCTA d'être proactive sur cette question. L'ASOC a considéré qu'il convenait d'être plus précis et transparent sur la façon dont les activités de prospection biologique se déroulent en Antarctique, et sur la manière dont elles ont affecté, directement ou indirectement, l'environnement en Antarctique et les autres valeurs antarctiques. L'ASOC a encouragé les Parties à soutenir de nouvelles discussions sur cette question et à mettre en œuvre les exigences en matière d'échange d'informations reprises dans la Résolution 7 (2005) et la Résolution 6 (2013).

54. Le Brésil a présenté le document de travail WP 7 *Amélioration de la définition de bioprospection en Antarctique*. Rappelant le document de travail WP 12

présenté à la XXXVIIᵉ RCTA, et notant la complexité de l'exploration des ressources naturelles en Antarctique, le Brésil a proposé que les Parties discutent d'une définition pratique de la bioprospection des organismes de l'Antarctique et de l'utilisation de la bioprospection comme source de bioproduits biotechnologiques.

55. La Réunion a remercié le Brésil pour son document. Si plusieurs Parties ont accueilli favorablement la proposition d'élaboration d'une définition pratique de la prospection biologique en Antarctique, certaines ont manifesté leur préoccupations quant au fait que la définition proposée dans le document de travail WP 27 était trop restrictive et qu'il serait peut-être contre-productif de rouvrir le dossier. Le Brésil a fait part de sa volonté d'examiner sa proposition contenue dans le document de travail WP 27 dans le cas où les discussions proposées dans le document de travail WP 25 seraient établies.

56. La Réunion a mentionné les Résolutions 7 (2005), 9 (2009) et 6 (2013), a décidé de continuer ses travaux sur la collecte et l'utilisation de matériaux biologiques l'an prochain lors de la XLIIᵉ RCTA, et a noté que ce point de l'ordre du jour était inclus dans le Plan de travail stratégique pluriannuel.

57. Tout en encourageant les Parties à soumettre des documents de travail pertinents afin de continuer ce travail, la Réunion est convenue de ce qui suit :

    - maintenir un échange d'informations informel en période intersessions entre les Parties consultatives via le forum de la RCTA sur les activités en cours en matière de collecte et d'utilisation de matières biologiques en Antarctique et leurs possibles implications sur la libre mise à disposition des observations et des résultats scientifiques comme le prévoit l'article III du Traité sur l'Antarctique ;

    - demander au SCAR de présenter, lors de la XLIIᵉ RCTA, une mise à jour de son rapport contenu dans le document de travail WP 2 *La prospection biologique en Antarctique*, présenté lors de la XXXIIIᵉ RCTA.

58. Le SCAR a accueilli favorablement cette demande et a confirmé sa volonté de contribuer au travail de la RCTA.

59. Le document suivant a également été soumis au titre de ce point de l'ordre du jour, et considéré comme présenté :

    - document d'information IP 32 rév. 1 intitulé « Diversity, resilience and applicative potential of microcosm from Antarctic icy habitats » [Diversité, résilience et potentiel d'application du microcosme des habitats gelés de l'Antarctique] (Roumanie). Ce document présente les résultats des études de prospection biologique menées sur l'île du Roi-

George en 2015-2016 par des chercheurs de l'Institut national roumain de recherche et de développement pour les sciences biologiques et par l'Institut de recherche polaire coréen.

Point 6 : Inspections en vertu du Traité sur l'Antarctique et du Protocole sur l'environnement

60.   La Norvège a présenté le document de travail WP 26 *Résumé des observations et des réflexions sur les tendances découlant des inspections entreprises par la Norvège au titre de l'article VII du Traité sur l'Antarctique et de l'article 14 du Protocole relatif à la protection de l'environnement*. Les inspections ont eu lieu du 9 au 17 février 2018 dans sept infrastructures : quatre stations de recherche scientifique (Halley VI, Neumayer III, SANAE IV et Princesse-Élisabeth), une station de terrain/base de soutien logistique/e-base (station d'été SANAP) et deux installations assurant des fonctions de soutien aux programmes nationaux antarctiques (base aérienne et aérodrome de Novo, et piste de Perseus). La Norvège a indiqué que l'équipe d'inspection avait eu une complète liberté d'accès à toutes les zones des stations et installations visitées, et qu'aucune arme, activité militaire, matière nucléaire ou décharges n'avaient été observées pendant l'inspection des installations. Elle a indiqué que, dans la mesure où l'équipe d'inspection pouvait le remarquer, des permis et autorisations existaient pour toutes les installations et que les procédures et installations de sécurité et d'urgence semblaient satisfaire aux normes établies, à quelques exceptions près, lesquelles sont notées dans le rapport. Elle a aussi noté que les systèmes technologiques étaient de plus en plus complexes, de sorte qu'ils pouvaient être pilotés à distance, et ce dans une plus large mesure qu'auparavant. La Norvège a fait remarquer que cela ouvrait de nouvelles perspectives intéressantes en ce qui concerne, par exemple, l'efficacité opérationnelle, l'autonomie opérationnelle et la collecte de données à distance. Elle a également indiqué que cela pouvait générer certains risques, rendant les stations plus vulnérables et dépendantes d'un personnel spécialisé, et exposées aux risques informatiques. Elle a souligné que, dans l'ensemble, l'équipe d'inspection avait été impressionnée par les normes élevées et le haut niveau d'innovation technologique dans les stations, et a encouragé les Parties à continuer à partager des informations sur les bonnes pratiques à cet égard.

61.   La Norvège a indiqué que l'équipe d'inspection avait également réfléchi aux évolutions et aux tendances générales observées en Antarctique lors de cette visite. Certaines de ces réflexions incluaient : le besoin d'échanger des

informations et des bonnes pratiques entre les programmes nationaux, les opérateurs et le personnel des stations basées en Antarctique, en particulier en ce qui concerne l'écologisation des stations et les solutions technologiques pour les efforts de recherche et d'observation en Antarctique ; le potentiel d'une meilleure coordination entre les stations et de l'échange de données ; la garantie que des informations pertinentes concernant la propriété et les structures de gestion pour toutes les opérations en Antarctique sont disponibles ; les questions liées à la recherche, au sauvetage et à la sécurité qui pourraient découler d'une intensification du trafic aérien dans la région ; et le calendrier des inspections. La Norvège a noté que l'une des leçons tirées de ces inspections était qu'il n'est pas idéal de mener des inspections au moment où de nombreuses stations sont très occupées à fermer après la saison estivale et lorsqu'il y a un niveau élevé de trafic. Néanmoins, elle a souligné que l'équipe d'inspection avait été reçue chaleureusement dans toutes les stations et elle a remercié les Parties inspectées d'avoir permis un résultat aussi positif.

62. Les Parties dont certaines stations ont été inspectées ont remercié la Norvège pour son rapport et pour le professionnalisme avec lequel les inspections ont été menées. Les Parties inspectées ont indiqué leur volonté de donner suite aux recommandations formulées dans le rapport.

63. La Réunion a félicité la Norvège pour la réussite de ses inspections et pour la grande qualité du rapport d'inspection. Les Parties ont confirmé l'importance du régime d'inspection pour le Traité sur l'Antarctique, et ont reconnu les dépenses et les efforts en matière de logistique nécessaires pour effectuer ces inspections.

64. De nombreuses Parties ont pris acte de points particulièrement importants découlant du rapport, notamment : l'intensification du trafic aérien en Antarctique ; les compétences en matière de recherche et de sauvetage et leur disponibilité ; l'importance de longues périodes d'observations ; l'utilisation accrue de technologies de pointe et d'énergie renouvelable ; la disponibilité des coordonnées permettant de contacter des stations individuelles ; l'échange d'informations ; et la coordination scientifique.

65. En prenant acte des commentaires concernant la sécurité aérienne émis dans le rapport d'inspection, l'IAATO a souligné qu'il était nécessaire de procéder à un examen approfondi des questions liées à la sécurité aérienne, notamment en raison d'une possible intensification du trafic aérien et des incidences associées sur les activités de SAR (recherche et sauvetage). L'IAATO a encouragé toutes les Parties à s'assurer que leurs avions étaient équipés de

dispositifs de repérage reliés à un système de surveillance en temps réel de l'ensemble de l'Antarctique. L'IAATO a remercié le COMNAP d'avoir transposé le Manuel d'information de vol en Antarctique (AFIM) dans un format électronique (e-AFIM), ce qui a permis d'améliorer l'efficacité de la mise à jour. Que ce soit pour le système de suivi des vols en direct ou pour l'e-AFIM, les opérateurs de l'IAATO et les autres opérateurs de vols ont été encouragés à participer pleinement au processus.

66.   Le COMNAP a souligné l'engagement des programmes antarctiques nationaux à partager des informations sur les technologies permettant d'améliorer l'efficience énergétique via le groupe d'experts environnementaux du COMNAP, et a noté qu'en plus de l'échange d'informations, un financement était souvent nécessaire pour procéder à la mise en œuvre des technologies. Concernant la question des recherches et du sauvetage, le COMNAP a indiqué qu'il était chargé d'élaborer le Manuel d'information de vol en Antarctique, et a rappelé aux Parties qu'il se tenait prêt à accepter de nouvelles informations ou mises à jour sur les opérations aériennes. Le COMNAP a également fait référence à son document d'information IP 4 qui décrit un atelier SAR qui doit se dérouler prochainement en Nouvelle-Zélande.

67.   L'ASOC a remercié la Norvège pour le document de travail WP 26 et pris acte de l'avis de cette dernière selon lequel les inspections étaient une source importante d'informations sur les évolutions des activités gouvernementales et non gouvernementales dans les régions intérieures et isolées ; elles contribuaient en outre à assurer la transparence et le respect du Traité sur l'Antarctique et de son Protocole. L'ASOC a noté que le rapport identifiait des tendances intéressantes méritant d'être suivies à l'avenir, en particulier concernant l'intensification du trafic aérien, y compris en raison du tourisme.

68.   Le Secrétariat a présenté le document de Secrétariat SP 8 *Développement de la base de données d'inspections et système de cartographie*, et a évoqué le rapport et les recommandations du GCI sur les inspections en Antarctique (XLe RCTA – document de travail WP 40). En réponse aux demandes des Parties, le Secrétariat a présenté les nouveautés apportées à la base de données d'inspections du STA, y compris une nouvelle « liste des installations » qui a permis aux utilisateurs d'obtenir facilement des informations sur les inspections relatives à chaque installation et de produire des listes personnalisées, même une liste des stations n'ayant jamais été inspectées. Le Secrétariat a également présenté les améliorations apportées à l'affichage des recommandations, des clarifications et du suivi intervenant après les rapports d'inspection.

69.   Le Secrétariat a également expliqué le processus utilisé pour sélectionner un système d'information géographique et a informé la Réunion qu'il avait réussi à obtenir le droit d'utiliser un logiciel de système d'information géographique à un coût minime. Il a noté que le même outil pourrait être utilisé pour afficher d'autres informations géographiques déjà stockées dans les bases de données du Secrétariat.

70.   La Réunion a remercié le Secrétariat d'avoir développé davantage cet outil utile, et d'avoir fourni un rapport détaillé.

71.   L'ASOC a également remercié le Secrétariat pour sa description des améliorations récemment apportées à la base de données des inspections et au système de cartographie, qu'elle considère comme des outils extrêmement utiles pour la gestion environnementale.

72.   Les documents suivants ont également été soumis au titre de ce point de l'ordre du jour :

- document de contexte BP 1, intitulé « Follow-up to the Recommendations of the Inspections at the Eco-Nelson Facility » [Suivi des recommandations des équipes d'inspection du refuge Eco-Nelson] (République tchèque) ;
- document de contexte BP 23, intitulé « Follow-up to the Recommendations of the Inspection at the Johann Gregor Mendel Czech Antarctic Station » [Suivi des recommandations des équipes d'inspection de la station antarctique tchèque Johann Gregor Mendel] (République tchèque).

Point 7a : Activités touristiques et non gouvernementales dans la zone du Traité sur l'Antarctique : tendances et modèles

73.   L'IAATO a présenté le document d'information IP 71, intitulé « IAATO Overview of Antarctic Tourism: 2017-18 Season and Preliminary Estimates for 2018-19 Season » [Aperçu du tourisme en Antarctique de l'IAATO : saison 2017-2018 et estimations préliminaires pour la saison 2018-2019]. Ce document présente les données recueillies par l'IAATO à partir des formulaires de rapport de visite des opérateurs de l'IAATO pour la saison 2017-2018, mais sans les visites non IAATO. Les membres de l'IAATO se composent toujours, en grande majorité, d'organisateurs de voyages du secteur privé, y compris tous les exploitants de navires SOLAS commerciaux. Tous les opérateurs de l'IAATO ont soumis des évaluations de l'impact sur l'environnement, ou des documents opérationnels équivalents, à leurs autorités nationales concernées. Le tourisme en Antarctique

demeure principalement axé sur le tourisme commercial traditionnel dans la péninsule antarctique, qui représentait plus de 95 % de toutes les activités de débarquement. Pendant la saison 2017-2018, 42 576 personnes ont débarqué en Antarctique, y compris les personnes transportées par des opérateurs terrestres de l'IAATO, ce qui constitue une augmentation par rapport à la saison précédente. L'IAATO a noté que cela était en partie dû au fait que les navires disposaient d'une plus grande capacité d'accueil de passagers et que l'industrie bénéficiait d'une forte croissance économique à l'échelle mondiale. Des informations supplémentaires spécifiques aux sites ont été mises en évidence dans le document d'information IP 72, soumis par l'IAATO. Les estimations de l'IAATO pour la saison 2018-2019 indiquent que le nombre de passagers atteindrait environ 55 764, conformément aux tendances mondiales à la croissance s'agissant des voyages vers des régions isolées et situées à de hautes latitudes. Plus de 100 nationalités différentes étaient représentées par les touristes ayant visité l'Antarctique pendant la saison 2017-2018. Les principales nationalités représentées étaient les États-Unis (33 %), la Chine (16 %) et l'Australie (11 %), suivies de l'Allemagne, du Royaume-Uni, du Canada, de la France, de la Suisse et des Pays-Bas, qui, combinées à toutes les autres nationalités représentaient 14 % des voyageurs. L'IAATO a indiqué que son interdiction d'utiliser les RPAS à des fins récréatives dans les régions côtières riches en espèces sauvages restait en vigueur pour la saison 2018-2019. L'IAATO a confirmé qu'elle restait déterminée à fournir, chaque année, des informations complètes sur les activités de ses opérateurs au CPE et à la RCTA.

74.   La Réunion a remercié l'IAATO pour son document, qui fournit aux Parties une bonne vue d'ensemble des tendances touristiques, à la fois générale et précise. Elle est convenue que ces informations fournissaient aux Parties une base solide pour leurs débats sur le tourisme en Antarctique et elle a souligné les aspects sur lesquels les Parties devraient se pencher en ce qui concerne la gestion du tourisme.

75.   Les Parties sont convenues que la tendance à l'augmentation du nombre de touristes et la diversification des activités touristiques justifiaient leur attention. L'Australie a estimé qu'il était important de ne pas seulement observer de telles tendances, mais de tenir également compte des implications de la croissance du tourisme. L'Argentine a également souligné les défis qu'implique la présence d'opérateurs non affiliés à l'IAATO pour la coordination des opérations, à la fois pour la collecte de statistiques précises sur le tourisme et pour le respect des mesures relatives au tourisme de la RCTA, soulignant également la nécessité pour les Parties de définir

des stratégies claires sur la manière de traiter les opérateurs non affiliés à l'IAATO en envisageant de les inclure dans le Plan de travail stratégique pluriannuel.

76. Plusieurs Parties ont fait référence au document d'information IP 53, soumis par la Fédération de Russie, qui souligne certains des problèmes liés à la prévention et à la lutte contre les activités non autorisées en Antarctique. Pour étayer son argumentation, la Fédération de Russie a rendu compte d'un incident survenu durant la saison antarctique 2017-2018, lors duquel l'équipage et les passagers d'un navire battant pavillon maltais, commandé par un capitaine russe, ont été observés en violation de plusieurs mesures de la RCTA et des lignes directrices pour les visites de site. La Fédération de Russie a signalé qu'elle n'avait pris connaissance de cette activité non autorisée que lorsqu'elle avait été informée par l'IAATO de ces violations, lesquelles ont été enregistrées sur des vidéos et des images par l'équipage et les passagers du yacht, et mises en ligne.

77. Les Parties ont exprimé leur profonde préoccupation concernant l'incident rapporté par la Fédération de Russie, notant que l'existence d'activités non autorisées en Antarctique était une question sérieuse nécessitant leur attention et action.

78. La Réunion a noté qu'il était particulièrement complexe de réglementer les navires, les individus et les activités qui n'étaient pas autorisés par les Parties au Traité. Elle a souligné l'importance de disposer d'un échange d'informations continu et renforcé entre les Parties afin de garantir qu'elles soient bien informées, en temps utile, des activités planifiées et menées en Antarctique par leurs citoyens et leurs entités. Elle a noté l'utilité des travaux permanents menés par le Groupe de contact des autorités compétentes, a souligné la nécessité de faire remonter les informations relatives aux activités touristiques autorisées le plus rapidement possible au SEEI, et a encouragé les Parties à s'impliquer davantage dans le Groupe de contact.

79. Tout en notant qu'il était important de disposer d'un meilleur échange d'informations, certaines Parties ont estimé qu'il fallait prendre des mesures plus proactives afin de décourager les visites de yacht non autorisées en Antarctique. L'Argentine a souligné la responsabilité de l'État de pavillon et de celui de la nationalité du capitaine ou du propriétaire du navire, indiquant en outre que l'État du port n'a pas le droit d'interdire aux navires de quitter les ports à destination, éventuellement, de l'Antarctique, dans la mesure où ils respectent le droit international. Le Royaume-Uni a suggéré qu'une discussion de la RCTA sur les yachts serait extrêmement opportune, compte

tenu en particulier du nombre de yachts non autorisés, tel qu'indiqué dans le document d'information IP 55. La Nouvelle-Zélande a souligné que plusieurs yachts non autorisés en Antarctique étaient des récidivistes et a encouragé les Parties à veiller à ce que chacune d'entre elles dispose d'une législation adaptée afin d'agir contre de tels cas. Notant que les opérateurs non autorisés étaient souvent perçus positivement par le grand public, la Belgique a suggéré que les Parties dialoguent également avec les médias pour sensibiliser le public aux impacts négatifs de ces activités.

80. Le SCAR a mentionné le document d'information IP 166 présenté à la XLe RCTA, corédigé avec l'IAATO, lequel informe de leur intention d'initier un effort collaboratif visant à développer un plan de conservation systématique pour la péninsule antarctique, tout particulièrement dans le but de gérer la durabilité, à long terme, du tourisme en Antarctique. Le SCAR a informé la Réunion que ce travail progressait.

81. La France a souligné que de nombreuses idées avaient déjà été soulevées dans les documents de travail et RCTA précédents et qu'elles pourraient fournir une bonne base pour approfondir ces questions. La France a exprimé sa volonté de recueillir et mettre à jour ces idées dans le but d'aller de l'avant lors de la prochaine RCTA.

82. Les documents suivants ont également été soumis au titre de ce point de l'ordre du jour, et ont été considérés comme présentés :

- document d'information IP 53, intitulé « On regulation of yachting in Antarctic waters » [Sur la régulation de la navigation de plaisance dans les eaux de l'Antarctique] (Fédération de Russie). Ce document rappelle une proposition émise par la Fédération de Russie lors de la XLe RCTA concernant la préparation d'une liste noire des voiliers à moteur qui enfreignent les principales dispositions du Protocole relatif à l'environnement pendant leurs voyages. Le document liste des évènements survenus pendant la saison antarctique 2017-2018 et propose aux Parties de reconsidérer la proposition faite lors de la XLe RCTA ou de se mettre d'accord sur une nouvelle décision sur cette question ;

- document d'information IP 55 intitulé « Data Collection and Reporting on Yachting Activity in Antarctica in 2017-2018 » [Collecte de données et rapport sur l'activité de la navigation de plaisance en Antarctique en 2017-2018] (Royaume-Uni, Argentine, Chili et IAATO). Ce document rassemble des informations des promoteurs relatives à des yachts observés dans les eaux de l'Antarctique ou ayant manifesté une intention de voyager vers l'Antarctique pendant la saison 2017-2018 ;

- document d'information IP 63, intitulé « Report on Antarctic tourist flows and cruise ships operating in Ushuaia during the 2017/2018 Austral summer season » [Rapport sur le flux de touristes en Antarctique et sur les navires de croisières opérant depuis Ushuaia pendant la saison estivale australe 2017-2018] (Argentine). Le document fournit des informations sur les flux de passagers et de navires qui ont visité l'Antarctique pendant la saison estivale australe 2017-2018 depuis le port d'Ushuaia. Il présente également des données sur le nombre de voyages effectués, les passagers et leurs nationalités, l'équipage moyen par navire, le personnel d'expédition et le registre des navires ;

- document d'information IP 72, intitulé « Report on IAATO Operator Use of Antarctic Peninsula Landing Sites and ATCM Visitor Site Guidelines, 2017-2018 Season » [Rapport sur l'utilisation des sites de débarquement de la péninsule antarctique par les opérateurs membres de l'IAATO et des Lignes directrices de la RCTA pour les visites de sites, saison 2017-2018] (IAATO). Il fournit des informations sur les débarquements effectués dans la région de la péninsule antarctique par des navires de l'IAATO, principalement axés sur le tourisme commercial traditionnel, qui représentait plus de 95 % de toute l'activité touristique terrestre. Au total, 41 417 passagers ont débarqué, un chiffre supérieur à celui de la saison précédente. L'IAATO a signalé que malgré l'augmentation des activités, seuls deux sites avaient reçu en moyenne plus de deux visites par jour pendant toute la saison ; les opérations sont donc bien restées dans les limites des capacités de visite des sites individuels. Elle a noté que tous les sites les plus visités étaient couverts par des plans de gestion spécifiques ; et que le planificateur de navires de l'IAATO gérait efficacement toutes les visites de navires en suivant les lignes directrices pour les visites de sites émanant de la RCTA, de l'IAATO et des programmes nationaux.

Point 7b : Activités touristiques et non gouvernementales dans la zone du Traité sur l'Antarctique : impacts environnementaux

83. Le Royaume-Uni a présenté le document de travail WP 22 *Une approche pratique à la gestion du tourisme en Antarctique*, préparé conjointement avec les États-Unis. Le document rapporte que le tourisme a un impact globalement positif, particulièrement lorsqu'il est géré de manière appropriée afin de garantir un impact mineur ou transitoire sur l'environnement. Il note également que le tourisme ne devrait pas avoir d'impact sur les programmes nationaux antarctiques, qu'il devrait se conformer pleinement aux réglementations du Traité sur l'Antarctique et du Protocole sur

l'environnement en théorie et en pratique, et qu'il devrait générer des ambassadeurs pour l'Antarctique. Il contient une analyse de la mise en œuvre de la Résolution 7 (2009) et conclut que le tourisme en Antarctique est généralement très bien géré et que les impacts sont minimes, mais note toutefois que la RCTA doit encore faire face à des défis importants en termes de gestion du tourisme, y compris s'agissant de l'impact du tourisme non autorisé et de la croissance du tourisme ainsi que les types d'activités touristiques. Le Royaume-Uni a insisté sur le fait que d'importantes mesures convenues par la RCTA et visant à réglementer et à améliorer la gestion du tourisme n'étaient pas encore en vigueur, notamment la Mesure 4 (2004), la Mesure 1 (2005) et la Mesure 15 (2009).

84. Les promoteurs ont recommandé que les Parties : déploient davantage d'efforts pour collaborer dans le domaine des autorisations, en assurant la mise en œuvre nationale des réglementations existantes et en engageant les poursuites appropriées ; encouragent les Parties à soutenir la recherche scientifique portant sur les impacts du tourisme et demandent au CPE de poursuivre ses travaux visant à explorer les répercussions à long terme du tourisme sur l'environnement ; s'assurent que toutes les mesures adoptées par le Traité sur l'Antarctique soient approuvées à l'échelle nationale ; et examinent les implications de la croissance du tourisme et l'augmentation du nombre d'opérateurs qui ne sont pas enregistrés auprès de l'IAATO pour le Système du Traité sur l'Antarctique.

85. La Réunion a remercié le Royaume-Uni et les États-Unis pour leur document et a réitéré son engagement à adopter une approche stratégique pour la gestion du tourisme, notant que celui-ci pouvait avoir des impacts positifs s'il était administré convenablement. Les recommandations présentées dans le document de travail WP 22 ont bénéficié d'un large soutien des Parties. La Réunion a noté que le 60è anniversaire du Traité sur l'Antarctique en 2019 pourrait être l'occasion de concentrer les efforts sur le développement d'une approche stratégique du tourisme et de motiver les Parties à mettre en œuvre les mesures de la RCTA visant à réglementer et améliorer la gestion du tourisme qui ne sont pas encore en vigueur.

86. Les Pays-Bas ont souligné l'importance des questions soulevées dans le document de travail WP 22 et ont encouragé à accorder une attention particulière aux impacts cumulatifs sur l'environnement antarctique. Dans ce contexte, ils ont mis l'accent sur l'importance de porter une attention toute particulière aux valeurs de la vie sauvage en Antarctique. Ils ont noté que l'article 3 du Protocole faisait explicitement référence à ces valeurs, tout comme les *Principes généraux du tourisme en Antarctique* (Résolution 7, 2009).

87. La Réunion a salué l'annonce des Pays-Bas relative à leur projet d'atelier informel lors de la période intersessions, qui porterait sur la gestion du tourisme, ainsi que l'annonce des progrès effectués par la Chine au niveau du développement de réglementations nationales pour la gestion du tourisme chinois en Antarctique.

88. La Réunion a noté plusieurs questions clés soulevées par les Parties au cours du débat, notamment :

- une inquiétude quant aux pressions croissantes sur l'environnement, en particulier en ce qui concerne les pressions sur les sites de débarquement et sur les ressources en matière de recherche et de sauvetage, lesquelles émanent de la croissance prévue du tourisme en termes de nombre de visiteurs et de navires et des activités de tourisme d'aventure présentant des risques importants ;

- la nécessité de prendre en compte les impacts cumulatifs lors de l'évaluation des activités touristiques, y compris celles qui ne sont pas autorisées ou qui ne sont pas menées par des membres de l'IAATO ;

- la volonté de préserver les valeurs de la nature à l'état sauvage ;

- l'importance de fournir aux autorités nationales les instruments et outils juridiques appropriés pour réagir aux activités non réglementées ou non autorisées en Antarctique ;

- la nécessité de mettre en œuvre de nouveaux mécanismes pour mieux contrôler le tourisme ;

- le besoin de tenir compte des implications de l'éventuelle charge que représentent la recherche et le sauvetage (SAR) pour les programmes nationaux et le personnel associé au vu des activités accrues en Antarctique ;

- le besoin de mener de plus amples réflexions sur le sens des termes « non permanent », « semi-permanent » et « permanent » à la lumière des dispositions de l'EIE et du Protocole relatif à la protection de l'environnement ;

- l'utilité d'améliorer les communications, et en particulier la vitesse de communication entre les Parties pour discuter des questions relatives au tourisme, notant que le forum des autorités compétentes était un outil utile mais qu'il pourrait se révéler insuffisant ; et

- l'utilité de développer un outil interactif de cartographie sur le site Internet du STA (basé sur l'outil d'informations géographiques présenté pour la base de données sur les inspections) qui aiderait à illustrer, au fil du temps, les visites des sites couverts par des lignes directrices pour les visites de sites.

89.   L'ASOC a présenté le document d'information IP 61, intitulé « Anticipated growth of Antarctic tourism: Effects on existing regulation » [Croissance prévue du tourisme en Antarctique : incidences sur les réglementations existantes] (ASOC). Notant que le tourisme polaire devrait s'accroître, l'ASOC a soulevé la question de savoir comment le système de régulation du tourisme antarctique réagirait à cette croissance et a tenté de répondre à la question. Elle a recommandé que la Réunion : examine le système actuel de régulation et de gestion pour le tourisme pour s'assurer de sa résilience et de son efficacité à l'avenir, incluant l'adoption et/ou la révision des lignes directrices pour les visites de sites ; réfléchisse aux moyens d'améliorer l'examen et la surveillance des impacts cumulatifs, notamment sur les sites les plus visités et sur une base régionale ; et poursuive l'élargissement du réseau de ZSPA et de ZGSA en tenant compte de la croissance du tourisme sur une base régionale. L'ASOC a également fait remarquer qu'au vu des augmentations prévues du nombre de visiteurs et d'autres indicateurs de croissance, conjugués au fait que certains sites soient de plus en plus visités, il apparaîtra nécessaire pour la RCTA de développer des mesures plus ciblées pour les sites visités afin de garantir un impact minimum des activités.

90.   Les documents suivants ont également été soumis au titre de ce point de l'ordre du jour, et considérés comme présentés :

- document d'information IP 14 *Notification de la présence d'un voilier non autorisé en Antarctique avec à son bord une espèce non indigène* (France). Le document signale qu'un navire français avec une poule à son bord avait pénétré la zone du Traité sur l'Antarctique en février 2018 sans l'autorisation d'une autorité nationale compétente. Il précise que l'autorité compétente française avait entamé les procédures administratives définies dans ses législations nationales et soulignait que les Parties devaient continuer à prévenir et sanctionner ce type d'incident. Le document souligne que les activités illégales en Antarctique représentaient une menace pour l'environnement et la sécurité des opérateurs et recommande que les Parties poursuivent leurs travaux relatifs à ces questions, conformément aux priorités en matière de tourisme définies dans le Plan de travail stratégique pluriannuel ;

- document d'information IP 41 *Navigation du yacht Windrose of Amsterdam, décembre 2017* (Espagne). Il rapporte que le Windrose of Amsterdam avait navigué dans la zone de la péninsule antarctique en décembre 2017 sans l'autorisation d'une autorité nationale compétente et que plusieurs ressortissants espagnols se trouvaient à son bord. Il souligne que l'incident avait accru l'inquiétude de l'Espagne quant au cadre juridique applicable à ce genre de navires et note qu'en plus de voguer en Antarctique sans autorisation, ces vaisseaux naviguaient sous le pavillon d'un État non Partie au Traité. Il met en lumière le fait que la juridiction compétente pour ces activités est indéfinie et qu'il serait judicieux de se pencher sur la question.

Point 8 : Plan de travail stratégique pluriannuel

91. La Réunion a examiné le Plan de travail stratégique pluriannuel adopté à la XLᵉ RCTA (annexé au document du Secrétariat SP 1 rév. 1). Elle s'est penchée sur la façon de réaliser les points prioritaires dans les années à venir, et sur la possibilité de supprimer des priorités actuelles pour les remplacer par des nouvelles.

92. À la suite des débats, la Réunion a mis à jour le Plan de travail stratégique pluriannuel et adopté la Décision 3 (2018) *Plan de travail stratégique pluriannuel pour la Réunion consultative du Traité sur l'Antarctique.*

93. Les documents suivants ont été soumis au titre de ce point de l'ordre du jour, et considérés comme présentés :

   • document d'information IP 13 « Korea's 3rd Basic Plan for the Promotion of Research Activities in Antarctica (2017-2022) » [Troisième plan de base de la Corée pour la promotion des activités de recherche en Antarctique (2017-2022)] (République de Corée). Il fait état du troisième plan de base de la Corée, amorcé en 2017, et présente l'ambition de la Corée de « devenir un pays de premier plan pour ce qui est de la recherche antarctique, qui contribue à répondre aux grands changements auxquels l'humanité fait face à l'échelle mondiale ». Le document précise que les objectifs principaux de la Corée sont les suivants : le développement de projets de recherche antarctique relatifs aux enjeux planétaires comme le changement climatique ; la conservation du système écologique ; l'amélioration de la base de soutien pour la recherche scientifique ; et le renforcement du rôle de la Corée au niveau de l'administration de l'Antarctique et de la recherche scientifique ;

   • document d'information IP 37 « Future Antarctic Science Challenges » [Défis à venir pour la science antarctique] (Australie). Ce document présente un rapport des progrès réalisés dans les discussions informelles menées en période intersessions à propos des défis scientifiques de l'Antarctique, initiées lors de XLᵉ RCTA. Il rapporte également que les discussions intersessions avaient encouragé un échange utile d'informations sur les objectifs scientifiques en Antarctique, les questions de recherche essentielles, les zones géographiques à privilégier, et sur les collaborations internationales existantes. L'Australie a indiqué qu'elle avait l'intention de poursuivre les discussions informelles lors de la prochaine période intersessions et de présenter un rapport pour examen à la XLIIe RCTA.

Point 9 : Rapport du Comité pour la protection de l'environnement

94.   M. Ewan McIvor, président du Comité pour la protection de l'environnement, a présenté le rapport de la XXIe réunion du CPE. Le Comité a examiné 30 documents de travail. En outre, 40 documents d'information, trois documents du Secrétariat et quatre documents de contexte ont été soumis au titre des points de l'ordre du jour du CPE. Le président du CPE a mis l'accent sur les points pour lesquels le CPE a accepté de fournir des avis spécifiques à la RCTA, mais a encouragé les Parties à examiner toutes les sections du Rapport du CPE.

Ouverture de la Réunion (Point 1 de l'ordre du jour du CPE)

95.   Le président du CPE a informé que le Comité avait accueilli la Suisse et la Turquie comme nouveaux Membres.

Projets d'évaluations globales d'impact sur l'environnement (Point 3 de l'ordre du jour du CPE)

96.   Le président du CPE a fait savoir que le Comité avait examiné le projet d'évaluation globale d'impact sur l'environnement (EGIE) communiqué par la Chine concernant la construction et l'exploitation proposées d'une nouvelle station de recherche chinoise, en terre Victoria, Antarctique, le rapport du GCI ouvert dirigé par les États-Unis visant à réviser le projet d'EGIE, ainsi que deux documents d'information soumis par la Chine qui présentaient des informations supplémentaires en réponse aux points soulevés par le GCI. Le Comité a salué les améliorations apportées à l'EGIE originale diffusée en 2014, notamment la prise en compte des observations alors formulées par les Membres. Le Comité a accueilli favorablement l'engagement pris par la Chine d'examiner de manière approfondie, dans l'EGIE finale, les points soulevés par le GCI et les observations formulées par les Membres pendant la réunion.

97.   Le Comité a consenti à informer la RCTA que le projet d'EGIE est, dans son ensemble, conforme aux dispositions de l'article 3 de l'Annexe I au Protocole relatif à la protection de l'environnement. Si la Chine décidait

de mener à bien l'activité proposée, l'EGIE finale pourrait être renforcée en ajoutant des informations supplémentaires et en explicitant certains aspects soulignés dans les rapports du CPE et du GCI, et résumés dans les conseils du Comité à la RCTA. La Chine a été encouragée à tenir compte des observations détaillées apportées par les participants au GCI résumées dans le rapport du GCI, ainsi que des points soulevés au cours de la XXIᵉ réunion du CPE, tels que repris dans le rapport du Comité. Les informations fournies dans le projet d'EGIE permettent de conclure que l'impact de la construction de la station serait probablement plus que mineur ou transitoire. Le projet d'EGIE a été jugé bien rédigé, logique et structuré, bien qu'il pourrait être amélioré grâce à quelques ajustements.

98. La Nouvelle-Zélande a remercié la Chine pour son projet d'EGIE, notant la charge de travail que représentait sa préparation, et a déclaré qu'elle attendait avec intérêt leur étroite collaboration dans la région de la mer de Ross. La Chine a exprimé sa volonté de coopérer avec la Nouvelle-Zélande en tous points.

99. Le président du CPE a fait savoir que le Comité avait également discuté du projet d'évaluation globale d'impact sur l'environnement communiqué par le Royaume-Uni quant à la proposition de reconstruction du quai Rothera et de stabilisation du littoral, ainsi que du rapport du GCI ouvert mené par la Norvège afin d'examiner le projet d'EGIE. Le Comité a souligné l'excellente qualité et le caractère très exhaustif du projet d'EGIE et a accueilli favorablement les efforts continus du Royaume-Uni en vue de perfectionner la proposition et afin de réduire encore davantage l'impact des activités proposées sur l'environnement. Le Comité a salué l'engagement du Royaume-Uni à aborder de façon exhaustive, dans l'EGIE définitive, les points soulevés par le GCI et dans le cadre des discussions menées pendant la réunion.

100. Le Comité est convenu d'informer la RCTA que le projet d'EGIE répondait, dans l'ensemble, aux exigences de l'article 3 de l'Annexe I du Protocole au Traité sur l'Antarctique relatif à la protection de l'environnement. Si le Royaume-Uni décidait de mettre en œuvre l'activité proposée, certains aspects pourraient bénéficier d'informations supplémentaires ou de clarifications afin de rendre l'EGIE finale plus exhaustive, notant qu'elle comprenait déjà beaucoup de détails sur les impacts et l'atténuation associés à tous les aspects de l'activité qui avaient été décrits par les rapports du GCI et du CPE et résumés dans les conseils du Comité à la RCTA. Le Royaume-Uni a été encouragé à tenir compte des observations détaillées fournies par les participants au GCI et du résumé des principales questions, tel que présenté

dans le rapport du GCI, ainsi que des questions soulevées au cours de la XXIe réunion du CPE, comme résumées dans le rapport final. Les informations fournies dans le projet d'EGIE soutiennent la conclusion selon laquelle les impacts de certaines activités dans le projet auront un impact plus que mineur ou transitoire, et que ce niveau d'EIE a été jugé approprié pour ce projet. Le projet d'"GIE était rigoureux, méthodique, clair, bien structuré et bien présenté, même si certains ajustements mineurs pourraient être envisagés pour renforcer davantage le document.

101. La Réunion a remercié le CPE pour son travail. Il a été reconnu que la préparation des EGIE représentait une charge de travail considérable, et la Réunion a noté l'esprit de collaboration et de coopération nécessaire à l'élaboration des propositions.

Plans de gestion (point 4 de l'ordre du jour du CPE)

102. Le président du CPE a indiqué que le Comité avait examiné six plans de gestion révisés pour les Zones spécialement protégées de l'Antarctique (ZSPA), et qu'il avait accepté de transmettre chaque plan de gestion révisé à la RCTA pour que celle-ci les adopte, par le biais d'une Mesure.

103. Acceptant l'avis du CPE, la Réunion a adopté les Mesures suivantes concernant les ZSPA et les ZGSA :

  • Mesure 1 (2018) *Zone spécialement protégée de l'Antarctique n° 108 (Île Green, îles Berthelot, péninsule antarctique) : Plan de gestion révisé.*

  • Mesure 2 (2018) *Zone spécialement protégée de l'Antarctique n° 117 (Île Avian, baie Marguerite, péninsule antarctique) : Plan de gestion révisé.*

  • Mesure 3 (2018) *Zone spécialement protégée de l'Antarctique n° 132 (Péninsule Potter, île du Roi-George [isla 25 de Mayo], îles Shetland du Sud) : Plan de gestion révisé.*

  • Mesure 4 (2018) *Zone spécialement protégée de l'Antarctique n° 147 (Vallée Ablation et mont Ganymède, île Alexandre) : Plan de gestion révisé.*

  • Mesure 5 (2018) *Zone spécialement protégée de l'Antarctique n° 170 (Nunataks Marion, île Charcot, péninsule antarctique) : Plan de gestion révisé.*

  • Mesure 6 (2018) *Zone spécialement protégée de l'Antarctique n° 172 (Partie inférieure du glacier Taylor et Blood Falls de la vallée Taylor, dans les vallées sèches de McMurdo, terre Victoria) : Plan de gestion révisé.*

104. Le Comité est convenu d'informer la RCTA que les examens quinquennaux des ZSPA suivantes avaient été réalisés conformément à l'article 6.3 de

l'Annexe V au Protocole, et que les plans de gestion existants restaient en vigueur, les prochains examens devant être initiés en 2023 :

(1) ZSPA n° 137, île Blanche du Nord-Ouest, détroit de McMurdo

(2) ZSPA n° 138, terrasse Linnaeus, chaîne Asgard, terre Victoria

(3) ZSPA n° 156, baie Lewis, mont Erebus, île de Ross

105. Le président du CPE a également invité les Parties à se référer aux conclusions des discussions du Comité sur les autres questions soulevées au titre de ce point de l'ordre du jour, en particulier en ce qui concerne :

- l'examen préliminaire des nouvelles ZSPA proposées dans les régions de l'île Léonie, la baie Ryder, en péninsule antarctique et l'île Inexpressible ;
- le rapport sur le statut de la ZSPA n° 144 Baie du Chili (baie de Discovery), et son éventuel retrait des zones protégées à la lumière des orientations/critères en cours de développement pour retirer une ZSPA de la liste.

106. À propos de la question de la mise en place de la ZSPA à l'île Inexpressible, l'Italie a réaffirmé sa volonté de prendre part à cette initiative conjointement avec la Chine, comme elle l'avait fait lors de la réunion du CPE, prenant en compte les activités scientifiques menées par l'Italie dans la région depuis trois décennies et qui sont toujours en cours. Rappelant les principes définis dans le Traité de l'Antarctique et le Protocole relatif à la protection de l'environnement portant sur les relations de travail fondées sur la coopération, et sur la promotion des programmes de travail coopératifs touchant à la protection de l'environnement antarctique et les écosystèmes dépendants et associés, l'Italie a exprimé sa conviction que la coopération sur cette proposition constituait la meilleure façon d'initier une collaboration fructueuse avec les pays avoisinants, actuels et futurs. L'Italie a donc réaffirmé sa volonté de participer en tant que co-promoteur à cette proposition.

107. La Chine a exprimé sa gratitude pour le travail effectué par l'Italie dans la zone pendant les dernières décennies. La Chine a souligné qu'elle avait l'impression qu'aucun obstacle ne se dressait contre la coopération internationale dans la préparation de propositions de ZSPA potentielles et qu'elle se réjouissait de travailler avec l'Italie sur cette proposition.

Lignes directrices pour les visites de sites (point 5 de l'ordre du jour du CPE)

108.   Le président du CPE a informé la RCTA que le Comité avait examiné des documents présentant sept lignes directrices révisées pour les visites de sites et trois nouvelles lignes directrices. Le Comité est convenu de transmettre les lignes directrices révisées pour Brown Bluff, l'île du Diable, l'île Half Moon, l'île Paulet, l'anse Pendulum, la baie Telefon et la baie des Baleiniers à la RCTA pour leur adoption. Le Comité est aussi convenu de transmettre les nouvelles lignes directrices pour les visites de sites pour l'île Astrolabe, la pointe Georges, l'île Rongé et la pointe Portal pour adoption.

109.   La Réunion a examiné puis approuvé les sept lignes directrices révisées et les trois nouvelles via la Résolution 1 (2018) *Lignes directrices pour les visites de sites.*

110.   Le président du CPE a également indiqué à la RCTA les résultats des discussions supplémentaires menées au titre de ce point de l'ordre du jour, en particulier en ce qui concerne :

- la poursuite des travaux sur le développement d'une liste de contrôle officielle pour faciliter les prochaines révisions des lignes directrices pour les visites de site, et le développement d'un référentiel en ligne d'images des sites avec des lignes directrices de sites afin d'aider le suivi continu et la révision formelle du site ;

- la croissance prévue du tourisme antarctique, ainsi que les actions à envisager pour répondre aux implications environnementales de la hausse du nombre des visiteurs des sites de débarquements.

111.   La Réunion a salué les travaux du CPE sur le développement des lignes directrices pour les visites de sites, notamment pour les sites de plus en plus visités. Le Royaume-Uni a été remercié pour son soutien lors des visites de sites organisées afin de réfléchir à de nouvelles lignes directrices ou de les réviser.

Rapports d'inspection (point 6 de l'ordre du jour du CPE)

112.   Le président du CPE a noté que le Comité avait examiné, au titre de ce point de l'ordre du jour, les éléments relatifs à l'environnement tirés d'un rapport sur les inspections effectuées par la Norvège en février 2018. Il a salué les résultats globalement positifs relevés par l'équipe d'inspection pour les questions environnementales.

Rapports des organes subsidiaires et des groupes de contact intersessions (point 7 de l'ordre du jour du CPE)

113. Le président du CPE a indiqué que le Comité avait examiné un rapport de la Norvège et du Royaume-Uni sur les travaux du GCI visant à élaborer des lignes directrices sur les approches de conservation pour la gestion d'objets du patrimoine antarctique. Le Comité a approuvé les *Lignes directrices pour l'évaluation et la gestion du patrimoine en Antarctique* et est convenu de transmettre à l'approbation de la RCTA un projet de Résolution encourageant l'utilisation desdites lignes directrices.

114. Le Comité a par ailleurs adopté une révision du *Guide pour la présentation de documents de travail contenant des propositions de désignation de Zones spécialement protégées de l'Antarctique, de Zones spécialement gérées de l'Antarctique ou de Sites et monuments historiques*, afin qu'il reflète les *Lignes directrices pour l'évaluation et la gestion du patrimoine en Antarctique*, qui fournissent des orientations relatives aux informations requises dans le cadre de l'inscription de nouveaux Sites et monuments historiques (SMH), et est convenu de transmettre un projet de Résolution sur l'actualisation du Guide à la RCTA pour approbation.

115. Le Comité a de surcroît rappelé son avis émis à la XXXVIIIe RCTA, lequel indiquait que les futures propositions pour de nouvelles désignations de SMH devraient être mises en attente jusqu'à ce que de nouvelles orientations aient été établies en ce qui concerne l'évaluation et la gestion du patrimoine antarctique. Le Comité est convenu d'informer la RCTA du fait que, grâce à l'adoption des *Lignes directrices pour l'évaluation et la gestion du patrimoine en Antarctique*, les propositions visant la désignation de nouveaux SMH pourraient à nouveau être considérées comme acceptables.

116. La Réunion a remercié le CPE pour son travail sur la gestion des sites et monuments historiques de l'Antarctique. Le Royaume-Uni a fait observer que dans la perspective d'anniversaires d'accomplissements historiques significatifs, les Parties devraient être encouragées à proposer des sites pertinents à inscrire sur la liste des SMH.

117. Acceptant l'avis du CPE, la Réunion a adopté la Résolution 2 (2018) *Lignes directrices pour l'évaluation et la gestion du patrimoine en Antarctique* et la Résolution 3 (2018) *Guide révisé pour la présentation de documents de travail contenant des propositions de désignation de Zones spécialement protégées de l'Antarctique, de Zones spécialement gérées de l'Antarctique*

ou de Sites et monuments historiques, afin de refléter les Lignes directrices pour l'évaluation et la gestion du patrimoine en Antarctique.

118. Le Comité est en outre convenu qu'il serait souhaitable d'examiner plus en profondeur plusieurs questions générales identifiées par le GCI, en particulier : le format de la liste de SMH ; les problèmes juridiques liés à la propriété et le retrait potentiel pour une conservation *ex situ*, soulignant que cela pourrait nécessiter des conseils de la RCTA ; la participation d'experts du patrimoine lors de l'évaluation des options pour la gestion du patrimoine ; et la nécessité éventuelle d'établir des EIE dans le cadre de nouvelles propositions de SMH.

119. Le président du CPE a indiqué que le Comité avait examiné un rapport présenté par l'Allemagne sur le travail du GCI établi lors de la XXᵉ réunion du CPE pour développer des lignes directrices relatives aux aspects environnementaux de l'utilisation des systèmes d'aéronef pilotés à distance (RPAS) en Antarctique. Le Comité a approuvé les *Lignes directrices environnementales pour l'exploitation des systèmes d'aéronef pilotés à distance (RPAS) en Antarctique*, et est convenu de soumettre à l'approbation de la RCTA un projet de Résolution encourageant l'utilisation et l'approfondissement desdites lignes directrices.

120. Le Comité a souligné l'importance de l'examen et de la révision des lignes directrices, le cas échéant, afin que celles-ci reflètent les avancées actuelles des connaissances scientifiques sur les impacts environnementaux ainsi que les avantages des RPAS, et il a appelé à soutenir la poursuite des recherches en la matière. Il est également convenu qu'il serait judicieux de continuer à prendre en compte les résultats de toute discussion pertinente sur les RPAS dans le cadre de la RCTA, notamment en ce qui concerne les conditions dans lesquelles les utilisations récréatives des RPAS devraient ou non être autorisées.

121. La Réunion a salué les travaux du CPE destinés à développer les lignes directrices relatives aux RPAS. Il a été noté que le Portail des environnements antarctiques pourrait servir de recueil d'informations sur l'utilisation et l'impact des RPAS et que, dans le cadre de l'examen et de la révision de lignes directrices, le CPE pourrait travailler de concert avec le COMNAP et le SCAR pour élaborer des bonnes pratiques sur l'utilisation des RPAS en Antarctique.

122. Certaines délégations ont estimé qu'il serait souhaitable de codifier le moratoire de l'IAATO sur l'utilisation des RPAS à des fins récréatives dans les zones côtières riches en faune sauvage de l'Antarctique et ont demandé au

CPE et à la RCTA de poursuivre l'examen des lignes directrices en accordant une attention particulière à l'utilisation des RPAS à des fins récréatives.

123. Acceptant l'avis du CPE, la Réunion a adopté la Résolution 4 (2018) *Lignes directrices environnementales pour l'exploitation des systèmes d'aéronef pilotés à distance (RPAS) en Antarctique.*

124. Le président du CPE a également indiqué que le Comité avait adopté un plan de travail pour le Groupe subsidiaire sur les plans de gestion (GSPG) pour 2018-2019.

Plan de travail quinquennal (point 8 de l'ordre du jour du CPE)

125. Le président du CPE a indiqué que le Comité avait examiné le document présentant le *Code de conduite du SCAR pour la recherche scientifique de terrain en zone continentale en Antarctique.* Le Comité a approuvé ledit code de conduite et est convenu de le soumettre à l'approbation de la RCTA au moyen d'un projet de Résolution visant à en encourager sa diffusion et son utilisation.

126. Acceptant l'avis du CPE, la Réunion a adopté la Résolution 5 (2018) *Code de conduite du SCAR pour la recherche scientifique de terrain en zone continentale en Antarctique.*

127. Le président du CPE a en outre indiqué que le Comité avait examiné un document établi par le président du CPE, faisant suite aux discussions tenues lors de la XXᵉ réunion du CPE sur les façons de garantir que le CPE demeure capable d'apporter un soutien aux Parties dans leurs efforts de protection de l'environnement en Antarctique.

128. Conformément à l'article 12(k) du Protocole relatif à la protection de l'environnement, et prenant acte du Plan de travail stratégique pluriannuel de la RCTA concernant les priorités stratégiques scientifiques, le Comité est convenu d'informer la RCTA qu'il avait incorporé une liste de besoins scientifiques du CPE au Plan de travail quinquennal du CPE et qu'il était convenu d'examiner et de réviser régulièrement ces besoins scientifiques si nécessaire.

129. Le président du CPE a par ailleurs souligné que le Comité avait également reconnu que des financements modestes pourraient l'aider à entreprendre des travaux prioritaires visant à élaborer des avis et des recommandations de qualité en temps opportuns, conformément à son rôle décrit à l'article 12 du Protocole relatif à la protection de l'environnement, et qu'il était

convenu de demander l'avis de la RCTA sur les possibilités d'obtention d'un tel financement. À cet égard, le Comité a noté que le document de travail WP 17 présentait un processus possible pour l'examen de propositions de financement qui permettrait d'assurer que toute proposition soit structurée et axée sur les priorités convenues.

130. Le président du CPE a indiqué que le Comité n'avait pas anticipé qu'il y aurait un grand nombre de demandes de financement et a pris acte du soutien généreux et permanent des Membres et des Observateurs.

131. La Réunion s'est déclarée disposée à examiner au cas par cas les futures propositions de financement pour aider le CPE à entreprendre des travaux prioritaires.

132. Le président du CPE a indiqué que le Comité avait fortement appuyé la proposition d'organiser un atelier conjoint SCAR/CPE sur la poursuite du développement du système de zones protégées de l'Antarctique, a approuvé le mandat de l'atelier et s'est vivement félicité de l'offre de la République tchèque d'accueillir l'atelier à Prague, en amont de la XXIIe réunion du CPE.

133. Le président du CPE a également indiqué que le Comité avait actualisé son Plan de travail quinquennal afin d'y intégrer des actions ayant émergé lors de la réunion.

Questions diverses (point 10 de l'ordre du jour du CPE)

134. Le président du CPE a invité la Réunion à se référer aux résultats des discussions sur les questions traitées au titre de ce point de l'ordre du jour, en particulier en ce qui concerne :

- les discussions au sein de la RCTA et du CPE sur les documents relatifs au changement climatique ;
- une proposition visant à établir un GCI pour appuyer l'harmonisation des initiatives de protection marine à travers le Système du Traité sur l'Antarctique ;
- un rapport de la Chine sur les discussions intersessions informelles relatives à l'élaboration d'un projet de Code de conduite pour l'exploration et la recherche dans le Dôme A en Antarctique ;
- la protection de l'épave du navire de Sir Ernest Shackleton, l'*Endurance* – si toutefois elle venait à être localisée – selon les dispositions prévues par la Résolution 5 (2001) ;
- l'annonce faite par la Colombie selon laquelle celle-ci est en train de ratifier le Protocole.

Élection des membres du Bureau (point 11 de l'ordre du jour du CPE)

135. Le président du CPE a indiqué que le Comité avait réélu Patricia Ortúzar (Argentine) au poste de vice-présidente du CPE pour un deuxième mandat de deux ans, élu Birgit Njåstad (Norvège) au poste de présidente du CPE et était convenu de nommer le vice-président du CPE, Kevin Hughes (Royaume-Uni), comme président du Groupe subsidiaire sur la réponse au changement climatique (SGCCR).

136. La Réunion a remercié Ewan McIvor pour son excellente direction du CPE au cours des quatre dernières années et a exprimé sa reconnaissance pour le professionnalisme avec lequel il a présidé le CPE.

137. La Réunion a félicité Birgit Njåstad pour son élection à la présidence du CPE, de même que Patricia Ortúzar pour sa réélection à la vice-présidence.

Préparatifs de la prochaine Réunion (point 12 de l'ordre du jour du CPE)

138. Le président du CPE a indiqué que le Comité avait adopté un ordre du jour provisoire pour la XXIIe réunion du CPE.

139. La Réunion a remercié M. McIvor pour son rapport détaillé sur les travaux du CPE et a salué le travail des rapporteurs, des interprètes et des traducteurs.

Point 10 : Préparation de la XLIIe RCTA

a. Date et lieu

140. La Réunion a accueilli favorablement la proposition du gouvernement de la République tchèque d'accueillir la XLIIe RCTA à Prague, du 1er au 11 juillet 2019.

141. Aux fins de planification ultérieure, la Réunion a pris note du calendrier probable des RCTA à venir :
   * 2020 Finlande ;
   * 2021 France.

b. Invitation des organisations internationales et non gouvernementales

142. Conformément à la pratique établie, la Réunion est convenue que les organisations suivantes ayant un intérêt scientifique ou technique en

Antarctique devraient être invitées à envoyer des experts à la XLIIᵉ RCTA :
l'ACAP, l'ASOC, l'IAATO, l'Organisation de l'aviation civile internationale
(OACI), les IGP&I Clubs, l'OHI, l'OMI, la COI, les FIPOL, le GIEC,
l'Union internationale pour la conservation de la nature (UICN), le PNUE,
la CCNUCC, l'OMM et l'Organisation mondiale du tourisme (OMT).

c. Préparation de l'ordre du jour de la XLIIᵉ RCTA

143. La Réunion a adopté l'ordre du jour préliminaire de la XLIIᵉ RCTA (cf.
Annexe 1).

144. La République tchèque a présenté le document de travail WP 24 *Déclaration
à l'occasion des 60 ans du Traité sur l'Antarctique*, qui propose de présenter
une déclaration des Parties consultatives lors de la XLIIᵉ RCTA pour célébrer
les 60 ans de la signature du Traité. Il a été suggéré d'organiser la rédaction
de la « Déclaration de Prague » sur le forum en ligne du STA.

145. La Réunion a remercié la République tchèque et a exprimé son ferme appui
à cette proposition. La Réunion a fait observer que la Déclaration de Prague
offrait aux Parties une occasion importante de réaffirmer et de présenter
au grand public les principes du Traité sur l'Antarctique, de même que sa
force, son importance et sa pertinence. C'est aussi l'occasion de mettre
en lumière les réalisations du Système du Traité sur l'Antarctique ainsi
que la remarquable capacité d'évolution et d'adaptation aux défis dont il
a fait preuve au cours des 60 dernières années. De nombreuses Parties ont
manifesté leur intérêt à participer à la rédaction de la déclaration, tout en
soulignant qu'il serait primordial de recevoir des contributions de Parties
consultatives et non consultatives, d'Experts et d'Observateurs.

146. La Réunion est convenue qu'il importait également que la Déclaration de
Prague mette en exergue les nombreux changements qui se sont produits en
Antarctique au cours des 60 dernières années. Elle a demandé au SCAR de
participer à la rédaction de cette déclaration, afin de s'assurer qu'elle reflète
et attire l'attention du public sur l'importance de la science antarctique et la
pertinence de l'Antarctique pour le reste du monde. Il a été souligné que le
soutien logistique apporté à la science antarctique avait également subi de
grands changements au cours des 60 dernières années, et que la contribution
du COMNAP serait précieuse pour en témoigner.

147. Le SCAR a exprimé sa volonté de contribuer à la déclaration pour ce qui est
de retracer l'évolution de la science antarctique au cours des 60 dernières
années.

148. La République tchèque a remercié les Parties pour leur soutien. Elle a encouragé les Parties consultatives et les Observateurs à contribuer à la rédaction de la Déclaration de Prague par le biais du forum en ligne du STA.

149. La France a rappelé que le Secrétariat avait reçu une note (Réf : DG/2/18/419) d'Audrey Azoulay, directrice générale de l'UNESCO, concernant l'initiative « *Protecting Ice Memory* » [Protéger la mémoire de la glace]. La France a expliqué que l'initiative était le fruit d'une collaboration franco-italienne lancée en 2015 destinée à développer un dépôt de carottes de glace en Antarctique. Le projet consiste à préserver des carottes de glace provenant de glaciers sélectionnés dans le monde entier afin de permettre la mise à disposition d'une quantité suffisante de glace de haute qualité pour que les futurs scientifiques puissent effectuer des recherches et faire des découvertes. La France, appuyée par l'Italie, a souligné que toutes les étapes du projet en Antarctique seraient réalisées dans le respect du Traité sur l'Antarctique et de son Protocole relatif à la protection de l'environnement. La France et l'Italie ont encouragé toutes les Parties à participer aux discussions intersessions informelles relatives à l'initiative, qui se tiendront sous leur direction, et se sont réjouies de pouvoir fournir une mise à jour aux Parties lors de la XLIIᵉ RCTA.

150. La Réunion a remercié la France et l'Italie d'avoir porté cette question à son attention. Elle a pris acte de l'importance de ce projet, et de nombreuses Parties ont exprimé leur intérêt à y participer. Elle a favorablement accueilli le commentaire de la France et de l'Italie, à savoir que tous les aspects antarctiques de l'initiative « *Protecting Ice Memory* » seraient réalisés en conformité avec le Traité sur l'Antarctique et son Protocole sur l'environnement.

151. La Réunion est convenue d'envoyer une lettre en réponse à la note de madame Azoulay au Secrétariat. Elle est en outre convenue que la lettre serait rédigée comme suit :

> Madame la Directrice générale,
>
> J'ai le plaisir d'accuser réception de votre lettre du 14 mars 2018 qui a été transmise aux Parties consultatives au Traité sur l'Antarctique. Nous vous remercions d'avoir fourni des informations actualisées sur le fond et l'état du projet « *Protecting Ice Memory* » [Protéger la mémoire de la glace].
>
> Je voudrais saisir cette occasion pour souligner le statut juridique spécial de l'Antarctique, comme énoncé dans le Traité sur l'Antarctique de 1959 et d'autres documents du Système du Traité sur l'Antarctique

(STA), et de rappeler que le STA est le cadre compétent pour répondre aux questions relatives à l'Antarctique. Le STA a établi des procédures dûment élaborées à ce sujet, qui comprennent entre autres une évaluation de l'impact environnemental en vertu du Protocole relatif à la protection de l'environnement du Traité sur l'Antarctique.

Dans le contexte des mesures à prendre et conformément au Traité sur l'Antarctique et au Protocole relatif à la protection de l'environnement du Traité sur l'Antarctique, des discussions informelles portant sur le projet se tiendront entre les Parties avant la XLIIe RCTA et la XXIIe réunion du CPE qui se tiendront du 1er au 11 juillet 2019 et seront par conséquent communiquées à la RCTA.

Secrétaire exécutif
Secrétariat du Traité sur l'Antarctique

d. Organisation de la XLIIe RCTA

152. Conformément à l'article 11 du Règlement intérieur, la Réunion a décidé de proposer les mêmes groupes de travail pour la XLIIe RCTA, comme prévu à l'origine pour la présente Réunion. La Réunion est convenue de nommer Mme Therese Johansen, de Norvège, comme présidente du Groupe de travail 1 pour 2019. Elle est également convenue de nommer le Professeur Jane Francis, du Royaume-Uni, et M. Máximo Gowland, d'Argentine, comme coprésidents du Groupe de travail 2 en 2019.

e. La conférence du SCAR

153. Compte tenu de la précieuse série de conférences tenues par le SCAR lors de nombreuses RCTA, la Réunion a décidé d'inviter une nouvelle fois le SCAR à tenir une conférence sur les questions scientifiques pertinentes à la XLIIe RCTA.

Point 11 : Autres questions

154. L'Argentine, notant son statut de point d'accès à l'Antarctique, a fait référence au document d'information IP 65 et a brièvement mis la Réunion au courant des progrès réalisés dans la rationalisation de ses procédures d'obtention de visas de migration pour les scientifiques et le personnel technique internationaux en transit dans les ports d'Argentine permettant

d'accéder à l'Antarctique pour y travailler. Elle a souligné que les personnes liées aux programmes antarctiques nationaux ou à des universités dotées de programmes antarctiques pourraient maintenant se voir octroyer un visa d'un an. L'Argentine prévoit que cette augmentation de la durée du visa permettrait d'éliminer la plupart des problèmes associés au dépassement de la durée des visas argentins des membres du personnel de l'Antarctique alors qu'ils travaillent en Antarctique.

155. Le Bélarus a remercié l'Argentine pour ses efforts visant à faciliter le processus de migration et a indiqué que des experts biélorusses ont récemment eu des expériences positives en transitant par l'Argentine. Il a remercié l'Argentine et tous les pays d'entrée en Antarctique d'en faciliter l'accès. Il a également remercié les nombreux programmes antarctiques nationaux et le COMNAP d'aider leurs membres du personnel revenant d'Antarctique en cas de problème. Il a félicité la communauté antarctique pour sa promptitude à offrir de l'aide, lorsqu'elle est sollicitée.

156. La Colombie a fait référence au document d'information IP 21 et aux documents de contexte BP 14 à 22, et a remercié les Parties qui avaient coopéré avec elle et facilité ses activités en Antarctique. Elle a également remercié l'Argentine pour la préparation du document d'information IP 65 et pour la rationalisation de son processus de migration.

157. Les documents suivants ont été soumis au titre de ce point de l'ordre du jour, et considérés comme présentés :

- document d'information IP 2 « Future Antarctic Science Challenges – Ukrainian Perspective » [Futurs défis scientifiques de l'Antarctique - Perspective ukrainienne] (Ukraine). Rappelant l'importance accordée à l'identification des domaines prioritaires de recherche lors de la XLᵉ RCTA, le document présente la vision de l'Ukraine pour leurs futures activités de recherche en Antarctique. Il réaffirme la nécessité pour toutes les Parties de fournir des informations sur leurs priorités de recherche et de décider quand et comment la Réunion recevra, hiérarchisera et mettra en œuvre des recommandations scientifiques dans les années à venir. L'Ukraine a indiqué qu'elle était prête à participer à des consortiums internationaux de recherche sur le sujet, et qu'elle serait prête à prendre part à une discussion sur les priorités de recherche d'autres Parties ;

- document d'information IP 4, intitulé « COMNAP Search and Rescue (SAR) Workshop IV » [Atelier IV Recherche et sauvetage (SAR) du COMNAP] (COMNAP). Prenant acte de la Résolution 4 (2013) *Renforcement de la collaboration en matière de recherche et de sauvetage (SAR) en Antarctique*, le document indique que le prochain atelier SAR du COMNAP (atelier IV) se tiendra en Nouvelle-Zélande du 14 au 17 mai 2019. L'atelier sera coorganisé par Rescue Coordination Centre New Zealand, Maritime New Zealand, et Antarctica New Zealand ;

- document d'information IP 7 *Information sur les activités de la République du Bélarus dans la zone d'application du Traité sur l'Antarctique : X[e] expédition antarctique bélarussienne 2017-2018* (Bélarus). Le présent document fait rapport des activités de la République du Bélarus dans la zone du Traité sur l'Antarctique en 2017-2018, qui comprennent entre autres la recherche scientifique dans cinq domaines d'activité et l'installation de l'infrastructure de la station scientifique bélarussienne au cours de la Xe expédition antarctique bélarussienne de 2017-2018 ;

- document d'information IP 18, intitulé « Brazilian XXXVI Antarctic Operation » [XXXVIe Opérations antarctiques brésiliennes] (Brésil). Le présent document fait rapport des activités antarctiques brésiliennes entre octobre 2017 et avril 2018, qui comportaient 24 projets de recherche scientifique avec 260 chercheurs, spécialisés dans des domaines tels que l'océanographie, la glaciologie, la géologie et le changement climatique ;

- document d'information IP 19, intitulé « Reconstruction of Brazil Comandante Ferraz Antarctic Station » [Projet de reconstruction de la station Comandante Ferraz en Antarctique] (Brésil). Ce document est une mise à jour des informations présentées sur la reconstruction de la station Comandante Ferraz en Antarctique (EACF). Il indique que le calendrier initial a été réajusté pour tenir compte des retards accusés au niveau de la fabrication et du préassemblage. Trois des quatre étapes prévues avaient été réalisées ;

- document d'information IP 20, intitulé « Turkish Antarctic Science Program Application to COMNAP » [Candidature soumise au COMNAP pour un programme scientifique antarctique turc] (Turquie). Ce document fait un bref rapport sur le programme scientifique antarctique turc et ses relations avec le COMNAP ;

- document d'information IP 21, intitulé « Avances y proyección del Programa Antártico Colombiano-PAC » (Colombie). Ce document fait état des progrès et des réalisations accomplis par les activités antarctiques de la Colombie au cours de l'année précédente et de l'approbation du Protocole sur l'environnement par le Parlement colombien. Il indique que cet instrument de ratification sera bientôt envoyé au gouvernement dépositaire du Traité sur l'Antarctique ;

- document d'information IP 34, intitulé « Fatal accident during convoy operation at Indian Barrier, Maitri Station, East Antarctica » [Accident fatal lors d'un convoi à la barrière indienne, station Maitri, Antarctique de l'Est] (Inde). Ce document d'information rapporte la mort de Subhajit Sen, âgé de 23 ans, un étudiant qui participait à la XXXVIIᵉ expédition scientifique indienne en Antarctique (ISEA), à la suite d'un accident automobile le 26 mars 2018 ;

- document d'information IP 43, intitulé « COMNAP Antarctic Remotely Piloted Aircraft Systems (RPAS) Operator's Handbook » [Manuel du COMNAP relatif aux systèmes d'aéronef pilotés à distance (RPAS) destinés aux opérateurs] (COMNAP). Ce document d'information présente l'édition actuelle du Manuel présenté pour la première fois lors de la XXXIXᵉ RCTA (2016). Le COMNAP a encouragé les programmes antarctiques nationaux déployant des RPAS en Antarctique à élaborer leurs propres directives pour les sites et l'utilisation des RPAS, ainsi que des directives spécifiques aux aéronefs pilotés à distance (RPA), soulignant que de nombreux pays avaient mis en place des procédures nationales concernant l'utilisation des RPAS. Le document indique que le Groupe de travail du COMNAP sur les RPA poursuit sa révision du manuel et qu'il répondra aux nouvelles connaissances concernant la sécurité, les avancées technologiques rapides et d'autres aspects liés à l'opération de RPAS dans la région antarctique ;

- document d'information IP 51, intitulé « Preparation for putting into operation the Perseus runway in the vicinity of the Romnaes Mount (Queen Maud Land) » [Préparation du lancement de la piste Perseus à proximité du mont Romnaes (terre de la Reine-Maud)] (Fédération de Russie). Ce document rapporte que le 25 mai 2017, le service fédéral russe d'hydrométéorologie et de surveillance environnementale a délivré un permis officiel à la société russe « ALCI NORD » pour l'entretien de la piste saisonnière à proximité du mont Romnaes (terre de la Reine-Maud). Il note que ces activités d'entretien ont débuté en décembre 2017 ;

- document d'information IP 65, intitulé « Gateways to Antarctica: facilitation of access to Antarctica for purposes of scientific and technical activities in the framework of the Antarctic Treaty » [Aux portes de l'Antarctique : facilitation de l'accès à l'Antarctique à des fins d'activités scientifiques et techniques dans le cadre du Traité sur l'Antarctique] (Argentine). Le document rappelle les discussions qui ont eu lieu lors de la XXXIXᵉ RCTA et de la XLᵉ RCTA relativement à la facilitation de l'accès à l'Antarctique à des fins d'activités scientifiques et techniques. L'Argentine a rapporté qu'elle avait établi de nouvelles réglementations pour les personnes visitant l'Antarctique qui souhaitent obtenir un visa de transit qui les autoriserait à séjourner en Antarctique pour une durée d'un an, avec la possibilité de plusieurs entrées/sorties ;

- document d'information IP 68, intitulé « Current cooperation of Romania with Argentina in Antarctica » [Coopération actuelle entre la Roumanie et l'Argentine en Antarctique] (Roumanie). Ce document rapporte les évolutions de la coopération entre la Roumanie et l'Argentine. Il décrit la nouvelle proposition de collaboration soumise par la Roumanie à l'Argentine en février 2018, comportant les résultats scientifiques concernant l'enquête de particules pseudo-virales (PPV) aquatiques sur l'île de la Déception, à partir de l'expédition RONARE conduite en mars 2017, qui a eu lieu avec le soutien logistique de l'Argentine, et présentant les stratégies futures pour les deux nouveaux projets proposés dans le domaine de l'écologie aquatique marine et terrestre et la médecine humaine extrême. La Roumanie a remercié l'Argentine de son soutien logistique et scientifique lors de l'expédition ;

- document d'information IP 69, intitulé « Japan's Antarctic Research Highlights 2017-18 » [Faits marquants sur la recherche japonaise en Antarctique en 2017-2018] (Japon). Ce document rend compte de trois sujets : une étude au radar de la glace terrestre et le forage de calottes glaciaires à petite profondeur réalisés dans le but de trouver des couches intactes de glace vieilles d'un million d'années à proximité de la station antarctique japonaise du dôme Fuji ; le forage à l'eau chaude effectué pour accéder aux eaux enfouies dans la glace dans la région terminale du glacier de Langhovde pour comprendre les interactions océan-glaciers dans un environnement en évolution ; et le suivi de phoques de Weddell entre avril et septembre pour étudier les effets du changement climatique en Antarctique.

158. Les documents suivants ont également été soumis au titre de ce point de l'ordre du jour :

- document de contexte BP 2, intitulé « Libro-juego : No al cambio climático - #EmpiezoPorMí » (Venezuela) ;

- document de contexte BP 3, intitulé « Libro Un viaje al sexto continente: La Antártida » (Venezuela) ;

- document de contexte BP 4, intitulé « Exposición pictórica: De Mérida a la Antártida, Una mirada desde la pintura » (Venezuela) ;

- document de contexte BP 5, intitulé « Exposición:"Venezuela en la Antártida" » (Venezuela) ;

- document de contexte BP 6, intitulé « Turkish Antarctic Expedition (TAE - II) 2017 – 2018 » [Expédition antarctique turque (TAE - II) 2017 – 2018] (Turquie) ;

- document de contexte BP 7, intitulé « Highlights of the Turkish Antarctic Science Program 2018-2022 » [Points forts du Programme scientifique antarctique turc 2018-22] (Turquie) ;

- document de contexte BP 8, intitulé « Children's book: Celebrating Antarctica translated into Turkish » [Livre pour enfants : Célébration de l'Antarctique traduit en turc] (Turquie) ;

- document de contexte BP 9, intitulé « SCAR awarded visiting professor from Korean Polar Research Institute (KOPRI) to Turkish Polar Research Center (PolReC) for 2017 » [Récompense du SCAR au professeur de l'Institut de recherche polaire coréen (KOPRI) en visite au Centre de recherche polaire turc (PolReC)] (Turquie) ;

- document de contexte BP 10, intitulé « Scientific Collaboration in Antarctica » [Collaboration scientifique en Antarctique] (Turquie) ;

- document de contexte BP 12, intitulé « Estado cartografía náutica internacional Antártica editada y publicada por Chile » (Chili) ;

- document de contexte BP 13, intitulé « Experiencias de Chile en la Antártica, respecto a la obtención de un panorama de superficie confiable y actualizado en función de actividades de Búsqueda y Salvamento Marítimo y/o Evacuaciones Médicas » (Chili) ;

- document de contexte BP 14, intitulé « IV Expedición Científica de Colombia a la Antártica "Almirante Tono" » (Colombie) ;

- document de contexte BP 15, intitulé « Actualización de la Agenda Científica Antártica de Colombia 2014-2035 » (Colombie) ;

- document de contexte BP 16, intitulé « V Expedición Científica de Colombia a la Antártica "Almirante Campos" » (Colombie) ;

- document de contexte BP 17, intitulé « Aspectos operacionales relevantes en el desarrollo de expediciones científicas de Colombia en la Antártida » (Colombie) ;

- document de contexte BP 18, intitulé « Cooperación Internacional del Programa Antártico Colombiano 2014-2018 » (Colombie) ;

- document de contexte BP 19, intitulé « Aportes de Colombia al estudio de tardígrados y bacterias asociadas provenientes de la Antártica » (Colombie) ;

- document de contexte BP 20, intitulé « La Historia de Tiempo Presente y su implementación como estrategia para la difusión del Programa Antártico Colombiano » (Colombie) ;

- document de contexte BP 21, intitulé « Coordinación de Colombia con Chile y Reino Unido para la generación de cartografía náutica en la Antártica » (Colombie) ;

- document de contexte BP 22, intitulé « Campaña de Educación y Cultura: "Todos Somos Antártica" » (Colombie) ;

- document de contexte BP 24, intitulé « Scientific and Science-related Cooperation with the Consultative Parties and the Wider Antarctic Community » [Coopération scientifique et de nature scientifique avec les Parties consultatives et l'ensemble de la communauté antarctique] (République de Corée) ;

- document de contexte BP 25, intitulé « Cartografía Aeronáutica Antártica » (Chili) ;

- document de contexte BP 26, intitulé « The first experience of Ukraine-Latvia Scientific Collaboration in Antarctica » [Première expérience de collaboration scientifique entre l'Ukraine et la Lettonie en Antarctique] (Ukraine) ;

- document de contexte BP 27, intitulé « Progress of Ukraine on the fulfilment of the State Antarctic Research Program for 2011-2020 » [Avancées réalisées par l'Ukraine quant à l'exécution du programme national de recherche antarctique pour 2011-2020] (Ukraine) ;

- document de contexte BP 28, intitulé « Campaña Antártica Ecuatoriana 2017-2018 (ECUANTAR XXII) » (Équateur) ;

- document de contexte BP 29, intitulé « Fortalecimiento de las capacidades para la Estación Científica "Pedro Vicente Maldonado" » (Équateur) ;

- document de contexte BP 30, intitulé « Incremento de la seguridad antártica en la Estación Maldonado » (Équateur) ;

- document de contexte BP 31, intitulé « Jornadas Antárticas 2017 » (Équateur) ;

- document de contexte BP 32, intitulé « Circulación Costera en la Ensenada Guayaquil-Isla Greenwich, Verano Austral 2017-2018 » (Équateur) ;

- document de contexte BP 33, intitulé « Evidencias geológicas sobre cambios climáticos y antropización en la Isla Greenwich » (Équateur) ;

- document de contexte BP 36, intitulé « Campaña Antártica ANTAR XXV Verano austral 2017 – 2018 » (Pérou).

Point 12 : Adoption du rapport final

159. La Réunion a adopté le Rapport final de la XLIᵉ Réunion consultative du Traité sur l'Antarctique. La Présidente de la Réunion, l'ambassadrice María Teresa Kralikas, a prononcé les remarques de clôture.

Point 13 : Clôture de la Réunion

160. La Réunion s'est clôturée le vendredi 18 mai 2018 à 17h24.

2. Rapport du CPE XXI

Table des matières

Rapport de la vingt et unième réunion du Comité pour la protection de l'environnement (XXIe du CPE)

Buenos Aires, Argentine, 13 - 15 mai 2018

1. Conformément aux dispositions de l'article 11 du Protocole au Traité sur l'Antarctique relatif à la protection de l'environnement, les représentants des Parties au Protocole (Afrique du Sud, Allemagne, Argentine, Australie, Bélarus, Belgique, Brésil, Bulgarie, Canada, Chili, Chine, Équateur, Espagne, États-Unis d'Amérique, Fédération de Russie, Finlande, France, Inde, Italie, Japon, Malaisie, Nouvelle-Zélande, Norvège, Pays-Bas, Pérou, Pologne, Portugal, République de Corée, République tchèque, Roumanie, Royaume-Uni, Suède, Suisse, Turquie, Ukraine, Uruguay et Venezuela) se sont réunis à Buenos Aires, en Argentine, du 13 au 15 mai 2018, afin de formuler des avis et des recommandations aux Parties sur la mise en œuvre du Protocole.

2. Conformément à l'article 4 du Règlement intérieur du CPE, les représentants des Observateurs suivants ont également assisté à la réunion :

    *   une Partie contractante au Traité sur l'Antarctique qui n'est pas partie au Protocole : la Colombie ;

    *   le Comité scientifique pour la recherche antarctique (SCAR), le Comité scientifique de la Commission pour la conservation de la faune et la flore marines de l'Antarctique (CS-CAMLR) et le Conseil des directeurs des programmes antarctiques nationaux (COMNAP) ; et

    *   des organisations techniques, environnementales et scientifiques : la Coalition sur l'Antarctique et l'océan Austral (ASOC), l'Association internationale des organisateurs de voyages dans l'Antarctique (IAATO) ainsi que l'Organisation météorologique mondiale (OMM).

Point 1 : Ouverture de la Réunion

3. Le Président du CPE, M. Ewan McIvor (Australie), a ouvert la réunion le dimanche 13 mai 2018 et a remercié l'Argentine de l'avoir organisée et accueillie à Buenos Aires.

4. Le Président a souligné que l'entrée en vigueur du Protocole fêtait ses 20 ans en 2018, et a fait remarquer que le Comité joue un rôle de plus en plus important d'appui aux efforts des Parties pour protéger au mieux l'environnement antarctique.

5. Au nom du Comité, le Président a souhaité la bienvenue à la Suisse et à la Turquie, nouveaux Membres depuis leur adhésion au Protocole, respectivement le 1ᵉʳ juin 2017 et le 27 octobre 2017. Le Président a noté que le CPE comprenait désormais 40 Membres.

6. Le Président a résumé les travaux réalisés pendant la période intersessions (document d'information IP 67, intitulé *« Committee for Environmental Protection (CEP): summary of activities during the 2017/18 intersessional period »* [Comité pour la protection de l'environnement (CPE) : résumé des activités menées pendant la période intersessions 2017-2018]). Il a mis l'accent sur les progrès significatifs accomplis dans le cadre des mesures ayant découlé de la XXᵉ réunion du CPE et a indiqué que, en raison de la courte durée de cette réunion, l'examen de certains points avait été reporté à la XXIIᵉ réunion du CPE.

Point 2 : Adoption de l'ordre du jour

7. Le Comité a adopté l'ordre du jour ci-après et a confirmé la soumission de 30 documents de travail (WP), 40 documents d'information (IP), 3 documents du Secrétariat (SP) et 4 documents de contexte (BP), qui ont été examinés au titre des différents points de l'ordre du jour :

    1. Ouverture de la Réunion
    2. Adoption de l'ordre du jour
    3. Projets d'évaluations globales d'impact sur l'environnement
    4. Plans de gestion
    5. Lignes directrices pour les visites de sites
    6. Rapports d'inspection
    7. Rapports des organes subsidiaires et des groupes de contact intersessions
    8. Plan de travail quinquennal
    9. Coopération avec d'autres organisations
    10. Questions diverses
    11. Élection des membres du Bureau
    12. Préparation de la prochaine réunion

13. Adoption du rapport
14. Clôture de la réunion

Point 3 : Projets d'évaluations globales d'impact sur l'environnement

8.   La Chine a présenté le document de travail WP 13 *Projet d'évaluation globale d'impact sur l'environnement pour la construction et l'exploitation proposées d'une nouvelle station de recherche chinoise, Terre Victoria, Antarctique*. Le document contenait le résumé non technique d'un nouveau projet d'EGIE, qui tenait compte des commentaires et suggestions soulevés au cours des discussions du Comité au sujet d'un précédent projet d'EGIE présenté lors de la XVIIIe réunion du CPE (2014). La Chine a également fait référence aux documents d'information IP 23 rév.1, intitulé « *The Initial Responses to the Comments on the second Draft CEE for the construction and operation of the New Chinese Research Station, Victoria Land, Antarctica* » [Premières réponses aux commentaires sur le second projet d'EGIE pour la construction et l'exploitation de la nouvelle station de recherche chinoise, Terre Victoria, Antarctique] et IP 25, intitulé « *The Updated Draft Comprehensive Environmental Evaluation for the construction and operation of the New Chinese Research Station, Victoria Land, Antarctica* » [Version actualisée du projet d'évaluation globale d'impact sur l'environnement pour la construction et l'exploitation de la nouvelle station de recherche chinoise, Terre Victoria, Antarctique].

9.   Dans une présentation donnant une vue d'ensemble de la construction et de l'exploitation de la nouvelle station de recherche proposée, la Chine a souligné qu'elle prévoit de minimiser l'utilisation des véhicules, d'employer des technologies à faible taux d'émission et des sources d'énergie renouvelable, de limiter l'empreinte de la station, d'appliquer scrupuleusement le Manuel sur les espèces non indigènes, de recycler l'eau et d'élaborer un plan de gestion des déchets. Elle a également indiqué que l'emplacement proposé pour la station avait été déplacé de deux kilomètres vers le sud par rapport à l'emplacement privilégié dans le projet d'EGIE de 2014, afin d'éviter tout impact éventuel sur la colonie de manchots Adélie, et qu'elle prévoyait de proposer la création d'une ZSPA pour assurer la protection de la colonie. En réalisant l'EIE, la Chine avait conclu que l'avantage dérivé des activités de recherche scientifique et de surveillance et les opportunités de collaboration internationale soutenues par la nouvelle station antarctique chinoise compenseraient l'impact plus que mineur et transitoire de la construction et

de l'exploitation de la station dans l'environnement antarctique et justifiait entièrement que l'activité proposée soit mise en œuvre.

10. Les États-Unis ont présenté le document de travail WP 28 *Rapport du Groupe de contact intersessions à composition non limitée créé pour examiner le projet d'EGIE relatif à la « Proposition de construction et d'exploitation d'une nouvelle station de recherche chinoise, Terre Victoria, Antarctique ».* Les États-Unis ont noté que les participants avaient émis des commentaires favorables quant à plusieurs aspects du projet d'EGIE, comme décrit dans le rapport du GCI. Le GCI a jugé que le projet d'EGIE était dans l'ensemble clair, bien structuré et bien présenté, et répondait globalement aux exigences de l'article 3 de l'Annexe I au Protocole.

11. Les États-Unis ont signalé que des participants au GCI avaient émis des suggestions visant à améliorer le document en fournissant des informations complémentaires sur des sujets spécifiques. Ils ont souligné que plusieurs participants au GCI avaient recommandé que les promoteurs abordent les impacts cumulatifs résultant des activités tant terrestres que maritimes des stations allemande, italienne et coréenne situées à proximité immédiate de la station chinoise proposée. Ils ont indiqué que quelques questions concernaient l'hypothèse selon laquelle certains matériaux avaient été installés en amont et le fait de savoir si une évaluation préliminaire d'impact sur l'environnement (EPIE) avait été réalisée pour les activités menées avant la première saison de construction projetée (2018-2019). Le GCI a indiqué que les informations contenues dans le projet d'EGIE allaient dans le sens de la conclusion du promoteur, selon laquelle la construction et l'exploitation de la nouvelle station chinoise proposée auraient probablement un impact plus que mineur ou transitoire sur l'environnement. Le GCI a indiqué que, si la Chine décidait de poursuivre l'activité proposée, l'inclusion d'informations complémentaires ou de clarifications sur un certain nombre d'aspects pourrait améliorer l'EGIE finale, comme décrit dans le document de travail WP 28. Le GCI a encouragé la Chine à passer en revue les commentaires détaillés fournis par les participants au GCI, ainsi que le résumé figurant dans le rapport du GCI.

12. Le Comité a remercié la Chine tant pour la préparation du projet d'EGIE que pour la présentation exhaustive de ce dernier à la réunion. Le Comité a salué les améliorations apportées à l'EGIE originale diffusée en 2014, notamment la prise en compte des observations alors formulées par les Membres. Le Comité a également remercié la Chine d'avoir apporté des compléments d'information sur les activités proposées, et ses réponses initiales aux commentaires soulevés par le CGI. Le Comité a également remercié le Dr

Polly Penhale (États-Unis) pour son excellent travail à la tête du CGI, et a exprimé son soutien d'ensemble aux travaux et conclusions du CGI.

13. La Chine a remercié les participants au CGI d'avoir passé en revue le projet d'EGIE et a félicité le Dr Polly Penhale (États-Unis) pour l'excellent travail de direction et de coordination des débats. La Chine a noté qu'elle avait déjà répondu à chacune des suggestions formulées par le GCI, une par une, par le biais des renseignements et des mises à jour contenus dans les documents d'information IP 23 rév. 1 et IP 25. La Chine a rappelé les discussions menées pendant la XVIIe réunion du CPE à l'issue desquelles le Comité avait conclu que le projet d'EGIE était dans l'ensemble conforme aux dispositions du Protocole et a souligné qu'elle avait depuis lors amélioré le projet et ajouté des compléments d'information.

14. Les Membres ont accueilli favorablement les réponses initiales aux observations émises dans le GCI, et l'engagement de la Chine à renforcer l'utilisation des énergies renouvelables ainsi que l'application d'autres mesures visant à réduire l'impact de la construction et de l'exploitation de la station proposée, notamment la décision d'éloigner la station des colonies de manchots Adélie. Plusieurs Membres qui disposent d'installations et mènent des activités dans la baie Terra Nova et la région de la mer de Ross ont indiqué qu'ils étaient prêts à collaborer avec la Chine sur des travaux scientifiques et logistiques, et également sur l'élaboration de la proposition de ZSPA sur l'île Inexpressible.

15. Les Membres ont également relevé des points qui mériteraient d'être examinés plus avant pendant la préparation de l'EGIE finale, si la Chine décidait de mener à bien l'activité proposée, y compris :

    • la prise en considération des résultats de travaux scientifiques passés et actuels menés par d'autres nations sur l'île Inexpressible et ses alentours ;

    • l'examen plus approfondi des options alternatives à la construction d'une nouvelle station, notamment la possibilité de ne pas agir, ou le partage d'installations existantes ;

    • l'examen plus approfondi des risques liés aux espèces non indigènes ;

    • la prise en compte des impacts cumulatifs liés aux activités de multiples programmes nationaux menés dans la baie Terra Nova et la région de la mer de Ross ;

    • l'apport de données supplémentaires visant à étayer la description de l'état environnemental de référence, notamment des données sur les communautés microbiennes et communautés d'invertébrés terrestres ; et

- des données détaillées concernant l'évaluation environnementale des travaux, liés à la nouvelle station proposée, qui ont déjà été entrepris sur l'île Inexpressible.

16. En réponse à ces observations, la Chine a indiqué que :

   - elle reconnaissait que plusieurs stations dans la zone contribuent à des projets de recherche scientifique importants, et estimait que la nouvelle station proposée apporterait à son tour une contribution majeure à la science antarctique, particulièrement concernant la recherche sur les changements climatiques et les systèmes d'observation marine ;

   - s'agissant des préoccupations liées aux impacts cumulatifs et aux risques d'introduction d'espèces non indigènes, elle s'engageait à respecter pleinement le Protocole et à prendre sérieusement en compte toutes les lignes directrices pertinentes du CPE et de la RCTA, afin d'améliorer les mesures de protection de l'environnement qui seront proposées dans l'EGIE finale ; et

   - elle se réjouissait à la perspective de renforcer les activités de coopération internationale au sein de la communauté antarctique.

17. Prenant acte et reconnaissant l'évaluation effectuée et les conclusions atteintes par l'auteur quant au besoin d'établir une station distincte dans cette région de la mer de Ross, qui abrite déjà plusieurs stations, la Norvège a saisi l'occasion pour insister à nouveau sur la question centrale identifiée dans les débats précédents et actuels au sein du Comité et de la RCTA concernant la nécessité et le souhait de renforcer la coopération logistique et les opérations conjointes afin d'améliorer l'efficacité et réduire les impacts sur l'environnement. La Norvège a encouragé les Parties à continuer d'envisager des possibilités de coopération dans ce domaine.

18. Le Comité a accueilli favorablement l'engagement pris par la Chine visant à examiner de manière approfondie dans l'EGIE finale les points soulevés par le GCI et les observations formulées par les Membres pendant la réunion.

Avis du CPE à la RCTA concernant le projet d'évaluation globale d'impact sur l'environnement (EGIE) élaboré par la Chine pour la « construction et l'exploitation proposées d'une nouvelle station de recherche chinoise, Terre Victoria, Antarctique »

19. Le Comité a examiné en détail le projet d'évaluation globale d'impact sur l'environnement (EGIE) élaboré par la Chine, pour la « construction et l'exploitation proposées d'une nouvelle station de recherche chinoise, Terre

Victoria, Antarctique » (document de travail WP 13). Le Comité a débattu du rapport du GCI, présenté par les États-Unis, chargé d'étudier le projet d'EGIE, conformément aux Procédures d'examen des projets d'EGIE par le CPE en période intersessions (document de travail WP 28). Le Comité a également analysé les informations fournies par la Chine dans une première réponse aux observations du GCI (documents d'information IP 23 rév.1 et IP 25). Le Comité a également discuté des informations complémentaires apportées par la Chine, en réponse aux questions soulevées pendant la réunion.

20. Après avoir étudié le projet d'EGIE, le CPE a conseillé à la RCTA ce qui suit :

   1) Le projet d'EGIE répond dans l'ensemble aux exigences de l'article 3 de l'Annexe I du Protocole au Traité sur l'Antarctique relatif à la protection de l'environnement.

   2) Si la Chine décide de poursuivre l'activité proposée, l'inclusion d'informations complémentaires ou de clarifications sur un certain nombre d'aspects pourrait améliorer l'EGIE finale. L'attention de la RCTA a particulièrement été attirée sur le fait que des données plus détaillées pourraient être fournies en ce qui concerne :

      i. la description, les impacts, et l'atténuation de l'ensemble des activités associées à la construction de la station à proprement parler, notamment : les opérations aériennes ; la piste de glace et les installations connexes ; la construction du quai proposé ; les installations d'énergie éolienne et solaire ; les installations et activités de terrain ; l'approvisionnement en et le traitement de roches locales ; les bruits marins ; la gestion des déchets ; et le transport, le traitement et le stockage des combustibles ;

      ii. les mesures d'atténuation portant sur les espèces non indigènes, la gestion des combustibles et la production d'énergie, ainsi que sur les perturbations potentielles et leur impact sur la faune et la flore terrestre et marine à proximité des côtes et les SMH environnants ; et

      iii. les impacts cumulatifs potentiels liés aux activités d'exploitation et scientifiques à proximité d'autres programmes nationaux.

   3) La Chine est encouragée à tenir compte des observations détaillées apportées par les participants au GCI, des aspects principaux résumés dans le rapport du GCI, ainsi que des points soulevés au cours de la XXIᵉ réunion du CPE, tels que repris dans le rapport final du Comité.

4) Les informations fournies dans le projet d'EGIE soutiennent la conclusion que les impacts de certaines activités menées dans le cadre du projet auront « un impact plus que mineur ou transitoire », et que ce niveau d'EIE a été jugé approprié pour ce projet.

5) Le projet d'EGIE est bien rédigé et structuré, toutefois quelques ajustements mineurs permettraient de consolider davantage le document.

21. Le Royaume-Uni a présenté le document de travail WP 19 *Projet d'évaluation globale d'impact sur l'environnement (EGIE) relatif au projet de reconstruction de l'embarcadère de Rothera et de stabilisation de la côte*, résumé non technique du projet d'EGIE élaboré par la British Antarctic Survey (BAS) conformément à l'Annexe I du Protocole, et approuvé par le gouvernement du Royaume-Uni. Le Royaume-Uni a expliqué que la reconstruction de l'embarcadère de la station Rothera s'inscrit dans un plan de rénovation plus large de la station et est nécessaire pour accueillir le nouveau brise-glace britannique, le *RRS Sir David Attenborough*. Le projet de stabilisation de la côte est nécessaire afin d'assurer la sécurité d'exploitation à la station. Le projet d'EGIE décrit les différents travaux proposés de construction et de renforcement étalés sur deux saisons (2018-2020) et comprend l'utilisation de roches locales extraites dans une carrière provisoire qui entre déjà dans l'empreinte de la station. L'accent a été mis sur les mesures d'atténuation de l'impact de la construction sur l'environnement, notamment des mesures visant à éviter l'introduction d'espèces non indigènes, des procédures visant à éviter la pollution par le déversement de carburant ou d'autres perturbations susceptibles d'être causées aux mammifères marins. En outre, il a été noté qu'en fonction de l'évolution des plans de construction de l'embarcadère, il était probable que les travaux proposés engendrent un impact moindre que ce qui avait été prévu initialement, notamment en raison des besoins réduits en matière de détonation et de stabilisation de la côte. Le projet d'EGIE conclut que l'intérêt scientifique et opérationnel considérable généré par la reconstruction de l'embarcadère de Rothera justifie les impacts plus que mineurs ou transitoires qui sont envisagés dans certaines des activités proposées.

22. La Norvège a présenté le document de travail WP 23 *Rapport du groupe de contact intersessions, à composition non limitée mis en place pour examiner le projet d'évaluation globale d'impact sur l'environnement (EGIE) pour « La reconstruction du quai et la stabilisation des zones côtières de Rothera »*. Le GCI a indiqué au CPE que le projet d'EGIE était dans l'ensemble conforme

aux exigences de l'article 3 de l'Annexe I du Protocole et que le document était complet, méthodique, clair, bien structuré et bien présenté. La Norvège a noté que les participants au GCI avaient émis des commentaires positifs sur plusieurs aspects du projet d'EGIE, tels que détaillés dans le rapport du CGI. Elle a ajouté que des ajustements mineurs pourraient être incorporés afin de consolider le document, notamment l'apport de détails sur, entre autres, les précautions supplémentaires à prendre afin d'éviter le risque d'introduction d'espèce non indigène ; les dégâts potentiels causés par les icebergs ; les effets des bruits sous-marins sur la faune marine, et l'incidence de la construction d'installations de traitement des eaux usées.

23. Le GCI a conclu que le projet d'EGIE avait identifié les impacts des travaux sur l'environnement de manière structurée et transparente, et a suggéré des méthodes d'atténuation des impacts de la construction lorsque cela se révèle nécessaire. Il a néanmoins indiqué que certaines questions mériteraient d'être examinées plus avant, notamment les impacts de la poussière et le suivi de la colonie de manchots empereurs de la ZSPA n° 107. Il a indiqué que les informations fournies dans le projet d'EGIE appuient la conclusion selon laquelle l'impact de certaines activités menées dans le cadre du projet aurait « un impact plus que mineur ou transitoire ». Le GCI suggère que si le Royaume-Uni décide de procéder à l'activité proposée, des renseignements supplémentaires ou des précisions pourraient être fournis sur certains aspects de l'EGIE finale en vue d'améliorer son exhaustivité, comme indiqué dans le document de travail WP 23.

24. Le Comité a remercié le Royaume-Uni pour l'exhaustivité et la haute qualité de son projet d'EGIE, ainsi que pour la présentation instructive faite à la réunion, qui a mis en lumière de manière très utile des mises à jour et des données fournies en réponse aux observations du GCI. Le Comité a accueilli favorablement la volonté du Royaume-Uni d'améliorer constamment sa proposition visant à réduire l'impact sur l'environnement des travaux proposés, ainsi que la réponse initiale apportée aux commentaires émis dans le cadre du GCI sur plusieurs aspects, notamment les risques liés à l'introduction d'espèces non indigènes, l'utilisation de l'eau, l'impact des icebergs, le traitement des eaux usées, les impacts cumulatifs et la précision des cartes/figures, tels que soulignés dans la présentation.

25. En outre, le Comité a remercié Birgit Njåstad (Norvège) d'avoir dirigé les travaux du GCI, a fait part de son soutien aux conclusions et recommandations du GCI, et a souligné l'excellente qualité et le caractère exhaustif du projet d'EGIE.

26. Au cours de la réunion, les Membres ont mis en lumière des points qui pourraient être examinés plus avant lors de l'élaboration de l'EGIE finale, si le Royaume-Uni décide de procéder aux activités proposées, notamment :

    - les éventuelles difficultés dans le programme et le calendrier des travaux proposés en raison de l'état des glaces dans cette zone ;
    - l'apport de données détaillées supplémentaires sur les impacts cumulatifs potentiels des activités proposées au regard des plans de rénovation plus larges de la station Rothera ;
    - l'apport de données plus approfondies sur les voies alternatives pour l'approvisionnement de la station, telles que l'utilisation de navire de plus petite taille ou d'hélicoptères ; et
    - l'analyse de l'impact des nuisances sonores terrestres des travaux proposées, en tenant compte du bruit engendré par les activités existantes à la station Rothera.

27. Il a été noté que le suivi de l'environnement dans la ZSPA n° 129 avant et après les activités proposées pourrait se révéler utile, de manière plus générale, aux travaux du Comité et servir de modèle dans l'examen des approches de suivi des valeurs naturelles au sein des ZSPA. Les Membres se réjouissent à la perspective d'en apprendre davantage sur l'expérience du Royaume-Uni dans la gestion des bruits sous-marins dans le cadre des activités proposées et sur l'efficacité des mesures d'atténuation mises en avant dans le projet d'EGIE.

28. Le Royaume-Uni a remercié Birgit Njåstad pour la direction des travaux du GCI et a remercié les participants au GCI pour leurs observations. En réponse aux observations et questions formulées par les Membres pendant les discussions, le Royaume-Uni a indiqué qu'il :

    - a pleinement pris en compte les éventuelles complications liées à l'état des glaces dans la région dans l'élaboration du programme et du calendrier des travaux de construction du projet ;
    - est conscient de la nécessité d'effectuer un suivi environnemental pour appuyer l'EGIE, et a mentionné que le suivi proposé aux alentours de la ZSPA n° 129 serait relativement aisé en raison de la proximité de la station ;
    - lui faudra progresser dans l'élaboration des plans de rénovation plus larges de Rothera avant de présenter une évaluation environnementale pour ces activités, mais qu'une mise à jour serait incluse dans l'EGIE finale ;

- dépend d'un approvisionnement par bateau pour acheminer la logistique de son programme antarctique, mais qu'une description approfondie des voies alternatives d'approvisionnement serait incorporée dans l'EGIE finale ;

- serait ravi de rendre compte au Comité de son expérience sur la composante des nuisances sonores sous-marines de l'activité, et qu'il était conscient de la nécessité d'envisager une analyse des bruits terrestres potentiels conjugués aux activités existantes sur Rothera ; et

- serait également ravi de faire rapport au Comité sur l'efficacité de l'EGIE, en ajoutant qu'il mène des suivis sur toutes les évaluations d'impact sur l'environnement.

29. Le Comité a salué l'engagement du Royaume-Uni à aborder de façon exhaustive les points soulevés par le GCI dans l'EGIE et dans le cadre de discussions pendant la réunion.

Avis du CPE à la RCTA relatif au projet d'évaluation globale d'impact sur l'environnement préparé par le Royaume-Uni pour la « Reconstruction de l'embarcadère de Rothera et stabilisation de la côte »

30. Le Comité a abordé en détail le projet d'Évaluation globale d'impact sur l'environnement (EGIE) préparé par le Royaume-Uni pour la « Reconstruction de l'embarcadère de Rothera et la stabilisation de la côte » (document de travail WP 19). Le Comité a débattu du rapport du GCI, présenté par la Norvège, chargé d'étudier le projet d'EGIE, conformément aux Procédures d'examen des projets d'EGIE par le CPE en période intersessions (document de travail WP 23). Le Comité a également discuté des informations complémentaires apportées par le Royaume-Uni, en réponse aux commentaires et aux questions soulevées pendant la réunion.

31. Après avoir étudié le projet d'EGIE, le CPE a conseillé à la RCTA ce qui suit :

   1) le projet d'EGIE répond dans l'ensemble aux exigences de l'article 3 de l'Annexe I du Protocole au Traité sur l'Antarctique relatif à la protection de l'environnement.

   2) Si le Royaume-Uni décide de procéder à l'activité proposée, il y a certains aspects pour lesquels des renseignements supplémentaires ou des précisions pourraient être fournis dans l'EGIE finale en vue d'améliorer son exhaustivité, comme indiqué dans le présent rapport du GCI. En particulier, et compte tenu des détails considérables déjà

fournis sur les impacts et l'atténuation des risques associés à tous les aspects de l'activité, l'attention du Comité a été attirée sur les suggestions qu'il faudrait examiner de manière plus approfondie :

i. quelques aspects supplémentaires concernant les impacts et l'atténuation relatifs aux bruits sous-marins et terrestres ;

ii. des aspects supplémentaires concernant les impacts et l'atténuation relatifs à la poussière ; et

iii. l'impact cumulatif lié aux risques potentiels d'activités ultérieures et à l'intensification du trafic à venir dans la région.

3) Le Royaume-Uni a en outre été encouragé à tenir compte des observations détaillées fournies par les participants au GCI, de même que le résumé des principales questions, tel que présenté dans le rapport du GCI, ainsi que les questions soulevées au cours de la XXIe réunion du CPE, comme résumées dans le rapport final.

4) Les informations fournies dans le projet d'EGIE soutiennent la conclusion que les impacts de certaines activités menées dans le cadre du projet auront « un impact plus que mineur ou transitoire », et que ce niveau d'EIE a été jugé approprié pour ce projet.

5) Le projet d'EGIE était rigoureux, méthodique, clair, bien structuré et bien présenté, même si certains ajustements mineurs pourraient être envisagés pour renforcer davantage le document.

---

32. L'ASOC a présenté le document d'information IP 62, intitulé *« Follow-Up of Comprehensive Environmental Evaluations »* [Suivi d'Évaluations globales d'impact sur l'environnement]. Elle a rappelé que la Résolution 2 (1997) encourageait les Membres à anticiper et effectuer un suivi pour les EGIE. L'ASOC a également noté que le suivi des EGIE est sous-entendu dans les obligations en matière de suivi reprises dans l'Annexe V, les lignes directrices EIE et dans la liste de vérification des inspections pour les stations. L'ASOC a souligné qu'en pratique, le suivi des EGIE était resté très limité et a jugé opportun d'entreprendre ces actions, afin d'identifier et de communiquer les performances environnementales des activités soumises à l'EGIE. Elle a évoqué, en guise d'exemple à suivre, le suivi d'EGIE mené en 2007, dans lequel un audit environnemental indépendant proposé par Antarctica New Zealand a été mené par la British Antarctic Survey et la Division antarctique australienne pour le projet ANDRILL McMurdo Sound. L'ASOC a recommandé que : les Membres ayant récemment soumis des EGIE

finales soumettent des rapports conformes à la Résolution 2 (1997) ; que les documents de l'EGIE incluent des plans de suivi ; et que les observations relatives au suivi de l'EGIE soient intégrées dans les rapports d'inspection, s'il y a lieu.

33. Le Bélarus a soutenu les recommandations de l'ASOC et insisté sur le fait que le processus de suivi des EIE doit être continu.

34. Le Comité a noté le document d'information suivant soumis au titre de ce point de l'ordre du jour :

- Document d'information IP 15 rév.1, intitulé « *Notice of intention to prepare a Comprehensive Environmental Evaluation for redevelopment of Scott Base* » [Avis d'intention de préparer un suivi d'évaluations globales d'impact sur l'environnement en vue du réaménagement de Scott Base] (Nouvelle-Zélande), qui indique que la Nouvelle-Zélande envisage le réaménagement de la base Scott, au plus tôt lors de la saison 2021-2022. Il a noté que la Nouvelle-Zélande envisageait de soumettre un projet d'EGIE pour le projet au début de l'année 2020. Celui-ci disposerait d'un outil d'évaluation de durabilité utilisé lors du processus de conception et de spécification. La Nouvelle-Zélande s'est félicitée du débat engagé et de la contribution des autres Membres en ce qui concerne de tels outils, ainsi que du processus d'EGIE.

35. Les documents suivants ont également été soumis pour ce point de l'ordre du jour :

- Document du Secretariat SP 9 *Liste annuelle des évaluations préliminaires (EPIE) et globales (EGIE) d'impact sur l'environnement réalisées entre le 1ᵉʳ avril 2017 et le 31 mars 2018 (STA).*

Point 4 : Plans de gestion

i.) Projets de plans de gestion révisés qui n'ont pas été passés en revue par le Groupe subsidiaire sur les Plans de gestion

36. Le Comité a examiné les documents suivants qui présentent les plans de gestion révisés pour des Zones spécialement protégées de l'Antarctique (ZSPA). Pour chacun des plans, le(s) auteur(s) ont résumé les modifications suggérées à apporter au plan de gestion existant et recommandé son approbation par le Comité et sa soumission à la RCTA pour adoption :

- Document de travail WP 4 *Révision du plan de gestion pour la Zone spécialement protégée de l'Antarctique (ZSPA) nᵒ 117 : Île Avian, baie Marguerite, péninsule antarctique* (Royaume-Uni).

- Document de travail WP 5 *Révision du plan de gestion pour la Zone spécialement protégée de l'Antarctique (ZSPA) nᵒ 170 : Nunataks Marion, île Charcot, péninsule antarctique* (Royaume-Uni).

- Document de travail WP 6 *Révision du plan de gestion pour la Zone spécialement protégée de l'Antarctique (ZSPA) nᵒ 108 : îles Green, îles Berthelot, péninsule antarctique* (Royaume-Uni).

- Document de travail WP 7 *Révision du plan de gestion pour la Zone spécialement protégée de l'Antarctique (ZSPA) nᵒ 147 : vallée Ablation, mont Ganymède, île Alexandre* (Royaume-Uni).

- Document de travail WP 10 *Révision du plan de gestion pour la Zone spécialement protégée de l'Antarctique (ZSPA) nᵒ 172 : partie inférieure du glacier Taylor et Blood Falls de la vallée Taylor, dans les vallées sèches de McMurdo en terre Victoria* (États-Unis).

- Document de travail WP 31 *Révision du plan de gestion pour la Zone spécialement protégée de l'Antarctique (ZSPA) nᵒ 132 : péninsule Potter* (Argentine).

37. Concernant les documents de travail WP 4 (ZSPA nᵒ 117), WP 5 (ZSPA nᵒ 170), WP 6 (ZSPA nᵒ 108) et WP 7 (ZSPA nᵒ 147), le Royaume-Uni a constaté que seuls des changements mineurs à apporter aux plans de gestion ont été proposés. Ceux-ci ne comprenaient que des mises à jour mineures des documents supplémentaires des plans, des informations relatives aux Zones importantes pour la conservation des oiseaux, des dispositions pour l'exploitation des RPAS, et des modifications rédactionnelles mineures.

38. En ce qui concerne le document de travail WP 10 (ZSPA nᵒ 172), les États-Unis ont indiqué que les changements apportés au plan de gestion existant incluaient des modifications rédactionnelles mineures, le changement d'une aire d'atterrissage pour les hélicoptères en raison de la montée du niveau des lacs, l'ajout d'une interdiction de survol en dessous de 100 mètres de la Zone, ainsi que l'ajout de conseils supplémentaires relatifs à l'accès au glacier.

39. Concernant le document de travail WP 31 (ZSPA nᵒ 132), l'Argentine a noté que les changements apportés au plan de gestion existant incluaient des informations actualisées relatives aux valeurs naturelles de la ZSPA, l'ajout d'informations scientifiques supplémentaires relatives à la surveillance de

l'écosystème, et des dispositions quant à l'exploitation dans les limites de la ZSPA, et la gestion des déchets.

40.   Le Comité a adopté tous les plans de gestion révisés qui n'avaient pas fait l'objet d'un examen par le GSPG.

Avis du CPE à la RCTA relatif aux plans de gestion révisés pour les ZSPA

41.   Le Comité est convenu de soumettre les plans de gestion révisés suivants à la RCTA pour adoption sous la forme d'une Mesure :

#	Nom
ZSPA n° 108	Îles Green, îles Berthelot, péninsule antarctique
ZSPA n° 117	Île Avian, baie Marguerite, péninsule antarctique
ZSPA n° 132	Péninsule Potter, île du Roi-George *(Isla 25 de Mayo)*, îles Shetland du Sud
ZSPA n° 147	Vallée Ablation et mont Ganymède, île Alexandre
ZSPA n° 170	Nunataks Marion, île Charcot, péninsule Antarctique
ZSPA n° 172	Partie inférieure du glacier Taylor et Blood Falls, vallées sèches de McMurdo, terre Victoria

ii.) Évaluation préalable des propositions de nouvelles zones protégées

42.   Le Comité a examiné des documents de travail relatifs à l'évaluation préalable des nouvelles zones protégées proposées, conformément aux *Lignes directrices : Un processus d'évaluation préalable pour la désignation de ZSPA et de ZGSA.*

43.   Le Royaume-Uni a présenté le document de travail WP 18 rév. 1 *Évaluation préalable de la Zone spécialement protégée de l'Antarctique proposée au sein des îles Léonie, baie Ryder, péninsule antarctique,* soumis conjointement avec le Pays-Bas. Le document décrit les valeurs environnementales, scientifiques, esthétiques et de la nature à l'état sauvage d'une ZSPA multi-sites proposée. Il indique que la ZSPA proposée permettrait de protéger 10 % de la population mondiale de labbes antarctiques, 1,9 % de la population mondiale des cormorans antarctiques et des zones riches en végétation terrestre. Elle protégerait également d'importantes recherches biologiques internationales en cours et à long terme, et constituerait également une zone de contrôle avec laquelle comparer les impacts humains de la station de Rothera. Le document note que la zone proposée est également dotée d'une valeur considérable au niveau de la nature à l'état sauvage et de l'esthétique.

44.   Le Comité a salué les informations exhaustives présentées dans le document, qui sont en phase avec les objectifs et les dispositions des *Lignes directrices : Processus d'évaluation préalable pour la désignation de ZSPA et de ZGSA.* Le Comité est convenu que les valeurs comprises dans la ZSPA proposée méritent une protection particulière, et s'est déclaré en faveur de l'élaboration d'un projet de plan de gestion pour la Zone. Celle-ci sera dirigée par le Royaume-Uni et les Pays-Bas.

45.   Les Membres ont soulevé plusieurs questions devant être étudiées plus en profondeur par les promoteurs, y compris :

- le potentiel de perturbation des programmes scientifiques pouvant découler de la désignation de la zone en tant que ZSPA ;
- l'impact potentiel des refuges dans la zone et leur utilisation, ainsi que l'objectif visant à utiliser la zone en tant que zone de contrôle permettant de comparer l'impact anthropique à la station Rothera ; et
- si la désignation d'une nouvelle ZSPA en tant que zone de contrôle peut mener à une révision du statut et de l'utilité continue de la ZSPA n° 129.

46.   Les Pays-Bas ont fait remarquer que les scientifiques sont très enthousiastes en ce qui concerne le potentiel de la ZSPA proposée à soutenir les objectifs de la recherche, et le Royaume-Uni s'attendait quant à lui à ce que la ZSPA proposée réduise les risques inhérents aux activités scientifiques. Les Pays-Bas et le Royaume-Uni ont fait savoir qu'ils avaient eu des discussions portant sur l'utilité de conserver la ZSPA n° 129 et qu'ils examineraient la question de manière plus approfondie. Le Royaume-Uni a également précisé que la ZSPA proposée comprenait plusieurs sites, et que les refuges ne se trouvaient pas sur un site que l'on envisageait d'inclure dans une zone de contrôle.

47.   Le Comité a encouragé les Membres et les Observateurs intéressés à travailler avec le Royaume-Uni et les Pays-Bas au cours de la période intersessions à l'élaboration d'un plan de gestion pour soumission éventuelle à la XXIIe réunion du CPE, et a indiqué que ces discussions pouvaient également permettre d'examiner plus en profondeur les problématiques soulevées au cours de la réunion, le cas échéant.

48.   La Chine a présenté le document de travail WP 30 *Évaluation préalable de la Zone spécialement protégée de l'Antarctique (ZSPA) proposée sur l'île Inexpressible.* Le document décrit les valeurs environnementales, scientifiques et historiques de la ZSPA proposée, en soulignant que la zone serait tout d'abord désignée afin de protéger une colonie de manchots Adélie et de labbes de McCormick, identifiée par BirdLife International comme

étant la Zone importante pour la conservation des oiseaux (ZICO) n° 178, des risques générés par l'intensification des activités humaines ; le Site et monument historique (SMH) n° 14 ; la grotte de glace utilisée par l'équipe de la British Antarctic Survey en 1912 et pour procéder à une surveillance à long terme. La colonie de manchots Adélie de l'île Inexpressible est la seule à être continuellement occupée, et ce depuis quelque 7 000 ans, d'après nos connaissances actuelles. Les restes préservés (os, tissus et coquilles d'œufs) dans cet environnement glacé fournissent des matériaux idéaux pour la recherche sur l'évolution et le climat ou l'environnement. La colonie de labbes antarctiques représente plus de 1 % de la population mondiale de cette espèce.

49. Le Comité a salué les informations exhaustives présentées dans le document, qui sont en phase avec les objectifs et les dispositions des *Lignes directrices : Processus d'évaluation préalable pour la désignation des ZSPA et des ZGSA*. Le Comité est convenu qu'en raison de l'association de valeurs scientifiques, environnementales et historiques présentes sur le site, et en raison de l'augmentation des activités humaines, la zone mérite d'être désignée en tant que ZSPA.

50. Les Membres ont soulevé plusieurs questions afin qu'elles soient étudiées plus en profondeur par les promoteurs, notamment :

   • la disponibilité des résultats de la recherche italienne dans la zone ;

   • l'importance de mener des recherches supplémentaires en ce qui concerne la répartition de la population de labbes ;

   • l'intégration probable du cours d'eau et du lac situés à proximité, au sein des limites de la zone ;

   • l'intégration de résultats de recherche supplémentaires obtenus sur le terrain au cours de la saison sur le terrain la plus récente ; et

   • l'étude d'alternatives à la désignation d'une zone destinée aux visiteurs dans la ZSPA proposée.

51. L'Italie a exprimé son souhait de rejoindre la Chine en tant que co-promoteur de la ZSPA. Des informations sur les activités scientifiques italiennes et de la littérature revue par des pairs ont récemment été regroupées dans un document qui résume toutes les activités de recherche effectuées jusqu'à présent, ce qui a été rendu public dans un répertoire public, de même que d'autres documents à l'adresse suivante : *https://cloud.cnr.it/owncloud/ index.php/s/teEKRd0tQHNqlBe.*

52. D'autres Membres ont exprimé leur intérêt à contribuer à l'élaboration du plan de gestion. L'IAATO, qui a pris en compte l'importance historique de cette zone, a également proposé de faciliter les échanges entre ses opérateurs membres ayant une vaste expérience dans le domaine. Le Comité a encouragé les Membres et Observateurs intéressés à travailler avec la Chine au cours de la période intersessions afin d'élaborer un plan de gestion à soumettre à la XXIIᵉ réunion du CPE.

53. Il a également indiqué que les informations détaillées fournies dans les documents de travail WP 18 rév.1 et WP 30 et les discussions constructives qui se sont ensuivies au cours de la réunion témoignaient de l'utilité du processus d'évaluation préalable.

54. La Norvège a noté que les débats relatifs à la poursuite du développement du système de zones protégées qui se tiendraient lors de l'atelier programmé (document de travail WP 16) et les discussions en cours relatives aux ZICO (Zones importantes pour la conservation des oiseaux) dans le cadre du système de zones protégées pourraient avoir une incidence sur la désignation de nouvelles zones protégées, et a noté que, dans un contexte plus large, il pourrait être utile de se pencher sur la pertinence de ces discussions globales.

55. L'ASOC a accueilli favorablement les documents de travail WP 18 rév.1 et WP 30, qui présentent des éléments solides appuyant la création de nouvelles ZSPA grâce à des valeurs scientifiques, environnementales et de la nature à l'état sauvage évidentes, qui incluent également des exemples représentatifs d'écosystèmes terrestres. L'ASOC espère que la mise en place du processus d'évaluation préalable, qui résulte d'une démarche volontaire, facilitera l'adoption des ZSPA proposées. En outre, elle a suggéré que la taille de la ZSPA de l'île Inexpressible proposée soit augmentée afin de protéger un site qui était au préalable relativement vierge et qui se heurte aujourd'hui à l'augmentation du nombre d'activités humaines et d'infrastructures.

56. Le Comité a pris note du document d'information suivant présenté au titre de ce point de l'ordre du jour :

    • Document d'information IP 42, intitulé *« Update on the proposed Antarctic Specially Protected Area (ASPA) in the Western Sør Rondane Mountains »* [Dernières informations sur la Zone spécialement protégée de l'Antarctique (ZSPA) proposée aux monts occidentaux Sør Rondane] (Belgique). À la suite des débats de la XXᵉ réunion du CPE, ce document propose une synthèse de la littérature scientifique disponible, ainsi qu'une carte de l'ensemble de la zone en tant que prochaine étape de l'évaluation préalable pour la nouvelle ZSPA proposée aux monts Sør Rondane.

iii.) Autres questions relatives aux plans de gestion pour les zones protégées

57.	Les États-Unis on présenté le document de travail WP 2 *Examen des plans de gestion des zones spécialement protégées de l'Antarctique (ZSPA) n° 137 au nord-ouest de l'île Blanche, détroit de McMurdo et n° 138 Linnaeus Terrace, chaîne Asgard, terre Victoria.*

58.	Le Comité a noté que le États-Unis avaient mené une révision quinquennale des plans de gestion des ZSPA n° 137 et ZSPA n° 138, conformément aux obligations reprises à l'article 6.3 de l'Annexe V du Protocole, et déterminé que ceux-ci n'avaient pas besoin d'être révisés.

59.	La Nouvelle-Zélande a présenté le document de travail WP 15 *Révision du plan de gestion de la ZSPA n° 156, baie Lewis, mont Erebus, île de Ross.*

60.	Le Comité a indiqué que la Nouvelle-Zélande avait mené une révision quinquennale du plan de gestion de la ZSPA n° 156, et qu'elle a déterminé que celui-ci n'avait pas besoin d'être révisé.

61.	Le Comité a pris acte d'un autre document d'information soumis au titre de ce point de l'ordre du jour :

- Document d'information IP 35, intitulé *« Review of the Management Plans for Antarctic Specially Protected Areas (ASPAs) 135, 143 and 160 »* [Révision des plans de gestion pour les Zones spécialement protégées de l'Antarctique (ZSPA) n° 135, 143 et 160] (Australie). Ce document présente les résultat des examens quinquennaux menés par l'Australie des plans de gestion des ZSPA n° 135, ZSPA n° 143 et ZSPA n° 160, qui ont conclu qu'aucune révision n'était nécessaire.

Avis du CPE à la RCTA relatif à la révision quinquennale des plans de gestion des ZSPA

62.	Le Comité est convenu d'informer la RCTA que des révisions quinquennales des plans de gestion pour les ZSPA suivantes avaient été menées conformément à l'article 6.3 de l'Annexe V du Protocole, et que les plans de gestion existants restent en vigueur et que la prochaine révision aura lieu en 2023 :

- ZSPA n° 137, île Blanche du Nord-Ouest, détroit de McMurdo

- ZSPA n° 138, terrasse Linnaeus, chaîne Asgard, terre Victoria
- ZSPA n° 156, baie Lewis, mont Erebus, île de Ross

63. Le Chili a présenté le document de travail WP 11 *Statut de la Zone spécialement protégée de l'Antarctique n° 144 Baie du Chili (baie Discovery), île Greenwich.* Ce document fait état d'une analyse du statut de la ZSPA n° 144 fondée sur la *Liste de vérifications pour faciliter l'inspection des zones spécialement protégées et des zones gérées spéciales de l'Antarctique* adoptée dans la Résolution 4 (2008) et les Lignes directrices pour l'application du cadre des zones protégées adoptées dans la Résolution 1 (2000). En outre, le Chili a présenté une bibliographie dans le document d'information IP 9, intitulé « *Analysis of the current status of the Antarctic Specially Protected Area No. 144, Chile Bay (Discovery Bay), Greenwich Island* » [Analyse de l'état actuel de la Zone spécialement protégée de l'Antarctique n° 144, baie du Chili (baie Discovery), île Greenwich]. Le Chili a signalé qu'il avait déterminé que la désignation initiale de la ZSPA en tant que zone de contrôle permettant d'étudier le port Foster, sur l'île de la Déception, n'était plus valide et qu'en raison du faible niveau d'activité dans la Zone, il semble clair que les valeurs pour lesquelles la Zone a initialement été désignée ne sont pas menacées. Il a également indiqué que la Zone n'a pas été soumise à une activité humaine et a recommandé que le Comité évalue le besoin constant de protection de la Zone en tant que ZSPA.

64. Le Comité a remercié le Chili d'avoir présenté les résultats de cette évaluation systématique et exhaustive de la ZSPA n° 144. Il a pris acte des conclusions tirées par le Chili à la suite de cette évaluation et a reconnu que les informations présentées justifiaient de réévaluer la pertinence de la désignation de la baie du Chili (baie Discovery) en tant que ZSPA. Le Comité a rappelé qu'il était précédemment convenu que le système des zones protégées de l'Antarctique est un processus dynamique, mais qu'il est également important d'être rigoureux lorsqu'on examine les propositions de retrait des ZSPA. Il a également rappelé qu'il avait précédemment salué une proposition de la Norvège visant à gérer le développement d'orientations/ des critères de retrait des ZSPA.

65. La Norvège a annoncé qu'elle poursuivait ses travaux portant sur les orientations/les critères de retrait, et qu'elle avait l'intention d'émettre une proposition devant être examinée par la XXIIe réunion du CPE. Le Comité est convenu qu'il conviendrait de réévaluer le retrait possible de la ZSPA n° 144 à la lumière de ces orientations.

66. Les Membres ont également noté qu'il conviendrait d'examiner l'éventuelle valeur continue de la ZSPA pour d'autres recherches menées alentour, et les options existantes, outre le retrait, comme la révision des objectifs fixés pour la Zone.

67. L'ASOC a déclaré que, selon elle, le retrait d'une ZSPA ne doit pas être pris à la légère. L'ASOC a également noté que le simple fait qu'une zone ait été documentée par le passé et protégée pendant longtemps indiquait qu'elle méritait d'être protégée durablement.

68. Le Comité a salué l'engagement du Chili à poursuivre l'examen de la proposition et a indiqué qu'il conviendrait que l'examen du plan de gestion par le GSPG soit suspendu, en attendant de nouveaux débats et décisions sur l'éventuelle dé-désignation de la Zone.

69. Le Comité a pris note du document d'information suivant présenté au titre de ce point de l'ordre du jour :

  • Document d'information IP 8 *Progrès réalisés dans le processus de révision du plan de gestion de la Zone spécialement protégée de l'Antarctique nᵒ 133, pointe Harmony, île Nelson, îles Shetland du Sud* (Argentine, Chili). Ce document fait état d'une évaluation préliminaire qui avait établi que le plan de gestion dédié à la ZSPA nᵒ 133 nécessitait des changements importants, y compris un ajustement des limites de la zone. Les co-auteurs ont indiqué que les étapes suivantes seraient : des échanges supplémentaires avec le personnel scientifique travaillant sur des projets sur le terrain ; des travaux sur le terrain pour évaluer les valeurs environnementales actuelles et pour collecter de plus amples informations sur les limites ; enfin, la refonte des plans et la soumission d'un document de travail conjoint une fois le plan révisé rédigé.

Point 5 : Lignes directrices pour les visites de sites

70. Le Royaume-Uni a présenté le document de travail WP 32 *Examen des Lignes directrices pour les visites de sites*, conjointement avec l'Argentine, l'ASOC et l'IAATO. Le document décrit les travaux menés pendant la saison 2017-2018 visant à examiner une série de sites ayant des Lignes directrices définies pour les visites de site ou des sites recevant actuellement des visites régulières afin de rédiger de nouvelles Lignes directrices si cela est jugé approprié. Les co-auteurs soulèvent également un nombre de questions plus générales liées aux Lignes directrices pour les visites de sites. Le Royaume-Uni a indiqué que le document contenait plusieurs observations et recommandations

générales découlant des visites de site, et a attiré l'attention du Comité sur : l'importance de revoir régulièrement les Lignes directrices pour les visites de sites et le besoin de disposer de davantage de ces Lignes directrices ; la suggestion que des révisions de précaution des Lignes directrices pour les visites de sites pourraient se baser sur des informations pertinentes, sans pour autant nécessiter de révisions officielles sur site ; la suggestion de garder une archive visuelle des photographies des sites pour faciliter le suivi en continu des changements ; et l'utilité éventuelle de l'élaboration d'une liste de contrôle pour faciliter les examens futurs.

71. Le Comité a remercié les co-auteurs pour les visites qu'ils ont menées sur plusieurs sites au cours de la saison précédente afin d'éclairer les révisions des Lignes directrices pour les visites de site existantes et de juger de la nécessité de nouvelles Lignes directrices pour les visites de site. Concernant les recommandations présentées dans le document de travail WP 32, le Comité a noté l'importance de procéder à des révisions régulières des Lignes directrices pour les visites de site existantes, y compris, le cas échéant, sur la base d'informations pertinentes et sans que cela n'exige de visites officielles sur le terrain. Le Comité a également noté que toute modification des Lignes directrices pour les visites de sites proposée en réponse à ces recommandations serait examinée et approuvée par le CPE et la RCTA conformément aux pratiques reconnues.

72. Le Comité s'est déclaré favorable à la poursuite des travaux concernant les autres points soulevés dans le document de travail WP 32, notamment : l'élaboration d'une liste officielle de contrôles pour faciliter les révisions ultérieures des Lignes directrices pour les visites de site, notant qu'une telle liste de contrôle pourrait également être utilisée par des chercheurs actifs sur de tels sites ; et la création d'un recueil en ligne de photographies des sites soumis à des Lignes directrices pour les visites de site afin d'aider au suivi continu et à l'examen formel de ces sites.

73. Le Comité a salué la volonté de l'IAATO de collaborer sur ces initiatives ainsi que son engagement à continuer à recueillir et à communiquer des informations sur les visites de site grâce à ses opérateurs.

74. La Fédération de Russie s'est déclarée préoccupée par la réglementation relative au nombre et à la taille des navires susceptibles de visiter certains sites.

75. En réponse à une question soulevée dans le document de travail WP 32, le SCAR a indiqué qu'il n'avait connaissance d'aucun élément garantissant qu'une période de repos de six heures, ou période de couvre-feu, serait

bénéfique ou non à la faune sauvage sur les sites visités, et a encouragé à mener de plus amples recherches sur cette question.

76. Le Comité est convenu de transmettre les Lignes directrices révisées pour les visites de site pour l'île Half Moon, présentées dans le document de travail WP 32, à la RCTA pour adoption.

77. Le Royaume-Uni a présenté le document de travail WP 33 *Proposition de modification dans les lignes directrices pour les visiteurs du site du Traité sur l'Antarctique anse Pendulum, baie Telefon et baie des Baleiniers, île de la Déception*, soumis conjointement avec l'Argentine, le Chili, la Norvège, l'Espagne et les États-Unis et en collaboration avec l'ASOC et l'IAATO. Suite à une visite du site et à l'examen par des représentants du Royaume-Uni, de l'Argentine, de l'IAATO et de l'ASOC et tel qu'indiqué dans le document de travail WP 32, le groupe de gestion de l'île de la Déception a proposé des révisions aux lignes directrices pour les visiteurs des trois sites à l'intérieur de l'île : l'anse Pendulum, la baie Telefon et la baie des Baleiniers. Le Royaume-Uni a noté que les trois sites nécessitaient des révisions et a souligné que lcs co-auteurs avaient proposé des modifications pour limiter le nombre maximum de navires à deux par jour pour la visite de chaque site, ainsi que des restrictions relatives à l'approche de différentes structures anciennes et des itinéraires alternatifs pour éviter la faune.

78. La réduction du nombre de navires a fait l'objet de réserves. Les co-auteurs du document ont mis en avant une partie du contexte motivant la proposition, en notant que les restrictions devraient s'appliquer au nombre de visiteurs qui débarquent. Ils ont également précisé qu'il s'agissait d'une approche de précaution tenant compte des impacts cumulatifs potentiels des visites de touristes et du personnel des programmes antarctiques nationaux dans ces sites très fréquentés, ainsi que des conditions spécifiques de l'île de la Déception, qui est un volcan actif.

79. Lors de la réunion, les modifications suivantes ont été apportées : le nombre maximum de navires a été réduit à trois par jour, dont deux ne devant pas compter plus de 500 passagers, et le troisième ne devant pas excéder 200 passagers. À la suite de ces modifications, le Comité a consenti à transmettre à la RCTA les lignes directrices révisées pour les visites de sites pour l'anse Pendulum, la baie Telefon la baie des Baleiniers (île de la Déception) pour adoption. Il a été noté que le groupe de gestion de l'île de la Déception maintiendrait cette question à son ordre du jour.

80.   L'Argentine a présenté le document de travail WP 34 *Révision des lignes directrices pour les visites de sites dans la péninsule antarctique : Lignes directrices révisées de l'île Paulet,* soumis conjointement avec le Royaume-Uni, la Norvège, la Suède, l'ASOC et l'IAATO. Les co-auteurs ont proposé une révision des Lignes directrices pour les visites de site sur l'île Paulet, suite à une visite de site et un examen par des représentants du Royaume-Uni, de l'Argentine, de l'IAATO et de l'ASOC, tel que décrit dans le document de travail WP 32. Il y était indiqué que les changements les plus significatifs résultaient du nombre croissant et de la dispersion des manchots sur l'île, ce qui a rendu l'atterrissage et l'accès à pied sur l'île difficiles, en particulier pendant la phase d'envol du nid chez les manchots.

81.   Le Comité est convenu de transmettre les Lignes directrices de visite de site révisées pour l'île Paulet à la RCTA pour adoption.

82.   Le Royaume-Uni a présenté le document de travail WP 35 *Révision des Lignes directrices des sites pour visiteurs dans la péninsule antarctique : lignes directrices nouvelles et modifiées,* soumis conjointement avec l'Argentine et en collaboration avec l'ASOC et l'IAATO. Le document proposait des révisions aux lignes directrices existantes pour deux sites : Brown Bluff et l'île du Diable. Il proposait également de nouvelles lignes directrices pour trois sites : l'île Astrolabe, la pointe Georges et la pointe Portal. Le Royaume-Uni a noté que des révisions étaient nécessaires compte tenu de la faune, du nombre croissant de visiteurs dans une zone auparavant peu fréquentée et des restrictions supplémentaires relatives aux approches des sites abritant des pétrels des neiges.

83.   Le Comité est convenu de faire parvenir à la RCTA les nouvelles lignes directrices de visite de site pour l'île Astrolabe, la pointe Georges et la pointe Portal, ainsi que les lignes directrices révisées pour Brown Bluff et l'île du Diable en vue de leur adoption.

Avis du CPE à la RCTA sur les lignes directrices pour les visites de site nouvelles et révisées

84.   Le Comité est convenu de transmettre les Lignes directrices de visite de site nouvelles et révisées suivantes à la RCTA en vue de leur adoption :

- Île Astrolabe (nouvelles)
- Brown Bluff
- Île du Diable

- Pointe Georges, île Rongé (nouvelles)
- Île Half Moon
- Île Paulet
- Anse Pendulum
- Portal Point (nouvelles)
- Baie Telefon
- Baie des Baleiniers

85. L'ASOC a présenté le document d'information IP 61, intitulé *« Anticipated growth of Antarctic tourism: Effects on existing regulation »* [Croissance prévue du tourisme en Antarctique : incidences sur les réglementations existantes]. Il indique que la demande du tourisme antarctique est grandissante, y compris grâce à de nouveaux marchés, et que l'augmentation globale de la capacité des navires polaires en passagers pourrait générer un développement significatif du tourisme dans les années à venir. L'ASOC a estimé que cette croissance pourrait avoir une incidence sur l'efficacité et la résilience du système de réglementation du tourisme antarctique à l'avenir. Elle a suggéré que les Parties adoptent en temps voulu des approches proactives et de précaution pour faire face à la croissance du tourisme, qui comprendraient les étapes suivantes : 1) l'examen du système de réglementation actuel pour le tourisme antarctique afin de garantir une résilience et une efficacité adéquates pour l'avenir, y compris l'adoption et/ou la révision des Lignes directrices pour les visites de site ; 2) le renforcement de l'évaluation d'impact et la surveillance, en particulier pour ce qui est des impacts cumulatifs ; et 3) le développement du réseau de ZSPA et de ZGSA.

86. Le Comité a exprimé son soutien général aux recommandations contenues dans le document d'information IP 61 et a encouragé les Membres à continuer de réfléchir à ces questions afin soumettre de nouvelles propositions liées à la considération de réunions ultérieures.

87. L'IAATO a présenté le document d'information IP 72, intitulé *« Report on IAATO Operator Use of Antarctic Peninsula Landing Sites and ATCM Visitor Site Guidelines, 2017-18 Season »* [Rapport sur l'utilisation des sites de débarquement de la péninsule antarctique et des lignes directrices de la RCTA pour les visites de sites par les opérateurs membres de l'IAATO, saison 2017-2018]. Ce document présente les données recueillies par l'IAATO à partir des formulaires de rapport de visite des opérateurs de l'IAATO pour la saison 2017-2018. Cette analyse n'inclut pas les visites n'ayant pas été effectuées par l'IAATO. Le nombre total de passagers de

navires débarquant dans la péninsule antarctique lors de la saison 2017-2018 (41 517) a dépassé celui de la saison précédente 2016-2017 (33 580). Cela s'explique en partie par la plus grande capacité d'accueil des navires, qui profitent tous du dynamisme économique mondial actuel et qui naviguent à leur capacité maximum ou presque pendant toute la saison. La coordination avant et pendant la saison parmi le personnel de terrain de l'IAATO a été très efficace grâce au planificateur des navires de l'IAATO, qui organise les visites en appliquant les Lignes directrices pour les visites de site. Dès lors, toutes les opérations se sont déroulées en conformité avec les capacités de visite prévues dans les lignes directrices individuelles pour tous les sites les plus fréquentés bénéficiant de plans de gestion spécifiques au site, que ce soit par le biais des Lignes directrices pour les visiteurs de la RCTA ou de la direction des programmes nationaux.

88. Le Comité a salué l'engagement constant de l'IAATO à recueillir des informations et à fournir un rapport au CPE sur son utilisation des sites de débarquement et des Lignes directrices pour les visites de sites. Il l'a également remerciée pour les renseignements fournis dans le document, qu'il jugeait pertinents au vu de l'attention constante que porte le Comité aux questions relatives à la gestion environnementale du tourisme en Antarctique. Plusieurs Membres ont fait remarquer que les informations contenues dans le document soulevaient des questions intéressantes, notamment en ce qui concerne l'augmentation des activités terrestres et les approches de gestion des sites accueillant régulièrement un grand nombre de visiteurs.

89. Le Comité a reconnu qu'il conviendrait de réfléchir aux actions à mener afin de mieux comprendre les implications environnementales du nombre croissant de touristes sur les sites de débarquement et de trouver des solutions. Le Comité a rappelé que l'étude de 2012 du CPE relative au tourisme : *Tourisme et activités non gouvernementales en Antarctique, aspects et impacts environnementaux*, avait identifié des recommandations pertinentes. Il a également noté que le SCAR et l'IAATO poursuivaient le développement d'une approche systématique de planification de la conservation pour le tourisme dans la péninsule antarctique et encourageait les Membres à apporter leur contribution.

90. Le Comité a noté le document d'information suivant soumis au titre de ce point de l'ordre du jour :

  • Document d'information IP 54, intitulé « *Recovery Status of Moss Communities Near the Trails of Barrientos Island (Aitcho Islands)* » [Statut du rétablissement des communautés de mousse près des sentiers de l'île Barrientos (île Aitcho)] (Équateur, Espagne). Ce document rend compte de la situation actuelle sur l'île Barrientos, alors que les sentiers de l'île étaient fermés au public pendant les six dernières années afin de favoriser le rétablissement des communautés de mousses endommagées par le piétinement. Les co-auteurs, prenant acte du rétablissement de ces communautés le long du sentier littoral et n'ayant pas observé de changements importants au niveau du sentier central, ont recommandé le suivi du processus de recolonisation sur le long terme.

Point 6 : Rapports d'inspection

91. La Norvège a présenté le document de travail WP 26 *Résumé des observations et des réflexions sur les tendances découlant des inspections entreprises par la Norvège au titre de l'article VII du Traité sur l'Antarctique et de l'article 14 du Protocole relatif à la protection de l'environnement.* Les inspections ont eu lieu du 9 au 17 février 2018 dans sept infrastructures : quatre stations de recherche scientifique (Halley VI, Neumayer III, SANAE IV et Princesse-Élisabeth), une station de terrain/base de soutien logistique/e-base (station d'été SANAP), et deux installations assurant des fonctions de soutien aux programmes nationaux en Antarctique (base aérienne et aérodrome de Novo, et piste de Perseus). La Norvège a noté que l'équipe d'inspection avait privilégié une inspection générale, plutôt que détaillée, et que la liste de contrôle A avait été utilisée comme orientation pour la préparation et la conduite des inspections. Elle a souligné que l'équipe d'inspection avait été globalement impressionnée par les normes et les niveaux d'engagement élevés des stations.

92. La Norvège a indiqué que, d'après ce que l'équipe d'inspection avait pu voir, toutes les installations disposaient de permis et d'autorisations. La Norvège a observé que le cadre, les dispositions et les principes du Protocole relatif à la protection de l'environnement semblent avoir eu un effet positif global sur le déroulement des opérations des programmes antarctiques nationaux. Bien qu'elle ait remarqué des différences entre les stations, l'équipe d'inspection a noté une volonté générale de mettre en œuvre des technologies plus propres, innovantes et plus efficaces. Elle a également noté que l'on s'orientait de plus en plus vers des systèmes technologiques plus complexes qui, beaucoup plus qu'auparavant, peuvent être pilotés à distance, ce qui pourrait avoir des implications positives pour l'environnement. Dans ce contexte, la Norvège a constaté qu'il était nécessaire de porter une attention soutenue à l'échange d'informations et de bonnes pratiques entre les programmes nationaux, les opérateurs et le personnel des stations antarctiques.

93. En s'appuyant sur les observations effectuées, la Norvège a fait remarqué que beaucoup d'installations de soutien, comme les campements des aérodromes, étaient actuellement considérées comme non permanentes ou semi-permanentes. Bien que ces infrastructures puissent souvent être retirées (tout comme les stations de recherche), elles restent visiblement présentes sur le long terme et devraient être considérées en conséquence, conformément aux dispositions du Protocole relatif à la protection de l'environnement. La Norvège a suggéré que les Parties continuent de réfléchir à l'emploi et au sens des termes « non permanent », « semi-permanent » et « permanent » à la lumière des dispositions de l'EIE et des prescriptions du Protocole relatif à la protection de l'environnement.

94. L'Afrique du Sud a remercié la Norvège pour son inspection de la station de recherche SANAE IV et de la station d'été SANAP, et a salué les recommandations contenues dans le rapport. En réponse à l'une des inquiétudes soulevées dans le rapport à propos de l'allocation des fonds aux infrastructures plutôt qu'à la recherche, l'Afrique du Sud a précisé qu'elle avait étendu la portée de son programme scientifique et établi une procédure d'évaluation par les pairs afin d'allouer et d'examiner des subventions de recherche.

95. La Belgique a chaleureusement remercié la Norvège pour son rapport d'inspection de la station de recherche antarctique Princesse-Élisabeth, et a salué tout particulièrement les commentaires émis par l'équipe d'inspection à propos de la production et de la consommation d'énergie. La Belgique a noté qu'il y avait quelques points à améliorer et qu'elle prendrait les recommandations du rapport d'inspection en considération. Elle a également fait état d'un nouveau système d'octroi de permis adopté par le Parlement fédéral belge en juillet 2017, quelques semaines avant le début de la saison d'étude sur le terrain, et a expliqué les conditions de demande d'octroi de permis auprès de l'autorité nationale de la Belgique.

96. Le Royaume-Uni a également remercié la Norvège pour son rapport et a fait remarquer qu'il avait été heureux d'accueillir l'équipe d'inspection à la station Halley VI. Le Royaume-Uni a exprimé son intérêt quant aux commentaires et au retour général de la Norvège, en particulier en ce qui concerne l'utilisation et la compréhension des termes « non permanent », « semi-permanent » et « permanent ». Il a également noté que malgré l'absence de projets de mise en place d'installations à énergie renouvelable à la station Halley VI, il met en œuvre des plans pour renforcer l'efficacité et obtenir des résultats scientifiques similaires tout en réduisant considérablement la consommation de combustible.

97. La Fédération de Russie a remercié la Norvège pour l'inspection de deux de ses installations (base aérienne et aérodrome de Novo, et piste de Perseus) et commenté certaines observations émises dans le rapport. Elle a indiqué qu'il n'y avait, de son point de vue, pas besoin d'une EGIE pour cette infrastructure, étant donné que l'activité était saisonnière et non annuelle. Cela implique une révision de la procédure d'EGIE ou d'EPIE afin d'adopter une approche alternative pour l'infrastructure saisonnière. La Fédération de Russie s'est dit prête à proposer d'autres réflexions et explications au sujet du rapport d'inspection.

98. L'ASOC a remercié la Norvège pour son rapport d'inspection et a noté qu'il était encourageant d'entendre de la part de la Norvège que le Protocole avait eu un impact positif global sur la conduite des opérations des stations. Cependant, l'ASOC a également noté que le rapport indiquait que les stations n'avaient pas toutes atteint le même niveau de coordination et de coopération internationales avec les programmes d'observation mondiaux, et que le nombre de pistes et de vols était en hausse. Concernant ce dernier point, l'ASOC a encouragé le CPE à étudier les impacts potentiels de cette intensification de l'activité dans les discussions à venir sur les activités aériennes.

99. La Norvège a remercié les Parties ayant fait l'objet d'une inspection pour leur disponibilité et leur cordialité.

100. Le Comité a remercié la Norvège pour ce rapport de grande qualité sur les inspections effectuées lors de la saison précédente. Il a également fait remarquer que les inspections constituaient une contribution précieuse, reconnaissant qu'elles supposaient des efforts logistiques et budgétaires de la part des Parties. Le Comité a accueilli favorablement les résultats globalement positifs de l'équipe d'inspection en ce qui concerne les questions environnementales, notamment la présence d'autorisations et de permis adéquats, l'incidence positive du Protocole relatif à la protection de l'environnement sur les bonnes pratiques dans les stations, et l'utilisation accrue des énergies renouvelables dans les stations. Pour ce qui est de ce dernier point, le Comité a pris note de l'avis du COMNAP relatif à l'augmentation de l'utilisation d'énergies renouvelables par les programmes antarctiques nationaux, et a noté que le COMNAP prévoyait d'organiser un débat sur la réduction de l'utilisation des combustibles fossiles lors de sa prochaine assemblée générale annuelle. Le Comité a également noté la suggestion émise par l'équipe d'inspection quant à l'utilisation des termes « non permanent », « semi-permanent » et « permanent », et a estimé que cette question pourrait être à nouveau abordée par le Comité lors d'une prochaine réunion.

101. Les documents suivants ont également été soumis sous ce point de l'ordre du jour :

   • Document de contexte BP 1, intitulé *« Follow-up to the Recommendations of the Inspections at the Eco-Nelson Facility »* [Suivi des recommandations des équipes d'inspection du refuge Eco-Nelson] (République tchèque).

   • Document de contexte BP 23, intitulé *« Follow-up to the Recommendations of the Inspection at the Johann Gregor Mendel Czech Antarctic Station »* [Suivi des recommandations des équipes d'inspection de la station antarctique tchèque Johann Gregor Mendel] (République tchèque).

Point 7 : Rapports des organes subsidiaires et des groupes de contact intersessions

102. La coordinatrice du Groupe subsidiaire sur les Plans de gestion (GSPG), Mme Patricia Ortúzar (Argentine), s'est fait la porte-parole du GSPG pour la présentation de la première partie du document de travail WP 9 *Groupe subsidiaire sur les Plans de gestion – Rapport des activités pendant la période intersessions 2017-2018*. Conformément aux points n° 1 à 3 du mandat, le Groupe a été convoqué afin de soumettre à un examen intersessions cinq projets de plans de gestion de Zones spécialement protégées de l'Antarctique (ZSPA) désignés par le CPE. Les ZSPA concernées sont les suivantes :

   • ZSPA n° 125 : péninsule Fildes, île du Roi-George *(25 de Mayo)* (Chili).
   • ZSPA n° 144 : baie du Chili (baie Discovery), île Greenwich, îles Shetland du Sud (Chili).
   • ZSPA n° 145 : port Foster, île de la Déception, îles Shetland du Sud (Chili).
   • ZSPA n° 146 : baie du Sud, île Doumer, archipel Palmer (Chili).
   • ZSPA n° 150 : île Ardley, baie Maxwell, île du Roi-George *(25 de Mayo)* (Chili).

103. Le GSPG a informé le CPE que les cinq plans de gestion étaient toujours en cours d'examen par les promoteurs, et que le Groupe fournirait son avis une fois que les versions révisées seraient disponibles.

104. Conformément aux mandats n° 4 et n° 5, le Groupe n'avait pas reçu de nouvelles demandes d'avis des Parties concernant l'examen quinquennal des plans de gestion, et était convenu de reporter la révision du *Guide pour*

l'évaluation d'une zone en vue de sa désignation éventuelle en tant que Zone gérée spéciale de l'Antarctique.

105. Le Comité a remercié le GSPG pour ses conseils et a encouragé d'autres Membres à envisager de participer au Groupe. L'Uruguay a exprimé son intention de participer activement aux travaux du GSPG. Le Comité a également accueilli favorablement la déclaration du Chili selon laquelle il continue à œuvrer à la révision des cinq Plans de gestion de ZSPA mentionnés dans le rapport du GSPG, qui devraient être prêts pour un examen plus tard dans l'année. Le Chili a également fait référence au document de travail WP 11 et document d'information IP 9 qui ont exposé son travail en vue d'examiner le statut de la ZSPA n° 144.

106. Le Comité a adopté le plan de travail du GSPG suivant pour 2018-2019 :

Mandats	Tâches suggérées
Points 1 à 3 du mandat	Examiner les projets de plans de gestion soumis par le CPE en période intersessions et fournir des conseils aux auteurs des propositions
Points 4 à 5 du mandat	Collaborer avec les Parties concernées pour assurer la bonne progression de l'examen des Plans de gestion dont l'échéance de révision quinquennale est dépassée
	Étudier des améliorations supplémentaires au *Guide pour l'évaluation d'une zone en vue de sa désignation éventuelle en tant que Zone gérée spéciale de l'Antarctique*
	Examiner et mettre à jour le plan de travail du GSPG
Documents de travail	Préparer un rapport pour la XXIIe réunion du CPE concernant les points 1 à 3 du mandat du GSPG

107. La Norvège et le Royaume-Uni ont présenté conjointement le document de travail WP 20 *Rapport du groupe de contact intersessions mis en place pour l'élaboration de documents d'orientation sur les approches de conservation pour la gestion des objets du patrimoine antarctique.* Ce document décrit les travaux du groupe de contact intersessions (GCI) à composition non limitée établi lors de la XIXe réunion du CPE (2016), puis poursuivis lors de la XXe réunion du CPE (2017), visant à élaborer des documents d'orientation sur les approches de conservation pour la gestion des objets du patrimoine antarctique.

108. La Norvège et le Royaume-Uni ont proposé que le Comité : examine et adopte les *Lignes directrices pour l'évaluation et la gestion du patrimoine en Antarctique* ci-jointes, élaborées par le GCI ; adopte une version révisée du *Guide pour la présentation de documents de travail contenant*

des propositions de désignation de zones spécialement protégées de l'Antarctique, de zones gérées spéciales de l'Antarctique ou de sites et monuments historiques ; et envisage la nécessité d'une discussion future sur les questions globales liées à la gestion du patrimoine en Antarctique qui ont été soulevées au cours du GCI.

109. Le Comité a remercié la Norvège et le Royaume-Uni d'avoir organisé le GCI, et a reconnu les contributions apportées par les autres Membres et Observateurs qui y ont pris part. Le Comité a noté que le GCI avait engagé des discussions fertiles et stimulantes sur des questions complexes mais importantes pour le CPE et la communauté dans son ensemble. La valeur des lignes directrices proposées a été largement reconnue, tant pour ceux réalisant l'évaluation initiale d'un site ou d'un objet du patrimoine que pour le CPE lors de l'évaluation des soumissions et des propositions de nouveaux SMH. Après avoir souligné que l'année 2020 correspondait au 200e anniversaire de la première observation réalisée en Antarctique, les Membres ont également reconnu que les SMH constituent un moyen important d'éduquer les visiteurs et le grand public à l'histoire et à la science de l'Antarctique.

110. L'ASOC a estimé que le projet de lignes directrices présentait de bonnes solutions pour optimiser le processus de désignation des sites historiques dans le contexte des autres obligations du Protocole, et a apprécié la prise en compte de la question de la protection de l'environnement dans cette discussion. L'ASOC a considéré que l'utilisation de l'EIE en vertu de l'article 8(3) du Protocole s'appliquait à un certain nombre de cas impliquant la transition d'un objet de son usage ou statut d'origine à celui d'objet historique ou patrimonial.

111. Suite aux modifications suggérées au cours de la réunion, notamment les changements apportées aux définitions et aux références relatives aux questions juridiques liées à la conservation ex situ, le Comité a approuvé les *Lignes directrices pour l'évaluation et la gestion du patrimoine en Antarctique*. Le Comité est également convenu de recommander à la RCTA de revoir le *Guide pour la présentation de documents de travail contenant des propositions pour les zones spécialement protégées de l'Antarctique, les zones gérées spéciales de l'Antarctique ou les sites et monuments historiques*, afin de mettre à jour le modèle B : *Page de couverture d'un document de travail sur un site ou un monument historique*, selon la présentation du document de travail WP 20.

112. Le Comité a rappelé la décision qu'il a prise lors de la XVIIIᵉ réunion du CPE, selon laquelle il convenait de suspendre les futures propositions de

désignation de nouveaux SMH jusqu'à la mise en place de nouvelles lignes directrices sur l'évaluation et la gestion du patrimoine, ainsi que la décision connexe qu'il a prise lors la XIXᵉ réunion du CPE, visant à reporter l'examen de deux propositions de SMH. Il est convenu que si les auteurs des propositions souhaitaient présenter celles-ci, ou si de nouvelles propositions étaient avancées, il serait approprié de les examiner et de les présenter à la lumière des nouvelles lignes directrices et de la version révisée du modèle B.

113. Le Comité est convenu que le GCI avait identifié plusieurs questions générales méritant un examen plus approfondi. En particulier, il a reconnu qu'il serait utile d'examiner plus avant : le format de la liste des SMH ; les questions juridiques liées à la propriété et au retrait éventuel des éléments présents pour la conservation *ex situ,* notant que des recommandations de la part de la RCTA pourraient se révéler nécessaires ; la participation d'experts du patrimoine lors de l'évaluation des options de gestion du patrimoine ; et le besoin éventuel de documents de l'EIE dans le cadre des nouvelles propositions de SMH. Le CPE a encouragé les Membres intéressés à se pencher sur ces questions et à soumettre d'autres documents à l'examen du Comité.

Avis du CPE à la RCTA sur les Lignes directrices pour l'évaluation et la gestion du patrimoine en Antarctique

114. Le Comité a approuvé les *Lignes directrices pour l'évaluation et la gestion du patrimoine en Antarctique* et est convenu de transmettre à la RCTA un projet de résolution encourageant l'utilisation de ces lignes directrices.

115. Le Comité a par ailleurs adopté une révision du *Guide pour la présentation de documents de travail contenant des propositions de désignation de zones spécialement protégées de l'Antarctique, de zones spécialement gérées de l'Antarctique ou de sites et monuments historiques*, afin qu'il reflète les *Lignes directrices pour l'évaluation et la gestion du patrimoine en Antarctique*, qui fournissent des orientations relatives aux informations requises dans le cadre de l'inscription de nouveaux SMH, et est convenu de transmettre un projet de résolution sur l'actualisation du Guide à la RCTA pour approbation.

116. Le Comité a rappelé son avis émis à la XXXVIIIᵉ RCTA, lequel indiquait que les futures propositions de nouvelles désignations de SMH devraient être mise en attente jusqu'à ce que de nouvelles orientations aient été établies quant à l'évaluation et à la gestion du patrimoine antarctique. Le Comité est convenu d'informer la RCTA du fait que, en adoptant les *Lignes directrices*

pour l'évaluation et la gestion du patrimoine en Antarctique, les propositions visant la désignation de nouveaux SMH pourraient reprendre, le cas échéant.

117. L'Allemagne a présenté le document de travail WP 29 *Rapport du Groupe de contact intersessions du CPE chargé de développer des lignes directrices relatives aux aspects environnementaux de l'utilisation des véhicules aériens sans pilote (UAV) / systèmes d'aéronef pilotés à distance (RPAS) en Antarctique*. Conformément au mandat du GCI convenu lors de la XXᵉ réunion du CPE (2017), le document reprend le rapport du GCI présidé par l'Allemagne, notamment une analyse documentaire actualisée, un résumé des expériences des opérateurs nationaux quant à l'utilisation de RPAS, un projet de *Lignes directrices environnementales pour l'exploitation de systèmes d'aéronef pilotés à distance (RPAS) en Antarctique*, et un projet de résolution qui sera examiné par le CPE.

118. L'Allemagne a fait savoir au Comité que lors de la clôture des travaux du GCI, plusieurs points relatifs au projet de lignes directrices restaient ouverts pour discussion, notamment : la nécessité de mentionner des distances à respecter par rapport à la faune sauvage dans les lignes directrices ; la nécessité de conserver une liste de référence dans les lignes directrices ; la nécessité d'intégrer des orientations relatives aux questions opérationnelles dans les lignes directrices, et leur portée ; et la question de savoir si les lignes directrices doivent s'appliquer à toutes les activités liées aux RPAS ou se limiter aux usages professionnels.

119. Le Comité a remercié l'Allemagne d'avoir présidé le GCI et félicité tous les participants pour leur contribution à ce débat aussi important que complexe. À la suite de modifications apportées lors de la réunion, notamment le retrait de références à des distances à respecter par rapport à la faune sauvage, le CPE a adopté les *Lignes directrices environnementales pour l'exploitation de systèmes d'aéronef pilotés à distance (RPAS) en Antarctique*.

120. Le Comité a encouragé à soutenir la conduite de recherches supplémentaires relativement aux impacts et avantages environnementaux des RPAS, en particulier par rapport aux répercussions sur la faune sauvage. Il a pris acte de l'importance de procéder à un examen et une révision des lignes directrices, le cas échéant, afin que celles-ci reflètent l'état actuel des connaissances scientifiques des impacts et des retombées positives des RPAS sur l'environnement. Le Comité est convenu qu'il serait utile de disposer d'une source d'informations centralisée sur le sujet, et a salué la proposition du COMNAP et du SCAR de collecter la littérature revue par les pairs et de fournir un résumé qui puisse être utilisé afin d'alimenter le contenu à

intégrer dans le Portail des environnements de l'Antarctique. Le Comité a noté que l'analyse documentaire présentée dans le document de travail WP 29 pourrait également se révéler très utile à cet égard.

121. Le Comité a indiqué que la question des circonstances dans lesquelles les utilisations récréatives des RPAS doivent ou ne doivent pas être autorisées n'avait pas été résolue lors du GCI, et qu'il conviendrait de continuer à examiner les conclusions des discussions liées aux RPAS menées lors de la RCTA.

Avis du CPE à la RCTA sur les Lignes directrices environnementales pour l'exploitation des systèmes d'aéronef pilotés à distance (RPAS) en Antarctique

122. Le Comité a approuvé les *Lignes directrices environnementales pour l'exploitation des systèmes d'aéronef pilotés à distance (RPAS) en Antarctique*, et est convenu de transmettre à la RCTA un projet de résolution encourageant l'utilisation et l'approfondissement des lignes directrices.

123. Le Comité a pris acte des documents d'information suivants, présentés au titre de ce point de l'ordre du jour :

- Document d'information IP 36, intitulé *« Intersessional Contact Group on Review of the Antarctic Clean-up Manual: Progress report »* [Groupe de contact intersessions chargé de la révision du Manuel de nettoyage de l'Antarctique : rapport d'état d'avancement] (Australie), qui fait état des avancées réalisées par le GCI au cours de l'année écoulée. Étant donné les contraintes temporelles et l'ordre du jour réduit de la XXIe réunion du CPE, le GCI parachèvera ses travaux au cours de la période intersessions 2018-2019 et présentera son rapport et d'éventuelles recommandations lors de la XXIIe réunion du CPE. Tous les Membres du CPE et les Observateurs ont été invités à participer.

- Document d'information IP 43, intitulé *« COMNAP Antarctic Remotely Piloted Aircraft Systems (RPAS) Operator's Handbook »* [Manuel du COMNAP relatif aux systèmes d'aéronef pilotés à distance (RPAS) destinés aux opérateurs] (COMNAP). Ce document présente la version actuelle du Manuel, préparée par le groupe de travail du COMNAP sur les RPA. Le Manuel comprend des orientations relatives aux aspects environnementaux du déploiement de RPAS, en tenant compte du document de travail WP 20 *État des connaissances sur les réactions de la faune sauvage aux systèmes aériens pilotés à distance (RPAS)*, présenté par le SCAR à la XLe RCTA, des opinions des Membres du CPE qui ont participé aux premiers cycles du GCI du CPE sur les RPAS, et des expériences directes de programmes antarctiques nationaux en Antarctique. Le document indique que le COMNAP continue de reconnaître les risques et les bénéfices (notamment la rentabilité et les économies de carburant) de l'exploitation de RPA, et qu'il existe de nombreux exemples de l'intérêt de ces technologies en tant qu'instrument au service de la recherche, de la surveillance, de la collecte de données et des outils logistiques et de fonctionnement. Le Manuel reste ouvert et disponible sur le site Internet du COMNAP.

- Document d'information IP 46, intitulé « *Report from the Subsidiary Group on Climate Change Response (SGCCR)* » [Rapport du Groupe subsidiaire sur la réponse aux changements climatiques (GSRCC)] (Norvège). Ce document rend compte des travaux menés par le GSRCC lors de la période intersessions. Le GSRCC avait entamé des discussions sur les mécanismes de fonctionnement pour le groupe. L'une des premières étapes pour le GSRCC consisterait à mettre en place un format plus facile d'accès du Programme de travail en réponse aux changements climatiques (PTRCC).

Point 8 : Plan de travail quinquennal

124. Le SCAR a présenté le document de travail WP 1 *Code de conduite du SCAR pour la recherche scientifique de terrain en zone continentale en Antarctique*. Le SCAR a rappelé les discussions portant sur le Code de conduite du SCAR menées lors de la XXe réunion du CPE (2017), et a rendu compte des consultations ultérieures conduites lors de la période intersessions, notamment celles impliquant le COMNAP, ainsi que des révisions qui se sont ensuivies.

125. Le Comité a salué la consultation, vaste et détaillée, entreprise dans le cadre de l'examen et de la révision du Code de conduite facultatif, et est convenu d'encourager la diffusion et l'utilisation du Code de conduite lors de la planification et de la mise en œuvre de recherches scientifiques en Antarctique.

**Avis du CPE à la RCTA sur le Code de conduite du SCAR
pour la recherche scientifique de terrain en zone continentale en Antarctique**

126. Le Comité a approuvé le *Code de conduite du SCAR pour la recherche scientifique de terrain en zone continentale en Antarctique*, et est convenu de

le soumettre à l'approbation de la RCTA au moyen d'un projet de Résolution pour encourager sa diffusion et son utilisation.

127. L'Australie a présenté le document de travail WP 16 *Proposition d'atelier conjoint du SCAR et du CPE visant à poursuivre l'élaboration du système de zones protégées en Antarctique*, préparé conjointement avec l'Allemagne, l'Argentine, la Belgique, le Chili, la Chine, les États-Unis d'Amérique, la Fédération de Russie, la France, le Japon, la Nouvelle-Zélande, la Norvège, la République tchèque, le Royaume-Uni et le SCAR. Pour répondre aux actions prioritaires du Plan de travail quinquennal du CPE et du Programme de travail en réponse aux changements climatiques (PTRCC), les co-auteurs proposent que le CPE soutienne l'organisation d'un atelier conjoint du SCAR et du CPE afin de poursuivre le développement du système de zones protégées de l'Antarctique. Le document présente une description provisoire de l'atelier. Les auteurs du document ont recommandé que le Comité adopte cette proposition ainsi que le mandat de l'atelier, et qu'il soutienne l'établissement d'un comité directeur conjoint du SCAR et du CPE en vue de consulter les Membres du CPE et les participants à l'atelier pour achever et communiquer les dispositions prises dans le cadre de l'atelier.

128. Le Comité a fermement appuyé la proposition d'organiser un atelier conjoint du SCAR et du CPE en vue de poursuivre le développement du système de zones protégées en Antarctique, conformément aux actions identifiées dans le Plan de travail quinquennal du CPE et le PTRCC, et a soutenu le mandat de l'atelier présenté dans le document de travail WP 16 :

- examen de la situation actuelle du système de zones protégées en Antarctique ;
- identification des informations et des ressources utiles à la désignation des ZSPA au sein d'un cadre environnemental et géographique systématisé ;
- identification d'actions qui pourraient être entreprises afin de poursuivre le développement du système de zones protégées en Antarctique ;
- préparation d'un rapport soumis à l'examen du CPE.

129. Le Comité a salué la proposition de la République tchèque d'accueillir l'atelier à Prague fin juin 2019, le jeudi et le vendredi précédant le début de la XXIIᵉ réunion du CPE.

130. Le Comité est convenu qu'il conviendrait d'établir un comité de direction composé de représentants du CPE, du SCAR et du pays d'accueil, en vue de consulter les Membres du CPE et les participants à l'atelier à propos

de la finalisation et de la diffusion des modalités relatives à l'organisation de l'atelier ; il est en outre convenu que le SCAR, la République tchèque, l'Australie et le Royaume-Uni seraient membres du comité de direction. Le Comité est convenu que le comité de direction pourrait consulter les Membres du CPE et les personnes concernées au SCAR au sujet d'aspects pratiques, notamment afin d'identifier le nombre maximum recommandé de participants à l'atelier en fonction du lieu où se déroulera l'atelier, lorsque ce lieu aura été identifié. Le Comité est convenu que la participation à l'atelier serait ouverte aux représentants des Membres et des Observateurs du CPE, ainsi qu'aux représentants et experts d'organes pertinents du SCAR et aux experts externes invités.

131. Le Comité a noté que le comité de direction pourrait aussi se pencher davantage sur les questions soulevées par les Membres pendant la réunion, notamment à propos de sujets spécifiques qui pourraient être débattus pendant l'atelier, au moment de poursuivre l'élaboration des plans et de l'ordre du jour détaillés de l'atelier, en consultation avec les Membres et les Observateurs du CPE et avec les personnes concernées au sein du SCAR. Parmi les questions soulevées figurent : la désignation éventuelle de Zones importantes pour la conservation des oiseaux (ZICO) en tant que ZSPA ; la prise en considération de la croissance du tourisme dans l'expansion du système de zones protégées ; des processus de révision et de retrait de zones ; et la pertinence de tenir compte des risques dans l'évaluation de nouvelles ZSPA potentielles.

132. Le Comité attend avec intérêt de plus amples consultations entre le comité directeur et les Membres et Observateurs du CPE, et attend avec impatience les conclusions de l'atelier qui se déroulera pendant la XXIIᵉ réunion du CPE.

133. Le Président du CPE a présenté le document de travail WP 17 *Soutenir le travail du Comité pour la protection de l'environnement (CPE) : un document établi par le président du CPE*, qui prolonge les discussions de la XXᵉ réunion du CPE et cherche à faciliter des discussions complémentaires pour garantir la capacité de soutien du CPE aux Parties dans leurs efforts de protection globale de l'environnement en Antarctique. Le Président du CPE a invité les Membres à : examiner la liste ci-jointe des besoins du CPE en matière de recherche et des alternatives qui s'offrent à lui pour leur présentation, leur diffusion et leur révision ; et à tenir compte des options présentées pour l'obtention et la gestion de financements du CPE.

134. Le Comité a remercié le Président pour la présentation de ce document. Il a noté le bien-fondé d'une liste consolidée des besoins scientifiques et des

besoins d'information identifiés par le Comité, notamment en tant qu'outil de communication pour son dialogue avec la RCTA et d'autres parties prenantes. Le Comité est en outre convenu d'intégrer les besoins scientifiques présentés dans l'Annexe A au document de travail WP 17 dans le plan de travail quinquennal du CPE. Il a noté que les besoins scientifiques seraient ensuite disponibles sur le site public du STA, convenant qu'il serait aussi bénéfique de communiquer directement les besoins scientifiques du CPE aux groupes pertinents, et d'envisager des formats plus accessibles en fonction du public ciblé. Concernant les besoins scientifiques pertinents pour les questions identifiées par le PTRCC, le Comité a noté que le GSRCC pourrait jouer un rôle important en matière de communication.

135. Le Comité est convenu d'attirer l'attention de la RCTA sur les besoins scientifiques du CPE conformément à l'article 12 (k) du Protocole au Traité sur l'Antarctique relatif à la protection de l'environnement, notamment pour éclairer les discussions en cours dans le cadre du plan de travail pluriannuel de la RCTA sur les priorités scientifiques stratégiques. Il a encouragé les Membres, le SCAR et les autres organisations impliquées dans la recherche et le suivi dans la région de l'Antarctique à s'appuyer sur les besoins scientifiques du CPE pour promouvoir et soutenir la science afin de mieux comprendre et relever les défis environnementaux auxquels l'Antarctique est confronté. Le Comité a remercié le SCAR d'avoir signalé qu'il lui serait utile de disposer de la liste des besoins scientifiques du CPE lorsqu'il envisage de nouveaux programmes de recherche scientifique. Il a également noté le désir du SCAR de travailler avec les Membres afin d'intégrer les besoins scientifiques et les besoins en matière de connaissances et d'information du CPE à ses nouveaux programmes de recherche. Le Comité est convenu qu'il était important de conduire une révision et un examen réguliers, si nécessaire, des besoins scientifiques du CPE lors des réunions annuelles du CPE.

136. Le Comité a reconnu qu'un financement modeste pourrait l'aider à entreprendre des travaux prioritaires en vue de formuler des avis et des recommandations à l'attention de la RCTA. Le Comité a noté qu'il ne s'attendait pas à recevoir un nombre considérable de demandes de financements et a pris acte du soutien généreux permanent des Membres et des Observateurs aux travaux du CPE. Le Comité a exprimé son soutien à un possible processus d'examen des propositions de financement du CPE, tel que décrit dans l'Annexe C au document de travail WP 17, notant qu'un tel processus permettrait d'assurer que toute proposition soit structurée et orientée vers les priorités fixées. Les Membres ont jugé que des sources

de financement du CPE appropriées peuvent inclure tout excédent de trésorerie issu des cotisations annuelles des Parties au Secrétariat du Traité sur l'Antarctique, ou toute contribution volontaire des Parties.

137. La Chine a également noté que l'utilisation de financements pour des forums en ligne ou des réunions par Internet était préférable à des ateliers ou des réunions intersessions, afin de faciliter la contribution de toutes les parties intéressées et d'améliorer l'efficacité des communications, ajoutant que des discussions plus poussées quant aux utilisations possibles de financements étaient nécessaires.

138. Le Comité est convenu de demander l'avis de la RCTA concernant les possibilités d'obtention de financements.

Avis du CPE à la RCTA concernant le soutien des travaux du CPE

139. Conformément à l'article 12 (k) du Protocole relatif à la protection de l'environnement, et prenant acte du plan de travail stratégique pluriannuel de la RCTA concernant les priorités stratégiques scientifiques, le Comité est convenu d'informer la RCTA qu'il avait incorporé une liste de besoins scientifiques du CPE au Plan de travail quinquennal du CPE, et qu'il était convenu d'examiner et de réviser régulièrement ces besoins scientifiques au besoin.

140. Le Comité a également reconnu que des fonds modestes pourraient l'aider à entreprendre des travaux prioritaires en vue d'élaborer des avis et des recommandations de qualité en temps opportun, conformément à son rôle, décrit à l'article 12 du Protocole relatif à la protection de l'environnement. Il est en outre convenu de demander l'avis de la RCTA sur les possibilités d'obtention d'un tel financement. À cet égard, le Comité a noté que le document de travail WP 17 présentait un processus possible pour examiner les propositions de financement qui permettrait d'assurer que les propositions soient structurées et orientées vers les priorités convenues.

141. Le Comité a pris note des documents suivants soumis pour ce point de l'ordre du jour :

- Document d'information IP 28, intitulé « *Antarctic Climate Change and the Environment – Update* » [Changements climatiques en Antarctique et environnement : une actualisation] (SCAR). Ce document fait état des progrès réalisés au cours de la période intersessions 2017-2018 concernant l'examen du SCAR en matière de bruits d'origine anthropique dans l'océan Austral pour le CPE. Une analyse documentaire exhaustive avait été réalisée, faisant suite à la convocation et à la consultation d'un groupe d'experts et à l'examen de contributions issues de plusieurs sources. Ces contributions avaient été compilées dans une ébauche de document de contexte dont la révision et le perfectionnement devaient se poursuivre jusqu'à sa soumission finale lors de la XLIIᵉ RCTA - XXIIᵉ réunion du CPE, en 2019.

- Document d'information IP 50, intitulé *« Joint monitoring activities during 2017/18 summer season to manage non-native flies in King George Island, South Shetland Islands »* [Activités de suivi conjointes au cours de la saison d'été 2017-2018 pour la gestion des moustiques non indigènes sur l'île du Roi-George, îles Shetland du Sud] (Uruguay, République de Corée, Pologne, Fédération de Russie). Ce document fait rapport des actions coordonnées par les pays opérant sur l'île du Roi-George en vue de surveiller et de gérer la présence du moustique non indigène *Trichocera maculipennis* sur l'île.

142. Le Comité a procédé à la révision et à la mise à jour du plan de travail quinquennal (Appendice 1). Les principales modifications comprenaient des mises à jour visant à refléter les actions adoptées durant la Réunion, notamment en ce qui concerne : incorporation des besoins scientifiques du CPE en matière de connaissances et d'informations ; conclusions issues des débats sur les questions liées aux lignes directrices relatives aux sites ; atelier conjoint du SCAR et du CPE visant à poursuivre le développement d'un système de zones protégées en Antarctique ; et gestion du patrimoine antarctique.

143. Prenant acte que, en raison de la version restreinte de la réunion, certains éléments désignés pour être examinés lors de la XXIᵉ réunion du CPE avaient été reportés, le Comité a accueilli favorablement les mises à jour suivantes :

- la Bulgarie a informé le Comité que pendant les travaux intersessions 2017-2018, le GCI sur l'éducation et la sensibilisation de la RCTA avait réalisé plusieurs activités utiles aux travaux du CPE. Ces efforts comprennent l'organisation d'un webinaire organisé par l'Association of Polar Early Career Scientistis et par le Conseil polaire européen sur le Traité sur l'Antarctique et la protection de l'environnement. Le webinaire était présenté par le Dr Yves Frenot, qui a fait un exposé sur le Traité sur l'Antarctique et le Protocole relatif à la protection de l'environnement. Parmi les autres activités clés du Forum de la RCTA figuraient les Semaines polaires et la Journée de l'Antarctique 2017, lors de laquelle l'IAATO a partagé sa nouvelle application, *« Polar Guide: Antarctica »*. La Bulgarie a également rapporté que le GCI sur l'éducation et la sensibilisation de la RCTA poursuivrait ses travaux au cours de la prochaine période intersessions.

- Les Pays-Bas ont informé le Comité de leur intention d'organiser un atelier informel dont l'objectif est de réaliser un inventaire des priorités touristiques, en collaboration avec le Royaume-Uni et l'IAATO.

Point 9 : Coopération avec d'autres organisations

144. Le Comité a accueilli les documents d'information suivants soumis par les Observateurs participant à la réunion, conformément à l'article 4(b) des Règles de procédure du CPE :

- Document d'information IP 11 *Rapport annuel 2017-2018 du Conseil des directeurs des programmes antarctiques nationaux (COMNAP)*. Ce document souligne que 2018 marque le 30e anniversaire du COMNAP, et signale que Kazuyuki Shiraishi, de l'Institut japonais de la recherche polaire, est arrivé au terme de son mandat de trois ans comme président du COMNAP, et que le Dr Kelly Falkner, du programme antarctique des États-Unis, a été élue pour trois ans en tant que présidente. Il souligne également que son Groupe de travail sur les aéronefs pilotés à distance (RPA) poursuit son partage de connaissances concrètes sur l'activité aérienne en Antarctique, ainsi que la rédaction du Manuel des opérateurs de RPA en Antarctique du COMNAP, à partir de connaissances scientifiques revues par des pairs. Le document souligne en outre que l'AGA et le Symposium 2018 du COMNAP comporteront une séance environnementale sur l'identification de sources de plastiques dans l'environnement antarctique, sur l'utilisation et la réduction des combustibles fossiles et sur une meilleure compréhension de leurs impacts cumulatifs.

- Document d'information IP 33, intitulé *« Update on activities of the Southern Ocean Observing System (SOOS) »* [Informations actualisées sur les activités du Système d'observation de l'océan Austral (SOOS)]. Ce document d'information résume les activités principales du SOOS *(www.soos.aq)*, souligne les efforts futurs et identifie les défis auxquels le SOOS sera confronté au cours de l'année à venir. Il rappelle que le SOOS est une initiative commune du SCAR et du Comité scientifique de la recherche océanique (SCOR) dont la mission consiste à faciliter la collecte et la diffusion d'observations en matière de dynamique et d'évolution des systèmes de l'océan Austral, par le biais de systèmes économiques d'observation et de transmission des données.

- Document d'information IP 66, intitulé *« Report by the SC-CAMLR Observer to CEP »* [Rapport de l'observateur du CS-CAMLR au CPE] (CCAMLR). La CCAMLR a noté que le Comité avait réalisé des avancées notables concernant plusieurs programmes de travail identifiés comme intéressants pour le CPE. En 2017, en particulier, elle avait recommandé un plan de travail en réponse aux changements climatiques à la Commission, ajoutant que la perte d'une section de 5 800 km2 de glace flottante de la plateforme glaciaire Larsen C devait être reconnue par la désignation d'une Zone spéciale de 10 ans afin d'y effectuer des recherches scientifiques. Elle a également approuvé un programme de recherche et de surveillance dans l'AMP de la mer de Ross.

145. Au nom du Comité, le Président a remercié le COMNAP, le SCAR et le CS-CAMLR pour leur collaboration et leurs contributions aux travaux du CPE et a félicité le SCAR de son 60ᵉ anniversaire et le COMNAP de son 30ᵉ anniversaire. Le COMNAP a informé le Comité qu'il avait récemment salué l'adhésion des programmes antarctiques nationaux de la Suisse et de la Turquie au statut d'Observateurs.

146. L'OMM a présenté les documents d'information IP 47 *Rapport annuel de l'OMM 2017-2018 et* IP 48, intitulé *« The Southern Hemisphere Special Observing Period of the Year of Polar Prediction »* [Période d'observation spéciale de l'hémisphère Sud de l'Année de la prévision polaire]. L'OMM a fait savoir qu'au cours de l'année passée, ses activités concernant l'Antarctique avaient inclus la Veille mondiale de la cryosphère, l'Année de prévision polaire (APP), et des avancées quant à l'élaboration du concept d'un Centre polaire régional antarctique sur le climat. L'OMM a noté qu'elle inviterait un représentant du CPE à un atelier d'étude concernant le réseau de Centres polaires régionaux antarctiques sur le climat (PRCC), prévu de façon provisoire en mai 2019, afin de garantir que les besoins du CPE seront pris en compte. Concernant le document d'information IP 48, l'OMM a fourni une mise à jour des activités réalisées dans le contexte de l'APP, avec notamment une période spéciale d'observation prévue de novembre 2018 à février 2019. Elle a encouragé les Membres à participer à l'APP et à obtenir davantage de renseignements concernant l'initiative en visitant le site : *http://www.polarprediction.net/yopp-activities/getting-involved-with-yopp/.* Concernant le document d'information IP 44, l'OMM a indiqué qu'elle lancerait le programme conjoint de subventions de l'OMM-SCAR avec le SCAR pour les scientifiques en début de carrière.

Nomination de représentants du CPE dans d'autres organisations

147. Le Comité a nommé :

- Mᵐᵉ Patricia Ortúzar (Argentine) pour représenter le CPE lors de la 30ᵉ Réunion générale annuelle du COMNAP, qui se déroulera à Garmisch, en Allemagne, du 11 au 13 juin 2018, et a également salué l'aimable proposition du Dr Antonio Quesada Del Corral (Espagne) d'y participer, le cas échéant ;
- Mᵐᵉ Birgit Njåstad (Norvège) pour représenter le CPE lors de la 35ᵉ Réunion des délégués du SCAR, qui se déroulera à Davos, en Suisse, du 24 au 26 juin 2018 ; et
- le Dr Polly Penhale (États-Unis) pour représenter le CPE à la 37ᵉ réunion du CS-CAMLR, qui se tiendra à Hobart, en Australie, du 22 au 26 octobre 2018.

Point 10 : Questions diverses

148. La Fédération de Russie a présenté le document de travail WP 3 *Examen des changements climatiques actuels par le Système du Traité sur l'Antarctique.* Rappelant que les Parties avaient présenté des documents concernant les changements climatiques tant à la RCTA qu'à la réunion du CPE, la Fédération de Russie a proposé que, pour éviter la multiplication des débats, les documents soumis à la RCTA abordent l'influence de l'Antarctique sur les changements climatiques, tandis que les documents soumis à la réunion du CPE aient trait à l'influence des changements climatiques mondiaux sur l'environnement antarctique et aux questions relatives à l'influence anthropique locale sur l'environnement de la région.

149. Le SCAR a attiré l'attention du Comité sur les conclusions du cinquième rapport d'évaluation du GIEC, et plus spécifiquement sur la conclusion selon laquelle le réchauffement du système climatique est non équivoque et que l'influence humaine sur ce système est claire. Le SCAR a également noté l'accroissement rapide du volume de connaissances scientifiques concernant le rôle de l'Antarctique dans le système climatique, l'ampleur de l'évolution du système antarctique et les impacts sur l'écologie de l'Antarctique. Le SCAR a par ailleurs fait savoir qu'il continuerait à fournir ses conseils annuels concernant ces sujets au CPE et aussi, conformément à l'article 10.2 du Protocole, à la RCTA.

150. L'OMM a soutenu la conclusion du document de travail WP 3, selon laquelle la brièveté et la diffusion sporadique des données d'observation posaient des difficultés majeures pour la compréhension des tendances climatiques dans la région antarctique. Elle a toutefois noté qu'il existait de nombreux relevés instrumentaux datant de plus de 100 ans, ainsi qu'un grand nombre de données issues de l'AGI (1957-1958) et de l'avènement des données satellite à partir des années 1970. L'OMM a expliqué que des conclusions scientifiques sérieuses pouvaient être tirées en associant des informations issues de données instrumentales, satellites, paléoclimatiques et de réanalyses avec des simulations de modèles climatiques. L'OMM a attiré l'attention du Comité sur l'augmentation considérable de la force des vents d'ouest associée aux modifications du Mode annulaire austral et au réchauffement notable de la péninsule antarctique depuis le milieu du XXe siècle. Elle a souligné par ailleurs que le réchauffement régional avait eu un impact sur les biotes terrestres et avait participé au recul de 90 % des glaciers de la péninsule. Elle a en outre noté que ces conclusions scientifiques avaient été publiées dans de nombreuses revues très respectées et qu'à mesure que les scientifiques poursuivent leur analyse des données, l'OMM, tout comme le SCAR, continueront à informer le CPE et la RCTA des mises à jour importantes, le cas échéant.

151. Dans sa réponse, tout en partageant les opinions de l'OMM et du SCAR, la Fédération de Russie a insisté sur le fait que la mission de ce document était d'optimiser les activités liées aux soumissions de documents et d'éviter de surcharger l'ordre du jour.

152. Le Comité a remercié la Fédération de Russie d'avoir présenté ce document et a reconnu que les sujets liés aux implications des changements climatiques sur l'environnement étaient clairement pertinents pour les travaux du CPE, notamment les travaux en cours du Groupe subsidiaire chargé de la réponse au changement climatique. Le Comité a indiqué qu'il partageait le sentiment exprimé par la Fédération de Russie sur le fait d'éviter la multiplication des débats de la RCTA et du CPE en s'efforçant d'adresser les documents à l'organisme concerné. Il a toutefois été noté qu'il était parfois difficile de distinguer à quel organisme envoyer un document, et que certaines questions pouvaient être pertinentes pour les deux organismes.

153. Le Comité s'est félicité de l'engagement du SCAR et de l'OMM à continuer de présenter des conseils scientifiques pertinents pour éclairer les débats du Comité.

154. La Nouvelle-Zélande a présenté le document de travail WP 12 *Harmonisation des initiatives de protection marine dans l'ensemble du système du Traité sur l'Antarctique (STA)*, préparé conjointement avec la Belgique, le Chili, la France, l'Allemagne, les Pays-Bas et les États-Unis d'Amérique. Le document a recommandé que le CPE établisse un GCI pour appuyer l'harmonisation des initiatives de protection marine à travers le système du Traité sur l'Antarctique. Le GCI serait chargé d'identifier des options, au sein de son mandat, permettant de contribuer à l'Aire marine protégée de la région de la mer de Ross (AMPRMR) et d'englober les questions plus larges soulevées.

155. Notant la demande de la RCTA au CPE dans la Résolution 5 (2017) et l'action dans le plan de travail quinquennal du CPE, de nombreux membres ont fermement appuyé la proposition d'établir un GCI sur l'harmonisation des initiatives de protection marine à travers le système du Traité sur l'Antarctique.

156. Certains Membres ont soulevé des questions génériques, notamment la procédure indépendante et le rôle de la RCTA pour la CCAMLR, la nature des AMP en tant qu'outil permettant de réaliser les objectifs et les principes de la CCAMLR, et ce qui distingue la conservation de la protection. S'agissant de la Résolution 5 (2017), certains Membres ont suggéré que le GCI proposé ne soit établi qu'une fois le plan de recherche et de surveillance pour l'AMP de la région de la mer de Ross aura été adopté par la CCAMLR, conformément à ses mesures de conservation.

157. Le représentant du CS-CAMLR a informé le Comité que le plan de recherche et de surveillance pour l'AMPRMR, qui a été développé à l'atelier de Rome sur le plan de recherche et de surveillance pour l'AMP de la région de la mer de Ross (2017), avait été adopté par le CS-CAMLR, mais a noté qu'il n'avait pas encore été adopté par la CCAMLR. Le représentant du CS-CAMLR a également informé le Comité qu'un atelier de la CCAMLR sur la gestion de l'espace allait se tenir en juillet 2018 à Cambridge. L'atelier devrait examiner la portée et des mécanismes possibles pour la future coopération et collaboration avec d'autres programmes scientifiques (p. ex., SCAR, SOOS et ICED), en ce qui concerne la fourniture de données relatives au développement de la gestion de l'espace et de la recherche et de la surveillance des AMP.

158. L'ASOC a remercié les co-auteurs du document de travail WP 12 pour ce document utile et opportun et a fermement appuyé les efforts visant à harmoniser le travail de la CCAMLR sur les AMP avec le travail de la RCTA

et du CPE. L'ASOC a noté que le document d'information IP 58, intitulé *« ASOC update on Marine Protected Areas in the Southern Ocean 2017-2018 »* [Mise à jour 2017-2018 de l'ASOC sur les aires marines protégées dans l'océan Austral], fournissait une mise à jour des discussions relatives aux AMP qui se sont tenues à la XXXVIe CCAMLR en octobre 2017. Dans ce document l'ASOC recommande, *entre autres,* que la RCTA et le CPE travaillent à harmoniser les ZSPA et ZGSA avec les AMP de la CCAMLR, en commençant par la mer de Ross. L'ASOC a noté qu'il existait plusieurs propositions pour les AMP de la CCAMLR qui sont à différents stades du processus de conception et de discussion, et qui se trouvent toutes dans la zone du Traité sur l'Antarctique. L'ASOC a dit espérer que le GCI proposé serait la première étape vers la création d'un processus dans lequel la RCTA, le CPE et la CCAMLR et ses organismes consultatifs pourraient travailler ensemble pour créer une protection efficace pour l'environnement en Antarctique.

159. Le Comité a rappelé :

    • la Résolution 5 (2017) qui a invité « le Comité pour la protection de l'environnement à envisager les actions appropriées, relevant de la compétence de la Réunion consultative du Traité sur l'Antarctique, pour contribuer à la réalisation des objectifs spécifiques définis dans la Mesure de conservation 91-05 de la CCAMLR, et en particulier en ce qui concerne la désignation et la mise en œuvre de Zones spécialement protégées et de Zones gérées spéciales de l'Antarctique dans la région de la mer de Ross et la gestion des activités humaines pertinentes » ; et

    • l'action du plan de travail quinquennal du CPE consistant « à considérer le lien entre la terre et l'océan, et des mesures complémentaires qui pourraient être prises par les Parties en ce qui concerne les AMP ».

160. La Nouvelle-Zélande a offert de diriger les travaux intersessions informels sur ces questions au cours de la prochaine période intersessions et d'en faire rapport à la XXIIe réunion du CPE et a encouragé les Parties intéressées à participer.

161. La Chine a présenté le document de travail WP 14 *Rapport sur les discussions intersessions informelles pour la période 2017/18 concernant le projet d'un Code de conduite pour l'exploration et la recherche dans la zone du Dôme A en Antarctique.* Le document a présenté un rapport sur les discussions intersessions informelles menées par la Chine avec les Membres intéressés sur l'élaboration d'un projet de Code de conduite pour l'exploration et la recherche dans le Dôme A en Antarctique. La Chine a remercié les quatre Membres qui ont participé à la discussion intersessions informelle concernant le Code de conduite. En notant qu'elle cherchait à installer deux

télescopes supplémentaires au poste de Kunlun pour étudier les activités extra-terrestres, la Chine a souligné que ces efforts scientifiques nécessitaient une protection contre les perturbations générées par d'autres activités. Des comparaisons ont été établies entre les télescopes éventuels à Kunlun et le Green Bank Telescope des États-Unis d'Amérique, qui dispose d'une grande zone d'exclusion. La Chine a souligné qu'elle accueillait favorablement et encourageait la collaboration scientifique internationale dans les zones du Dôme A et de la station de Kunlun et a fait savoir qu'elle envisageait d'apporter d'autres modifications au projet du Code de conduite, sur la base des suggestions émises par les Membres. La Chine a encouragé les Membres et Observateurs intéressés à contribuer au projet et à partager leurs idées sur la façon d'améliorer le Code de conduite.

162. Le Royaume-Uni a présenté le document de travail WP 21 *Notification des vestiges historiques antérieurs à 1958 : épave du navire Endurance de Sir Ernest Shackleton*. Bien que l'emplacement de l'*Endurance* soit inconnu, le Royaume-Uni a indiqué qu'il était au courant qu'une expédition non gouvernementale serait organisée prochainement pour localiser l'épave, et il tenait à confirmer le statut de protection du navire dans le cas où l'épave serait retrouvée. Le Royaume-Uni a demandé au Comité d'accepter que, dans l'éventualité où il serait découvert, le navire serait protégé conformément à la Résolution 5 (2001). Le Royaume-Uni a également informé le Comité de son intention d'obtenir le statut officiel de site et monument historique pour l'épave du navire et a noté qu'il serait un site historique unique, car il serait le premier à être entièrement de nature marine.

163. La Norvège a mis en évidence la valeur historique de l'expédition de Shackleton et a souligné l'importance de mettre au point un mécanisme de protection approprié. Elle a rappelé que la désignation de la tente de Roald Amundsen, qui n'avait pas été localisée, en tant que SMH pourrait constituer un précédent pour ce cas.

164. En réponse à une question posée, le Royaume-Uni a expliqué que l'expédition devrait localiser l'épave et prendre des photos, mais en aucun cas toucher l'épave ou en retirer des artefacts. Il a souligné que lors de la délivrance de permis, l'autorité compétente du Royaume-Uni préciserait qu'aucune autorisation ne serait accordée pour interférer avec l'épave de quelque manière que ce soit.

165. Le Comité a remercié le Royaume-Uni de l'avoir informé de la découverte possible du site de l'épave du navire *Endurance* de Sir Ernest Shackleton, conformément aux dispositions de la Résolution 5 (2001). Le Comité est

convenu que si l'emplacement exact de l'épave était identifié, tant l'épave que tous ses objets associés devraient bénéficier d'une protection provisoire aux termes de la Résolution 5 (2001). Le Comité a pris note de l'intention du Royaume-Uni de présenter une proposition à une future réunion pour lister le navire comme SMH.

166. L'ASOC a présenté le document d'information IP 49, intitulé *« Emperor penguin population variability in a region subject to climate warming »* [Variabilité de la population de manchots empereur dans une région sujette au réchauffement climatique], préparé conjointement avec le Royaume-Uni. Ce document présente les conclusions préliminaires d'une étude collaborative entre la British Antarctic Survey et le WWF, membre de l'ASOC. L'étude cherchait à estimer la taille de la population des 16 colonies connues de manchots empereur situées entre 0 et 90 ° O (couvrant la péninsule antarctique et la mer de Weddell) en utilisant des images satellite haute résolution prises entre 2009 et 2016. Les premiers résultats ont démontré que les colonies dans ce secteur variaient de 650 à plus de 15 000 couples, avec une taille de colonie moyenne de moins de 5 000 couples. Les résultats ont démontré également que toutes les colonies variaient beaucoup d'une année à l'autre, et qu'il n'y avait aucune tendance commune interannuelle de changement sur tous les sites, ce qui suggère qu'un ensemble de données plus grand à l'échelle circumantarctique serait bénéfique pour déterminer des tendances démographiques plus précises. L'ASOC et le Royaume-Uni ont suggéré que ces résultats pourraient servir à éclairer la protection préventive des manchots empereurs, y compris pour déterminer les emplacements les plus probables des refuges qu'ils utilisent pour échapper aux effets du changement climatique, par exemple dans la mer de Weddell de haute latitude.

167. L'ASOC a présenté le document d'information IP 60, intitulé *« Enacting the Climate Change Response Work Programme under a Changing Antarctic Environment »* [Mise en œuvre du plan de travail en réponse au changement climatique dans un environnement antarctique en pleine évolution]. L'ASOC a souligné cinq recommandations de base : investir dans le suivi écologique, développer des plans de gestion de précaution ou d'intervention rapide, instituer des zones protégées comme zones de référence climatique, et mettre en œuvre une surveillance et une évaluation spécifiques, mesurables, réalisables, réalistes, et dans des délais déterminés (SMART) dans les plans d'intervention. L'ASOC avait associé les recommandations à des éléments spécifiques qui pourraient être inclus dans le PTRCC, et a fourni un PTRCC annoté pour référence. L'ASOC a souligné que le changement climatique avait un impact sur l'Antarctique et que le CPE et la RCTA devaient cesser

de n'examiner que les informations portant sur le changement climatique et prendre des décisions de gestion telles que la création de nouvelles zones protégées et s'engager à remplir les lacunes dans la surveillance.

168. Le Comité a salué les documents d'information IP 49 et IP 60 et a noté la pertinence de ces documents pour ses travaux. Le Comité a noté, en particulier, que le document d'information IP 60 présente des informations qui seraient utiles pour le travail du GSRCC visant à soutenir la mise en œuvre du PTRCC. La Chine a remercié l'ASOC pour le document d'information et a suggéré que les informations utilisées pour le GSRCC soient validées par des données scientifiques. L'animateur du GSRCC a souligné que le GSRCC était ouvert à tous les Membres et Observateurs intéressés.

169. La Nouvelle-Zélande a observé que l'étude présentée dans le document d'information IP 49 serait utile pour mettre à jour la question du changement climatique et la fiche d'information sur le manchot empereur reprises dans le Portail des environnements de l'Antarctique.

170. L'Argentine a observé qu'il y avait d'autres critères importants permettant de protéger spécialement des zones ou des valeurs déterminées, y compris l'examen de la pression exercée par les activités humaines.

171. En réponse à une question, l'ASOC a précisé que les zones de référence climatique représentaient des zones réservées dans lesquelles les activités humaines étaient limitées dans le but de permettre aux scientifiques de distinguer entre les effets du changement climatique et les activités humaines. Elle a souligné l'importance de ces zones de référence dans les régions qui changeaient rapidement comme la péninsule antarctique.

172. La Colombie a informé le Comité qu'en janvier 2018, le président de la République de Colombie avait approuvé la ratification du Protocole relatif à la protection de l'environnement. Elle a noté que la ratification était maintenant soumise au contrôle constitutionnel, et qu'elle prévoyait que le processus de ratification serait achevé au cours de l'année à venir. La Colombie a remercié les six pays qui ont soutenu la Colombie pour les aspects environnementaux de sa récente expédition et a réaffirmé qu'elle continuerait de collaborer avec le CPE et ses groupes intersessions.

173. Le Comité a remercié la Colombie d'avoir indiqué qu'elle était en voie de ratifier le Protocole relatif à la protection de l'environnement et se réjouit d'accueillir prochainement la Colombie en tant que Membre du CPE.

174. Le Comité a pris acte des documents d'informations suivants, présentés au titre de ce point de l'ordre du jour :

- Document d'information IP 3, intitulé *« Antarctic Environments Portal: Progress Report »* [Portail des environnements de l'Antarctique : Rapport d'avancement] (Nouvelle-Zélande, SCAR). Ce document fait état du développement du Portail des environnements de l'Antarctique incluant une mise à jour au plan de gestion de contenu du portail. Les auteurs encouragent les Membres à donner leurs commentaires sur le plan de gestion du contenu et à nommer un représentant pour pouvoir un poste du groupe éditorial du Portail.

- Document d'information IP 5, intitulé *« Environmental monitoring of the reconstruction work of the Brazilian Antarctic Station (2017/2018) »* [Surveillance environnementale des travaux de reconstruction de la station antarctique brésilienne (2017-2018)] (Brésil). Ce document fait le point sur les activités de surveillance environnementale menées par le Brésil lors de la reconstruction de la station Comandante Ferraz en Antarctique, au cours de la dernière saison estivale.

- Document d'information IP 10 *Nouvelles données concernant les températures de l'eau de mer dans la baie du Sud, île Doumer* (Chili). Ce document donne les résultats du premier enregistrement de la température annuelle, continu, à haute résolution pour la ZSPA nᵒ 146, baie du Sud, île Doumer.

- Document d'information IP 12, intitulé *« Preliminary Survey for the International Exploration Programme of Subglacial Lakes in Southern Vitoria Land, Antarctica »* [Étude préliminaire pour le programme international d'exploration des lacs sous-glaciaires dans la terre Victoria du Sud, Antarctique] (République de Corée). Le document décrit les préparations de la République de Corée pour l'exploration des lacs sous-glaciaires en amont du glacier David dans la terre Victoria du Sud, Antarctique oriental. Il a également été noté que des données de base pour la préparation d'une EIE seraient obtenues jusqu'à la saison 2019-2020 au plus tard.

- Document d'information IP 17, intitulé *« Towards application of atmospheric deposition modeling for quantitative assessment of cumulative impacts on soils »* [Vers l'application de la modélisation du dépôt atmosphérique pour une évaluation quantitative des impacts cumulatifs sur les sols] (Bélarus). Ce document attire l'attention sur l'application de la modélisation du dépôt atmosphérique pour une évaluation quantitative des impacts cumulatifs sur les sols dans le cadre de l'EGIE. En particulier, cette évaluation pourrait être appliquée pendant la construction et l'exploitation des installations dans l'Antarctique à l'aide de cette modélisation comme élément important de l'évaluation des effets cumulatifs. Le document rend compte de la modélisation réalisée par le Bélarus du dépôt particulaire des émissions de sources fixes de la station antarctique bélarusse, située sur le mont Vechernyaya, et a été présenté comme une démonstration de l'application de ce concept.

- Document d'information IP 22, intitulé *« Supporting the regional-scale analysis of Antarctica: A tool to enable broader-scale environmental management »* [Appuyer l'analyse à l'échelle régionale de l'Antarctique : Un outil visant une gestion environnementale à plus grande échelle] (Nouvelle-Zélande). Ce document fait le point sur les travaux de la Nouvelle-Zélande visant à développer un outil pour appuyer l'évaluation des impacts environnementaux des activités en Antarctique. La Nouvelle-Zélande a encouragé les Membres à prendre part à l'élaboration de cet outil et à participer à un atelier pour le présenter à la conférence de POLAR2018.

- Document d'information IP 24, intitulé *« Accession of Turkey to the Protocol on Environmental Protection to the Antarctic Treaty »* [Adhésion de la Turquie au Protocole du Traité sur l'Antarctique relatif à la protection de l'environnement] (Turquie). Ce document rend compte de l'adhésion de la Turquie au Protocole sur l'environnement et des prochaines étapes en vue de sa ratification.

- Document d'information IP 27 *Prise de mesures de protection de l'environnement pendant la Xe expédition antarctique bélarussienne en 2017-2018* (Bélarus). Le document rend compte de l'enlèvement continu des déchets historiques du mont Vechernyaya, en terre Enderby, Antarctique oriental, par l'expédition antarctique bélarusse en étroite collaboration avec l'expédition antarctique russe. Le document note également le projet du Bélarus de commencer la procédure de ratification de l'Annexe VI du Protocole relatif à la protection de l'environnement en 2019.

- Document d'information IP 30, intitulé *« Hull damage of the Russian M/V Ivan Papanin in Quilty Bay, Larsemann Hills, East Antarctica »* [Avaries à la coque du navire à moteur russe *Ivan Papanin* dans la baie de Quilty, collines Larsemann, Antarctique oriental] (Inde, Fédération de Russie). Ce document fait état d'un accident près de la station

Bharati qui a endommagé la coque du navire à moteur *Ivan Papanin*. Il indique que 38 personnes ont été évacuées du navire (sans compter 28 membres d'équipage) ainsi qu'une cargaison importante et des hélicoptères, avec l'aide du programme de la Russie. Le programme antarctique d'Afrique du Sud a aussi offert son aide lors de l'incident. Bien que les avaries à la coque furent importants, aucun membre de l'équipage/expédition n'a été blessé et il n'y a eu aucun déversement de pétrole. Après des réparations temporaires, le navire a quitté la baie Prydz le 7 mars et a atteint le Cap en toute sécurité le 21 mars 2018.

- Document d'information IP 31, intitulé *« Non-native Species Response Protocol: An Update »* [Protocole de réponse aux espèces non indigènes : Une mise à jour] (Royaume-Uni, Argentine, Espagne). Le présent document fait état des discussions informelles lancées pour améliorer le protocole d'intervention en cas de présence d'espèces non indigènes, et encourage les Membres à participer de manière informelle au développement continu du protocole d'intervention pendant la période intersessions.

- Document d'information IP 34, intitulé *« Fatal accident during convoy operation at Indian Barrier, Maitri Station, East Antarctica »* [Accident mortel lors d'un convoyage à Indian Barrier, station Maitri, Antarctique oriental] (Inde). Ce document informe qu'un étudiant participant à la XXXVIIe expédition scientifique indienne en Antarctique (ISEA) est décédé suite à un accident impliquant un véhicule, le 26 mars 2018.

- Document d'information IP 45, intitulé *« The Initial Environmental Evaluation for the construction of a new Garage for the Inland Traverse Vehicles in Zhongshan Station, Larsemann Hills, East Antarctica »* [Évaluation préliminaire d'impact sur l'environnement pour la construction d'un nouveau garage pour les véhicules terrestres de passage à la station Zhongshan, collines Larsemann, Antarctique oriental] (Chine). Il indique que l'EPIE a été réalisée par l'université de Tongji, conformément à l'Annexe I du Protocole et aux lignes directrices sur l'EIE dans la Résolution 1 (2016), et que la construction a commencé au cours de la saison 2017-2018 et qu'elle serait terminée à la saison prochaine.

- Document d'information IP 52, intitulé *« On Permit for implementing activity of the Russian Antarctic Expedition in 2018-2022 »* [Permis de mise en œuvre de l'activité de l'expédition antarctique russe en 2018-2022] (Fédération de Russie). Ce document fait rapport sur les procédures internes menées par la Fédération de Russie en vue de renouveler le permis délivré à l'Institut de recherche arctique et antarctique (AARI) pour mener des opérations de l'expédition antarctique russe.

- Document d'information IP 59, intitulé *« The Polar Code and Marine Mammal Avoidance Planning in the International Maritime Organization »* [Le Code Polaire et la planification de l'évitement des mammifères marins par l'Organisation maritime internationale] (ASOC). Ce document met en lumière les obligations contenues dans le Code polaire relatives à la planification de voyage concernant l'évitement des mammifères marins. L'ASOC a proposé que le CPE et la RCTA examinent la mise en œuvre des dispositions du Code polaire sur la planification de voyage. Elle a demandé aux Parties de réfléchir aux moyens de progresser dans la mise en œuvre des dispositions du Code polaire et de mettre à la disposition des navigateurs les données pertinentes sur les densités de mammifères marins et les voies de migration saisonnière.

- Document d'information IP 64, intitulé *« Progress on the development of a preliminary proposal for the establishment of a Marine Protected Area (MPA) west of the Antarctic Peninsula and south of the Scotia Arc »* [Progrès sur l'élaboration d'une proposition préliminaire pour la création d'une zone de protection Marine (ZPM) à l'ouest de la péninsule Antarctique et au sud de l'Arc de la Nouvelle-Écosse] (Argentine, Chili). Le document rend compte des dernières évolutions dans la désignation d'une AMP dans le Domaine 1 de la CCAMLR. Les co-auteurs ont encouragé davantage de Membres à s'associer au processus de désignation et à suivre les débats concernant le développement de l'AMP du Domaine 1.

- Document d'information IP 67, intitulé *« Committee for Environmental Protection (CEP): summary of activities during the 2017/18 intersessional period »* [Comité pour la protection de l'environnement (CPE) : Résumé des activités pendant la période intersessions 2017-2018] (Australie). Ce document présente un résumé rédigé par le président du CPE des activités intersessions depuis la XXe réunion du CPE.

175. Les documents suivants ont également été soumis au titre de ce point de l'ordre du jour :

- Document de contexte BP 11, intitulé *« Visit to Chilean Antarctic Station Prof. Julio Escudero by Turkey »* [Visite de la Turquie à la station antarctique chilienne Prof. Julio Escudero] (Turquie).

- Document de contexte BP 34, intitulé « *Brazil/Australia Remediation Workshop* » [Atelier de réhabilitation Brésil/Australie] (Australie, Brésil).

Point 11 : Élection des membres du Bureau

176. Le Comité a élu Patricia Ortúzar d'Argentine pour un second mandat de deux ans au poste de vice-présidente. Le Comité a remercié Patricia Ortúzar pour ses nombreuses contributions appréciées en tant que vice-présidente et l'a félicitée pour sa réélection à ce poste.

177. Le Comité a élu Birgit Njaastad (Norvège) au poste de présidente pour un second mandat de deux ans, et l'a félicitée pour sa nomination à ce poste.

178. Notant que l'élection de Birgit Njåstad comme Présidente du CPE se traduirait par un poste vacant pour le coordonnateur du GSRCC, le Comité est convenu de nommer le vice-président du CPE, Kevin Hughes, du Royaume-Uni, au poste de coordinateur du GSRCC. Le Comité a remercié Birgit Njåstad pour son travail à la tête du GSRCC au cours de sa première année.

179. Le Comité a chaleureusement remercié Ewan McIvor d'Australie pour son excellent travail et ses importantes contributions tout au long de son mandat de quatre ans en tant que président.

Point 12 : Préparation de la prochaine réunion

180. Le Comité a adopté l'ordre du jour provisoire de la XXIIe réunion du CPE (Annexe 2).

Point 13 : Adoption du rapport

181. Le Comité a adopté son rapport.

Point 14 : Clôture de la réunion

182. Le Président a clos la réunion le mardi 15 mai 2018.

Annexe 1

Plan de travail quinquennal du CPE 2018

Question / Pression sur l'environnement : Introduction d'espèces non indigènes	
Priorité : 1	
Actions :	
1. Poursuivre le développement de lignes directrices et de ressources pratiques pour tous les opérateurs antarctiques. 2. Mettre en œuvre les actions connexes identifiées dans le Programme de travail en réponse au changement climatique. 3. Examiner les évaluations de risques spatialement explicites, différenciées par activité afin d'atténuer les risques posés par les espèces terrestres non indigènes. 4. Développer une stratégie de surveillance pour les zones à haut risque d'implantation d'espèces non indigènes. 5. Porter une attention accrue aux risques posés par le transfert intra-antarctique de propagules.	
Période intersession 2018-2019	• Entamer les travaux afin de développer une stratégie de réponse pour les espèces non indigènes, y compris des réponses appropriées aux maladies des espèces sauvages • Afin d'aider le Comité à évaluer l'efficacité du manuel, demander un rapport au COMNAP sur la mise en œuvre des mesures de quarantaine et de biosécurité par ses membres • Le Royaume-Uni mènera des discussions avec les Membres et les Observateurs intéressés sur la poursuite du développement d'un protocole d'intervention facultatif en cas de présence d'espèces non indigènes
XXIIᵉ CPE 2019	• Discuter des travaux intersessions concernant le développement d'une stratégie de réponse à inclure dans le Manuel sur les espèces non indigènes, et la mise en œuvre des mesures de quarantaine et de biosécurité par les membres du COMNAP. Examen du rapport de l'OMI relatif aux directives sur l'encrassement biologique • Examiner le rapport sur les discussions intersessions portant sur le protocole d'intervention en cas de présence d'espèces non indigènes et son inclusion dans le Manuel sur les espèces non indigènes. • Présentation par le SCAR des informations sur le mécanisme en place contribuant à l'identification des espèces non indigènes
Période intersession 2019-2020	• Demander au SCAR de dresser une liste des bases de données et sources d'informations disponibles sur la biodiversité pour aider les Parties à identifier les espèces indigènes qui sont présentes sur les sites antarctiques pour pouvoir ainsi identifier l'échelle et la portée des introductions actuelles et futures • Développer des lignes directrices de surveillance généralement applicables. Suivi plus détaillé ou spécifique aux sites qui pourrait être nécessaire pour des lieux spécifiques • Demander un rapport aux Parties et Observateurs sur la mise en œuvre des lignes directrices sur la biosécurité par leurs membres

XXIIIᵉ CPE 2020	• Discuter des travaux intersessions relatifs au développement de lignes directrices en matière de suivi, à inclure dans le Manuel sur les espèces non indigènes • Examiner les rapports des Parties et Observateurs sur la mise en œuvre des lignes directrices relatives à la biosécurité par leurs membres
Période intersession 2020-2021	• Entamer des travaux visant à évaluer le risque d'introductions d'espèces marines non indigènes
XXIVᵉ CPE 2021	• Discuter des travaux intersessions liés aux risques présentés par les espèces marines non indigènes
Période intersession 2021-2022	• Développer des lignes directrices spécifiques afin de réduire la dissémination d'espèces non indigènes lors de l'évacuation des eaux usées • Examiner les progrès et le contenu du Manuel sur les espèces non indigènes du CPE
XXVᵉ CPE 2022	• Décision du CPE sur la nécessité d'opérer une révision/mise à jour du Manuel sur les espèces non indigènes, par le biais de travaux intersessions
Période intersession 2022-2023	• Le cas échéant, travaux intersessions pour réviser le Manuel sur les espèces non indigènes
XXVIᵉ CPE 2023	• Examen par le CPE du rapport du GCI, le cas échéant, et envisager l'adoption par la RCTA d'une révision du Manuel des espèces non indigènes à travers une résolution

Besoins scientifiques en matière de connaissances et d'informations :
- Identifier les régions et habitats terrestres et marins menacés d'introduction.
- Identifier les espèces indigènes menacées de délocalisation et les vecteurs et les voies de transfert intra-continental.
- Synthétiser les connaissances sur la biodiversité, la biogéographie et la biorégionalisation en Antarctique et entreprendre des études de référence afin de déterminer quelles espèces indigènes sont présentes.
- Identifier les voies d'introduction d'espèces marines (y compris les risques associés à l'évacuation des eaux usées).
- Évaluer les risques et les voies d'introduction de micro-organismes qui pourraient avoir un impact sur les communautés microbiennes existantes.
- Surveiller les espèces non indigènes dans les milieux terrestres et marins (y compris l'activité microbienne près des sites de traitement des eaux usées).
- Identifier les techniques pour réagir rapidement à l'introduction d'espèces non indigènes.
- Identifier les voies d'introduction d'espèces non indigènes sans aucune intervention humaine directe.

Question / Pression sur l'environnement : Tourisme et activités des ONG
Priorité : 1
Actions : 1. Fournir un avis à la RCTA, le cas échéant. 2. Promouvoir les recommandations émises par la RETA sur le tourisme à bord de navires.

Période intersession 2018-2019	• Poursuivre le développement de la méthodologie permettant l'évaluation de la sensibilité des sites et examiner les seuils de déclenchement (recommandations 3 et 7 de l'étude sur le tourisme du CPE)
XXIIᵉ CPE 2019	• Débattre des recommandations de l'étude du CPE sur le tourisme et d'autres recommandations pertinentes, et déterminer les actions prioritaires et les prochaines étapes pour avancer
Période intersession 2019-2020	
XXIIIᵉ CPE 2020	

Période intersession 2020-2021	
XXIVᵉ CPE 2021	
Période intersession 2021-2022	
XXVᵉ CPE 2022	
Période intersession 2022-2023	
XXVIᵉ CPE 2023	

Besoins scientifiques en matière de connaissances et d'informations :
- Surveillance cohérente et dédiée des impacts du tourisme.
- Surveiller les sites destinés aux visiteurs couverts par les Lignes directrices du site.

Question / Pression sur l'environnement : Conséquences du changement climatique pour l'environnement	
Priorité : 1	

Actions :
1. Envisager les implications du changement climatique pour la gestion de l'environnement antarctique.
2. Mettre en œuvre le Programme de travail en réponse au changement climatique.

Période intersession 2018-2019	• Un groupe subsidiaire mène des travaux conformément au plan de travail convenu
XXIIᵉ CPE 2019	• Point permanent de l'ordre du jour • Examiner les avis sur la manière dont les activités de l'OMM correspondent au PTRCC • Examiner le rapport du groupe subsidiaire • Le SCAR fournit une mise à jour du rapport sur le changement climatique antarctique et l'environnement (ACCE), grâce à des contributions émanant de l'OMM, du programme d'intégration des dynamiques climatiques et écosystémiques dans l'océan Austral (ICED) et du SOOS
Période intersession 2019-2020	• Un groupe subsidiaire mène des travaux conformément au plan de travail convenu
XXIIIᵉ CPE 2020	• Point permanent de l'ordre du jour • Examiner le rapport du groupe subsidiaire • Le SCAR fournit une mise à jour du rapport ACCE avec, le cas échéant, des contributions de la part de l'OMM, l'ICED et du SOOS • Examiner la révision du groupe subsidiaire • Examiner la mise en œuvre des actions faisant suite à l'atelier conjoint CPE/CS-CAMLR de 2016 • Plan quinquennal pour l'atelier conjoint CS-CAMLR/CPE pendant la période intersessions 2021-2022
Période intersession 2020-2021	
XXIVᵉ CPE 2021	• Finalisation du plan pour l'atelier conjoint CS-CAMLR/CPE pendant la période intersessions 2021-2022
Période intersession 2021-2022	• Atelier conjoint CS-CAMLR/CPE quinquennal régulier
XXVᵉ CPE 2022	
Période intersession 2022-2023	
XXVIᵉ CPE 2023	

<table>
<tr><td colspan="2">

Besoins scientifiques en matière de connaissances et d'informations :
- Mieux comprendre les changements actuels et futurs dus au changement climatique pour le milieu terrestre (y compris aquatique) biotique et abiotique.
- Surveillance à long terme des changements au milieu terrestre (y compris aquatique) biotique et abiotique dus au changement climatique.
- Continuer à élaborer des outils biogéographiques afin de fournir une base d'information solide sur la protection et la gestion de la région antarctique à l'échelle régionale et continentale, en tenant compte des changements climatiques, et à identifier le besoin de réserver des zones témoins pour les recherches futures et définir les zones présentant une résilience aux changements climatiques.
- Identifier et donner la priorité aux régions biogéographiques de l'Antarctique les plus menacées par le changement climatique.
- Comprendre et être en mesure de prévoir les changements aux environnements marins côtiers, ainsi que leurs répercussions.
- Surveillance à long terme du changement de l'environnement marin côtier biotique et abiotique dû au changement climatique.
- Évaluation de l'impact de l'acidification des océans sur les organismes marins et les écosystèmes.
- Comprendre le statut des populations, les tendances démographiques, le degré de vulnérabilité et la répartition des espèces antarctiques clés.
- Comprendre le statut, les tendances, la vulnérabilité et la répartition des habitats.
- Observations de l'océan Austral et modélisation pour comprendre le changement climatique.
- Identifier les zones pouvant être résistantes au changement climatique.
- Surveiller les colonies de manchots empereurs, y compris à l'aide de la télédétection et de techniques complémentaires, afin d'identifier l'évolution des populations et les refuges potentiels en réponse au changement climatique.

</td></tr>
</table>

<table>
<tr><td colspan="2">

Question / Pression sur l'environnement : Traitement des plans de gestion de zones protégées / gérées nouveaux et révisés

</td></tr>
<tr><td colspan="2">

Priorité : 1

</td></tr>
<tr><td colspan="2">

Actions :
1. Affiner la procédure d'examen des plans de gestion nouveaux et révisés.
2. Mettre à jour les lignes directrices existantes.
3. Développer des lignes directrices relatives à la préparation de ZGSA.

</td></tr>
<tr><td>Période intersession 2018-2019</td><td>

- Le GSPG mène des travaux conformes au plan de travail
- Préparation par la Norvège et les Membres intéressés d'un document fournissant des orientations pour le retrait de certaines ZSPA

</td></tr>
<tr><td>XXIIᵉ CPE 2019</td><td>

- Examiner le rapport du GSPG
- Examiner le document présenté par la Norvège et les Membres intéressés concernant les orientations pour le retrait de certaines ZSPA

</td></tr>
<tr><td>Période intersession 2019-2020</td><td>

- Le GSPG mène des travaux conformes au plan de travail

</td></tr>
<tr><td>XXIIIᵉ CPE 2020</td><td>

- Examiner le rapport du GSPG

</td></tr>
<tr><td>Période intersession 2020-2021</td><td>

- Le GSPG mène des travaux conformes au plan de travail

</td></tr>
<tr><td>XXIVᵉ CPE 2021</td><td>

- Examiner le rapport du GSPG

</td></tr>
<tr><td>Période intersession 2021-2022</td><td>

- Le GSPG mène des travaux conformes au plan de travail

</td></tr>
<tr><td>XXVᵉ CPE 2022</td><td>

- Examiner le rapport du GSPG

</td></tr>
<tr><td>Période intersession 2022-2023</td><td>

- Le GSPG mène des travaux conformes au plan de travail

</td></tr>
<tr><td>XXVIᵉ CPE 2023</td><td>

- Examiner le rapport du GSPG

</td></tr>
<tr><td colspan="2">

Besoins scientifiques en matière de connaissances et d'informations :
- Surveillance pour évaluer l'état des valeurs de la ZSPA nº 107, île Empereur.
- Utiliser des techniques de télédétection pour surveiller les changements dans la végétation au sein des ZSPA.
- Surveillance à long terme des valeurs biologiques des ZSPA.

</td></tr>
</table>

130

Question / Pression sur l'environnement : Fonctionnement du CPE et planification stratégique	
Priorité : 1	

Actions :
1. Maintenir le plan quinquennal à jour sur la base de l'évolution des circonstances et des besoins de la RCTA.
2. Identifier les possibilités d'améliorer l'efficacité du CPE.
3. Examiner les objectifs à long terme pour l'Antarctique (période de 50 à 100 ans).
4. Examiner les possibilités d'améliorer les relations de travail entre le CPE et la RCTA.

Période intersession 2018-2019	
XXIIᵉ CPE 2019	
Période intersession 2019-2020	
XXIIIᵉ CPE 2020	
Période intersession 2020-2021	
XXIVᵉ CPE 2021	
Période intersession 2021-2022	
XXVᵉ CPE 2022	
Période intersession 2022-2023	
XXVIᵉ CPE 2023	

Question / Pression sur l'environnement : Réparation et réhabilitation des dégâts causés à l'environnement	
Priorité : 2	

Actions :
1. Répondre aux requêtes complémentaires émises par la RCTA concernant la réparation et la réhabilitation, le cas échéant.
2. Suivre les avancées de la création d'un inventaire des sites dans l'ensemble de l'Antarctique ayant fait l'objet d'activités antérieures.
3. Examiner les lignes directrices relatives à la réparation et la réhabilitation.
4. Les Membres élaborent des lignes directrices pratiques et des ressources associées afin de les inclure dans le Manuel de nettoyage.
5. Poursuivre l'élaboration des pratiques de biodépollution et de réparation afin de les inclure dans le Manuel de nettoyage.

Période intersession 2018-2019	• Poursuivre la révision du GCI du Manuel de nettoyage
XXIIᵉ CPE 2019	• Examiner le rapport du GCI sur la révision du Manuel de nettoyage
Période intersession 2019-2020	
XXIIIᵉ CPE 2020	
Période intersession 2020-2021	
XXIVᵉ CPE 2021	
Période intersession 2021-2022	
XXVᵉ CPE 2022	
Période intersession 2022-2023	
XXVIᵉ CPE 2023	

Besoins scientifiques en matière de connaissances et d'informations :
- Chercher à documenter l'établissement d'objectifs environnementaux de qualité et adaptés à la réparation ou la remise en état des dégâts environnementaux causés en Antarctique.
- Techniques pour empêcher la mobilisation des contaminants tels que la déviation des fontes de neige et barrières de retenue.
- Techniques de dépollution *in situ* et *ex situ* des sites contaminés par les déversements de carburant ou d'autres substances dangereuses.

Question / Pression sur l'environnement : Suivi et rapports sur l'état de l'environnement	
Priorité : 2	
Actions :	
1. Identifier les indicateurs et outils environnementaux clés.	
2. Mettre en place une procédure pour les rapports faits à la RCTA.	
3. Le SCAR transmet les informations au COMNAP et au CPE.	
Période intersession 2018-2019	
XXIIᵉ CPE 2019	• Examiner le *Code de conduite du SCAR pour l'utilisation d'animaux à des fins scientifiques*
Période intersession 2019-2020	
XXIIIᵉ CPE 2020	
Période intersession 2020-2021	
XXIVᵉ CPE 2021	• Examiner le rapport de suivi du Royaume-Uni sur la ZSPA n° 107
Période intersession 2021-2022	
XXVᵉ CPE 2022	
Période intersession 2022-2023	
XXVIᵉ CPE 2023	
Besoins scientifiques en matière de connaissances et d'informations :	
• Surveillance à long terme des changements au milieu terrestre (y compris aquatique) biotique et abiotique dus au changement climatique. • Surveillance à long terme du changement de l'environnement marin côtier biotique et abiotique dû au changement climatique. • Surveillance des populations d'oiseaux pour documenter des mesures de gestion futures. • Utilisation des techniques de télédétection pour surveiller les modifications de la végétation au sein de la ZSPA et dans un périmètre plus large. • Surveillance, à l'aide de la télédétection et de techniques complémentaires, les colonies de manchots empereurs afin d'identifier les refuges potentiels en réponse au changement climatique. • Surveillance à long terme des valeurs biologiques des ZSPA. • Surveillance à long terme afin de vérifier ou de détecter les impacts environnementaux liés aux activités humaines. • Surveillance à long terme et observations prolongées des changements environnementaux. • Surveillance cohérente et dédiée des impacts du tourisme. • Surveillance systématique et régulière des sites destinés aux visiteurs couverts par les Lignes directrices du site. • Surveillance à long terme des indicateurs biologiques sur les sites visités par les touristes.	

Question / Pression sur l'environnement : Gestion et protection de l'espace marin	
Priorité : 2	
Actions :	
1. Coopération entre le CPE et le CS-CAMLR sur des questions d'intérêt commun.	
2. Coopérer avec la CCAMLR dans le domaine de la biorégionalisation de l'océan Austral et d'autres domaines d'intérêt commun et sur les principes adoptés.	
3. Identifier et appliquer des procédures de gestion et de protection de l'espace marin.	
4. Examiner le lien entre la zone continentale et l'océan, et déterminer quelles actions complémentaires pourraient être prises par les Parties relativement aux AMP.	
Période intersession 2018-2019	• Discussions informelles menées par la Nouvelle-Zélande sur les questions ayant trait à la Résolution 5 (2017).
XXIIᵉ CPE 2019	• Examiner les résultats des discussions informelles.
Période intersession 2019-2020	
XXIIIᵉ CPE 2020	

Période intersession 2020-2021	
XXIVᵉ CPE 2021	
Période intersession 2021-2022	
XXVᵉ CPE 2022	
Période intersession 2022-2023	
XXVIᵉ CPE 2023	

Question / Pression sur l'environnement : Lignes directrices spécifiques aux sites visités par les touristes	
Priorité : 2	

Actions :
1. Examiner régulièrement la liste des lignes directrices de sites et déterminer si des lignes directrices doivent être développées pour d'autres sites.
2. Révision régulière de toutes les lignes directrices existantes du site pour s'assurer qu'elles sont correctes et à jour, notamment en incluant des mises à jour de prévoyance, le cas échéant.
3. Fournir un avis à la RCTA, comme demandé.
4. Revoir le format des lignes directrices relatives aux sites.

Période intersession 2018-2019	• Élaboration d'une liste de contrôle concernant les lignes directrices du site • Élaboration d'un répertoire de photos pour faciliter la révision régulière des lignes directrices du site
XXIIᵉ CPE 2019	• Point permanent de l'ordre du jour ; les Parties rendront compte de leur examen des lignes directrices relatives aux sites • Envisager une liste de contrôle pour faciliter la conduite d'examens des lignes directrices relatives aux sites sur le terrain
Période intersession 2019-2020	
XXIIIᵉ CPE 2020	• Point permanent de l'ordre du jour ; les Parties rendront compte de leur examen des lignes directrices relatives aux sites
Période intersession 2020-2021	
XXIVᵉ CPE 2021	• Point permanent de l'ordre du jour ; les Parties rendront compte de leur examen des lignes directrices relatives aux sites
Période intersession 2021-2022	
XXVᵉ CPE 2022	
Période intersession 2022-2023	
XXVIᵉ CPE 2023	

Besoins scientifiques en matière de connaissances et d'informations :
• Surveillance à long terme pour évaluer la situation et la récupération de la végétation sur l'île Barrientos.
• Surveillance systématique et régulière des sites destinés aux visiteurs couverts par les Lignes directrices du site.

Question / Pression sur l'environnement : Présentation du système de zones protégées		
Priorité : 2		
Actions : 1. Appliquer l'Analyse des domaines environnementaux (ADE) et les Régions de conservation biogéographiques de l'Antarctique (RCBA) afin d'améliorer le système des zones protégées. 2. Maintenir et développer la base de données des zones protégées. 3. Évaluer dans quelle mesure les zones importantes pour la conservation des oiseaux (ZICO) sont ou devraient être représentées dans la série de ZSPA.		
Période intersession 2018-2019	•	Plan pour un atelier conjoint du SCAR/CPE pour développer davantage le système de zones protégées de l'Antarctique qui se tiendra immédiatement avant la XXIIᵉ réunion du CPE
	•	Le Royaume-Uni mène les débats avec les Membres et les Observateurs intéressés, sur les zones spécialement protégées de l'Antarctique et les zones importantes pour la conservation des oiseaux
XXIIᵉ CPE 2019	•	Examiner les résultats de l'atelier conjoint du SCAR et du CPE sur la façon de développer encore plus le système de zones protégées de l'Antarctique
	•	Fournir un rapport à la RCTA sur l'état du réseau des zones protégées de l'Antarctique
	•	Examiner le rapport sur les travaux intersessions portant sur les zones spécialement protégées de l'Antarctique et les zones importantes pour la conservation des oiseaux
Période intersession 2019-2020		
XXIIIᵉ CPE 2020		
Période intersession 2020-2021		
XXIVᵉ CPE 2021		
Période intersession 2021-2022		
XXVᵉ CPE 2022		
Période intersession 2022-2023		
XXVIᵉ CPE 2023		
Besoins scientifiques en matière de connaissances et d'informations : • Continuer à élaborer des outils biogéographiques afin de fournir une base d'information solide sur la protection et la gestion de la région antarctique à l'échelle régionale et continentale, en tenant compte des changements climatiques, y compris identifier le besoin de réserver des zones témoins pour les recherches futures et définir les zones présentant une résilience aux changements climatiques. • Utilisation des techniques de télédétection pour surveiller les changements dans la végétation au sein de ZSPA et plus largement, pour alimenter la poursuite du développement du système de zones protégées en Antarctique.		

134

Question / Pression sur l'environnement : Sensibilisation et éducation	
Priorité : 2	

Actions :
1. Examiner les exemples actuels et identifier les occasions permettant d'élargir la portée des actions d'éducation et de sensibilisation.
2. Encourager les Membres à échanger des informations concernant leurs expériences dans ce domaine.
3. Mettre en place une stratégie et des lignes directrices pour l'échange d'information entre les Membres dans les domaines de l'éducation et de la sensibilisation dans une perspective à long terme.

Période intersession 2018-2019	
XXIIᵉ CPE 2019	• La Bulgarie devra attirer l'attention du Comité sur les résultats du GCI chargé de l'éducation et la sensibilisation ayant une pertinence directe pour les travaux du CPE
Période intersession 2019-2020	
XXIIIᵉ CPE 2020	
Période intersession 2020-2021	
XXIVᵉ CPE 2021	
Période intersession 2021-2022	
XXVᵉ CPE 2022	
Période intersession 2022-2023	
XXVIᵉ CPE 2023	

Question / Pression sur l'environnement : Mettre en œuvre et améliorer les dispositions de l'Annexe I relatives aux EIE	
Priorité : 2	

Actions :
1. Affiner le processus d'examen des EGIE et informer la RCTA de manière adéquate.
2. Développer des lignes directrices relatives à l'évaluation des impacts cumulatifs.
3. Réviser les lignes directrices des EIE et envisager une politique plus large, ainsi que d'autres questions.
4. Envisager l'application d'une évaluation environnementale stratégique en Antarctique.

Période intersession 2018-2019	• Mettre sur pied un GCI chargé d'examiner les projets d'EGIE, en tant que de besoin • Les Membres et les Observateurs travaillent pour obtenir des informations et les coordonner de façon à contribuer à l'élaboration d'orientations pour identifier et évaluer les impacts cumulatifs • Envisager les éventuelles modifications requises pour la base de données EIE pour améliorer son utilité
XXIIᵉ CPE 2019	• Discuter des changements à apporter à la base de données EIE en vue de présenter des propositions au Secrétariat • Examen des rapports du GCI sur les projets d'EGIE, en tant que de besoin
Période intersession 2019-2020	• Mettre sur pied un GCI chargé d'examiner les projets d'EGIE, en tant que de besoin • Les Membres et les Observateurs travaillent pour obtenir des informations et les coordonner de façon à contribuer à l'élaboration d'orientations pour identifier et évaluer les impacts cumulatifs
XXIIIᵉ CPE 2020	• Examen des rapports du GCI sur les projets d'EGIE, en tant que de besoin

Période intersession 2020-2021	• Mettre sur pied un GCI chargé d'examiner les projets d'EGIE, en tant que de besoin • Les Membres et les Observateurs travaillent pour obtenir des informations et les coordonner de façon à contribuer à l'élaboration d'orientations pour identifier et évaluer les impacts cumulatifs
XXIVe CPE 2021	• Demander au SCAR de fournir des conseils sur la façon de faire un sondage sur la condition environnementale de référence et prendre en compte leurs conseils au moment opportun • Examen des rapports du GCI sur les projets d'EGIE, en tant que de besoin
Période intersession 2021-2022	• Mettre sur pied un GCI chargé d'examiner les projets d'EGIE, en tant que de besoin • Les Membres et les Observateurs travaillent pour obtenir des informations et les coordonner de façon à contribuer à l'élaboration d'orientations pour identifier et évaluer les impacts cumulatifs
XXVe CPE 2022	• Inviter les parties à fournir des commentaires sur l'utilité de l'ensemble révisé de *Lignes directrices pour l'évaluation de l'impact sur l'environnement en Antarctique* dans la préparation des EIE • Examen des options pour préparer des orientations en matière d'identification et d'évaluation des impacts cumulatifs • Examen des rapports du GCI sur les projets d'EGIE, en tant que de besoin
Période intersession 2022-2023	• Mettre sur pied un GCI chargé d'examiner les projets d'EGIE, en tant que de besoin
XXVIe CPE 2023	• Examen des rapports du GCI sur les projets d'EGIE, en tant que de besoin

Question /Pression sur l'environnement : Désignation et gestion des sites et monuments historiques	
Priorité : 2	
Actions : 1. Tenir la liste à jour et envisager les nouvelles propositions lorsqu'elles se présentent. 2. Examiner les questions stratégiques comme il convient, y compris les questions relatives à la désignation de SMH en regard des dispositions du Protocole relatives au nettoyage. 3. Réviser la présentation de la liste de SMH dans le but d'améliorer l'accès aux informations.	
Période intersession 2018-2019	• L'Argentine et les États-Unis d'Amérique devront diriger le travail pour examiner le format de la liste des sites et monuments historiques
XXIIe CPE 2019	• Examiner une proposition de nouvelle présentation de la liste des sites et monuments historiques
Période intersession 2019-2020	• S'employer à examiner comment le CPE peut apporter de meilleurs plans de gestion de la conservation dans son ensemble d'outils pour protéger le patrimoine de l'Antarctique
XXIIIe CPE 2020	• Examiner les propositions portant sur la manière dont les plans de gestion de conservation peuvent contribuer à la gestion des SMH
Période intersession 2020-2021	• Examiner de quelle manière les évaluations d'impact sur l'environnement peuvent faire partie de l'évaluation de sites et monuments historiques
XXIVe CPE 2021	• Examiner les propositions relatives à l'EIE et au processus d'inscription de SMH
Période intersession 2021-2022	
XXVe CPE 2022	
Période intersession 2022-2023	
XXVIe CPE 2023	

Question / Pression sur l'environnement : Connaissances en matière de biodiversité	
Priorité : 3	
Actions :	
1. Poursuivre la sensibilisation aux menaces posées à la biodiversité. 2. Le CPE examinera les avis scientifiques complémentaires sur les nuisances causées à la faune sauvage.	
Période intersession 2018-2019	
XXIIe CPE 2019	• Discussion de la mise à jour du SCAR sur le bruit sous-marin
Période intersession 2019-2020	
XXIIIe CPE 2020	
Période intersession 2020-2021	
XXIVe CPE 2021	
Période intersession 2021-2022	
XXVe CPE 2022	
Période intersession 2022-2023	
XXVIe CPE 2023	

Besoins scientifiques en matière de connaissances et d'informations :

- Recherches sur les impacts environnementaux des systèmes d'aéronefs pilotés à distance (RPAS), en particulier sur les réactions de la faune sauvage :
    - un éventail d'espèces, y compris les oiseaux marins volants et les phoques ;
    - les réactions tant comportementales que physiologiques ;
    - les effets démographiques, y compris le nombre de reproducteurs et le succès de reproduction ;
    - les conditions environnementales ambiantes, comme le vent et le bruit ;
    - les effets des RPAS de différentes tailles et caractéristiques ;
    - la contribution du bruit des RPAS à la perturbation de la faune sauvage ;
    - des comparaisons avec des sites de contrôle et des perturbations humaines ;
    - les effets d'accoutumance.
- Collecte et soumission des données plus spatialement explicites sur la biodiversité.
- Recherche sur les impacts du bruit sous-marin sur les mammifères marins antarctiques.
- Synthèse des connaissances disponibles sur la biogéographie, la biorégionalisation et l'endémisme au sein de l'Antarctique.
- Des études spécifiques aux sites, ponctuelles et portant sur les espèces pour comprendre les impacts découlant des interactions entre les activités humaines et la faune sauvage et appuyer les lignes directrices fondées sur des données probantes pour éviter les perturbations.
- Inventaire des grottes de glace du mont Erebus et des communautés microbiennes.
- Recensements réguliers de la population et recherches visant à comprendre l'état et les tendances de la population de pétrels géants.

Question /Pression sur l'environnement : Protection des valeurs géologiques exceptionnelles	
Priorité : 3	
Actions : 1. Envisager de nouveaux mécanismes visant à la protection des valeurs géologiques exceptionnelles.	
Période intersession 2018-2019	
XXIIᵉ CPE 2019	• Examiner l'avis émis par le SCAR
Période intersession 2019-2020	
XXIIIᵉ CPE 2020	
Période intersession 2020-2021	
XXIVᵉ CPE 2021	
Période intersession 2021-2022	
XXVᵉ CPE 2022	
Période intersession 2022-2023	
XXVIᵉ CPE 2023	

Annexe 2

Ordre du jour prévisionnel pour le XXIIᵉ CPE (2019)

1. Ouverture de la Réunion
2. Adoption de l'ordre du jour
3. Débat stratégique sur les futurs travaux du CPE
4. Fonctionnement du CPE
5. Coopération avec d'autres organisations
6. Réparation et réhabilitation des dégâts causés à l'environnement
7. Conséquences du changement climatique sur l'environnement
    a. Approche stratégique
    b. Mise en œuvre et examen du Programme de travail en réponse au changement climatique
8. Évaluation d'impact sur l'environnement (EIE)
    a. Projets d'évaluations globales d'impact sur l'environnement
    b. Autres questions relatives aux EIE
9. Plans de gestion et protection des zones
    a. Plans de gestion
    b. Sites et monuments historiques
    c. Lignes directrices pour les visites de site
    d. Gestion et protection de l'espace marin
    e. Autres questions relevant de l'Annexe V
10. Conservation de la faune et de la flore antarctiques
    a. Quarantaine et espèces non indigènes
    b. Espèces spécialement protégées
    c. Autres questions relevant de l'Annexe II
11. Suivi environnemental et rapports
12. Rapports d'inspection
13. Questions diverses
14. Élection des membres du Bureau
15. Préparation de la prochaine réunion
16. Adoption du rapport
17. Clôture de la réunion

3. Appendices

Ordre du jour provisoire de la XLIIe RCTA, groupes de travail et répartition des points de l'ordre du jour

Plénière

1. Ouverture de la Réunion

2. Élection des membres du bureau et mise sur pied des groupes de travail

3. Adoption de l'ordre du jour, répartition des points de l'ordre du jour entre les groupes de travail et examen du Plan de travail stratégique pluriannuel

4. Fonctionnement du Système du Traité sur l'Antarctique : Rapports des Parties, des Observateurs et des Experts

5. Rapport du Comité pour la protection de l'environnement

Groupe de travail 1 : (*Politique, juridique, institutionnel*)

6. Fonctionnement du Système du Traité sur l'Antarctique : Questions générales

7. Fonctionnement du Système du Traité sur l'Antarctique : Questions liées au Secrétariat

8. Responsabilité

9. Prospection biologique en Antarctique

10. Échange d'informations

11. Questions éducatives

12. Plan de travail stratégique pluriannuel

Groupe de travail 2 : (*Science, opérations, tourisme*)

13. Sécurité et opérations en Antarctique

14. Inspections effectuées en vertu du Traité sur l'Antarctique et du Protocole relatif à la protection de l'environnement

15. Questions scientifiques, défis scientifiques à venir, coopération et facilitation scientifique

16. Conséquences du changement climatique pour la gestion de la zone du Traité sur l'Antarctique

17. Tourisme et activités non gouvernementales dans la zone du Traité sur l'Antarctique, y compris les questions relatives aux autorités compétentes

Plénière

18. Préparation de la XLIIIe RCTA

19. Autres questions

20. Adoption du rapport final

21. Clôture de la réunion

Appendice 2

Communiqué du pays hôte

La 41ᵉ Réunion consultative du Traité sur l'Antarctique (XLIᵉ RCTA) a eu lieu à Buenos Aires, en Argentine, du 16 au 18 mai 2018. La réunion était présidée par l'Ambassadrice María Teresa Kralikas, sous-secrétaire du ministère argentin des Affaires étrangères et du Culte. La 21ᵉ réunion du Comité pour la protection de l'environnement (CPE) s'est tenue du 13 au 15 mai 2018, et était présidée par M. Ewan McIvor (Australie). Les réunions qui ont eu lieu au Palacio San Martín ont été organisées par le ministère des Affaires étrangères et du Culte, et très efficacement secondées par le Secrétariat du Traité sur l'Antarctique.

Des participants représentant 53 Parties au Traité sur l'Antarctique, des observateurs et des experts issus d'organisations internationales ont été invités à assister à la réunion annuelle. L'Ambassadeur Jorge Faurie, chef du ministère des Affaires étrangères de l'Argentine a officiellement ouvert la XLIᵉ RCTA le 16 mai 2018 et a offert une réception de bienvenue au Palacio San Martín, où il était accompagné d'autres autorités gouvernementales.

En raison de changements inopinés survenus dans le programme régulier initialement prévu, les réunions de la XLIᵉ RCTA et du 21e CPE ont à cette occasion travaillé en vertu d'un programme réduit, ce qui ne les a pas empêchées d'aborder les questions les plus pertinentes figurant à leur ordre du jour. Les discussions de la RCTA ont porté sur : le fonctionnement du système du Traité sur l'Antarctique, la prospection biologique en Antarctique, les inspections menées en vertu du Traité sur l'Antarctique, et les tendances du tourisme et les impacts environnementaux dans la zone du Traité sur l'Antarctique, ainsi que la mise à jour du plan de travail stratégique pluriannuel. Le CPE a discuté de l'impact environnemental des activités humaines, y compris la construction de nouvelles installations, la gestion du tourisme et l'exploitation des véhicules sans pilote ; de la gestion des zones protégées et de la conservation du patrimoine antarctique, et des aspects environnementaux des rapports d'inspection.

Mᵐᵉ Birgit Njåstad, de la Norvège, a été élue Présidente du CPE pour la période 2018-2020. Les Parties ont adressé leurs félicitations à Mᵐᵉ Njåstad et leur reconnaissance pour l'excellent travail fourni par M. McIvor au cours des quatre dernières années. Mᵐᵉ Patricia Ortúzar, de l'Argentine, a été réélue au poste de Vice-présidente du CPE.

Les Parties ont félicité le Comité scientifique pour la recherche en Antarctique (SCAR) à l'occasion de son 60ᵉ anniversaire, et le Conseil des directeurs des programmes nationaux de l'Antarctique (COMNAP) à l'occasion de son 30ᵉ anniversaire. Toutes deux constituent des organisations majeures du système du Traité sur l'Antarctique.

Les Parties ont remercié l'Argentine d'avoir organisé la XLIᵉ RCTA et la 21ᵉ réunion du CPE, dans des circonstances exceptionnelles et dans un délai aussi court, ainsi que pour la qualité des installations mises à leur disposition pour la réunion.

La prochaine RCTA sera accueillie par la République tchèque en juillet 2019.

DEUXIÈME PARTIE
Mesures, décisions et résolutions

1. Mesures

Zone spécialement protégée de l'Antarctique n° 108
(île Green, îles Berthelot, péninsule antarctique) : Plan de gestion révisé

Les représentants,

Rappelant les articles 3, 5 et 6 de l'Annexe V du Protocole au Traité sur l'Antarctique relatif à la protection de l'environnement qui disposent de la désignation des Zones spécialement protégées de l'Antarctique (« ZSPA ») et de l'adoption des plans de gestion pour ces zones ;

Rappelant

- la Recommandation IV-9 (1966) qui a désigné l'île Green, îles Berthelot, péninsule antarctique comme Zone spécialement protégée (« ZSP ») n° 9 ;
- la Recommandation XVI-6 (1991), qui a mis en annexe le Plan de gestion de la zone ;
- la Décision 1 (2002) qui a renommé et renuméroté la ZSP n° 9 en ZSPA n° 108 ;
- la Mesure 1 (2002) et la Mesure 1 (2013), qui ont adopté des plans de gestion révisés pour la ZSPA n° 108 ;

Rappelant que la Résolution IV-9 (1966) a été désignée comme caduque par la Décision 1 (2011) et que la Recommandation XVI-6 (1991) n'est pas entrée en vigueur et a été retirée par la Décision 3 (2017) ;

Notant que le Comité pour la protection de l'environnement a approuvé un plan de gestion révisé pour la ZSPA n° 108 ;

Désireux de remplacer le plan de gestion existant pour la ZSPA n° 108 par le plan de gestion révisé ;

Recommandent à leurs gouvernements d'approuver la Mesure suivante, conformément au paragraphe 1 de l'article 6 de l'Annexe V du Protocole au Traité sur l'Antarctique relatif à la protection de l'environnement :

Que :

1. le Plan de gestion révisé pour la Zone spécialement protégée de l'Antarctique n° 108 (île Green, îles Berthelot, péninsule antarctique), joint à la présente Mesure, soit approuvé ; et que

2. le Plan de gestion pour la Zone spécialement protégée de l'Antarctique n° 108 joint à la Mesure 1 (2013) soit révoqué.

Zone spécialement protégée de l'Antarctique n° 117
(île Avian, baie Marguerite, péninsule antarctique) :
Plan de gestion révisé

Les Représentants,

Rappelant les articles 3, 5 et 6 de l'Annexe V du Protocole au Traité sur l'Antarctique relatif à la protection de l'environnement, qui disposent de la désignation des Zones spécialement protégées de l'Antarctique (« ZSPA ») et de l'adoption des plans de gestion pour ces zones ;

Rappelant

- la Recommandation XV-6 (1989), qui a désigné l'île Avian, nord-ouest de la baie Marguerite comme site présentant un intérêt scientifique particulier (« SISP ») n° 30 et a mis en annexe le plan de gestion du site ;
- la Recommandation XVI-4 (1991), qui a rebaptisé le SISP n° 30 comme zone spécialement protégée (« ZSP ») n° 21 et a annexé un plan de gestion révisé pour la zone ;
- la Décision 1 (2002) qui a renommé et renuméroté la ZSP n° 21 en ZSPA n° 117 ;
- la Mesure 1 (2002) et la Mesure 2 (2013), qui ont adopté des plans de gestion révisés pour la ZSPA n° 117 ;

Rappelant que les Recommandations XV-6 (1989) et XVI-4 (1991) ne sont pas entrées en vigueur et ont été déclarées caduques par la Décision 1 (2011) ;

Notant que le Comité pour la protection de l'environnement a approuvé un plan de gestion révisé pour la ZSPA n° 117 ;

Désireux de remplacer le plan de gestion existant pour la ZSPA n° 117 par le plan de gestion révisé ;

Recommandent à leurs gouvernements d'approuver la Mesure suivante conformément au paragraphe 1 de l'article 6 de l'Annexe V du Protocole au Traité sur l'Antarctique relatif à la protection de l'environnement :

Que :

1. le plan de gestion révisé pour la Zone spécialement protégée de l'Antarctique n° 117 (île Avian, baie Marguerite, péninsule antarctique), en annexe à cette Mesure, soit approuvé ; et que

2. le plan de gestion pour la Zone spécialement protégée de l'Antarctique n° 117 annexé à la Mesure 2 (2013) soit révoqué.

Zone spécialement protégée de l'Antarctique n° 132
(péninsule Potter, île du Roi-George *[Isla 25 de Mayo]*, îles Shetland du Sud) : Plan de gestion révisé

Les Représentants,

Rappelant les articles 3, 5 et 6 de l'Annexe V du Protocole au Traité sur l'Antarctique relatif à la protection de l'environnement, qui disposent de la désignation des Zones spécialement protégées de l'Antarctique (« ZSPA ») et de l'adoption des plans de gestion pour ces zones ;

Rappelant

- la Recommandation XIII-8 (1985), qui désignait la péninsule Potter, île du Roi-George *(Isla de 25 Mayo),* îles Shetland du Sud comme Site présentant un intérêt scientifique particulier (« SISP ») n° 13 et annexait un plan de gestion pour le site ;
- la Mesure 3 (1997), qui a mis en annexe un plan de gestion révisé pour le SISP n° 13 ;
- la Décision 1 (2002), qui a renommé et renuméroté le SISP n° 13 en ZSPA n° 132 ;
- la Mesure 2 (2005) et la Mesure 4 (2013), qui ont adopté des plans de gestion révisés pour la ZSPA n° 132 ;

Rappelant que la Mesure 3 (1997) n'est pas encore entrée en vigueur ;

Prenant acte que le Comité pour la protection de l'environnement a approuvé un plan de gestion révisé pour la ZSPA n° 132 ;

Désireux de remplacer le plan de gestion existant pour la ZSPE n° 132 par le plan de gestion révisé ;

Recommandent à leurs gouvernements d'approuver la Mesure suivante conformément au paragraphe 1 de l'article 6 de l'Annexe V du Protocole au Traité sur l'Antarctique relatif à la protection de l'environnement :

Que :

1. le plan de gestion révisé pour la Zone spécialement protégée de l'Antarctique n° 132 (péninsule Potter, île du Roi-George [*Isla 25 de Mayo*], îles Shetland du Sud), en annexe à cette Mesure, soit approuvé ; et que

2. le plan de gestion pour la Zone spécialement protégée de l'Antarctique n° 132 annexé à la Mesure 4 (2013) soit révoqué.

Zone spécialement protégée de l'Antarctique n° 147
(vallée Ablation et mont Ganymède, île Alexandre) : Plan de gestion révisé

Les Représentants,

Rappelant les articles 3, 5 et 6 de l'Annexe V du Protocole au Traité sur l'Antarctique relatif à la protection de l'environnement, qui disposent de la désignation des Zones spécialement protégées de l'Antarctique (« ZSPA ») et de l'adoption des plans de gestion pour ces zones ;

Rappelant

- la Recommandation XV-6 (1989), qui a désigné la vallée Ablation et le mont Ganymède, île Alexandre, comme site présentant un intérêt scientifique particulier (« SISP ») n° 29 et a mis en annexe le plan de gestion du site ;
- la Résolution 3 (1996), qui a prorogé la date d'expiration du SISP n° 29 ;
- la Mesure 2 (2000) qui a prorogé la date d'expiration du plan de gestion du SISP n° 29 ;
- la Décision 1 (2002), qui a renommé et renuméroté le SISP n° 29 en ZSPA n° 147 ;
- la Mesure 1 (2002) et la Mesure 10 (2013), qui ont adopté des plans de gestion révisés pour la ZSPA n° 147 ;

Rappelant que la Recommandation XV-6 (1989) et la Résolution 3 (1996) ont été déclarées caduques par la Décision 1 (2011) ;

Rappelant que la Mesure 2 (2000) n'est pas entrée en vigueur et a été retirée par la Mesure 5 (2009) ;

Prenant acte que le Comité pour la protection de l'environnement a approuvé un plan de gestion révisé pour la ZSPA n° 147 ;

Désireux de remplacer le plan de gestion existant pour la ZSPE nº 147 par le plan de gestion révisé ;

Recommandent à leurs gouvernements d'approuver la Mesure suivante conformément au paragraphe 1 de l'article 6 de l'Annexe V du Protocole au Traité sur l'Antarctique relatif à la protection de l'environnement :

Que :

1. le plan de gestion révisé pour la Zone spécialement protégée de l'Antarctique nº 147 (vallée Ablation et mont Ganymède, île Alexandre), joint à la présente Mesure, soit approuvé ; et

2. le plan de gestion pour la Zone spécialement protégée de l'Antarctique nº 147 annexé à la Mesure 10 (2013) soit révoqué.

Zone spécialement protégée de l'Antarctique n° 170
(Nunataks Marion, île Charcot, péninsule antarctique) : Plan de gestion révisé

Les Représentants,

Rappelant les articles 3, 5 et 6 de l'Annexe V du Protocole au Traité sur l'Antarctique relatif à la protection de l'environnement qui disposent de la désignation des Zones spécialement protégées de l'Antarctique (« ZSPA ») et de l'adoption des plans de gestion pour ces zones ;

Rappelant

- la Mesure 4 (2008) qui désignait les nunataks Marion, l'île Charcot, la péninsule antarctique comme ZSPA n° 170 et adoptait un plan de gestion pour cette Zone ;
- la Mesure 16 (2013), qui a adopté un plan de gestion révisé pour la ZSPA n° 170 ;

Notant que le Comité pour la protection de l'environnement a approuvé un plan de gestion révisé pour la ZSPA n° 170 ;

Désireux de remplacer le plan de gestion existant pour la ZSPA n° 170 par le plan de gestion révisé;

Recommandent à leurs gouvernements la Mesure suivante pour approbation conformément au paragraphe 1 de l'article 6 de l'Annexe V du Protocole au Traité sur l'Antarctique relatif à la protection de l'environnement :

Que :

1. le plan de gestion révisé pour la Zone spécialement protégée de l'Antarctique n° 170 (Nunataks Marion, île Charcot, péninsule antarctique), joint à la présente Mesure, soit approuvé ; et

2. le plan de gestion pour la Zone spécialement protégée de l'Antarctique n° 170 annexé à la Mesure 16 (2013) soit révoqué.

Zone spécialement protégée de l'Antarctique n° 172
(partie inférieure du glacier Taylor et Blood Falls de la vallée Taylor, dans les vallées sèches de McMurdo en terre Victoria) : Plan de gestion révisé

Les Représentants,

Rappelant les articles 3, 5 et 6 de l'Annexe V du Protocole au Traité sur l'Antarctique relatif à la protection de l'environnement qui disposent de la désignation des Zones spécialement protégées de l'Antarctique (« ZSPA ») et de l'adoption des plans de gestion pour ces zones ;

Rappelant la Mesure 9 (2012) qui a désigné la Partie inférieure du glacier et les Blood Falls de la vallée Taylor, vallées sèches de McMurdo, terre Victoria comme la ZSPA n° 172 et a adopté un plan de gestion pour la Zone ;

Notant que le Comité pour la protection de l'environnement a approuvé un plan de gestion révisé pour la ZSPA n° 172 ;

Désireux de remplacer le plan de gestion existant pour la ZSPA n° 172 avec le plan de gestion révisé ;

Recommandent à leurs gouvernements la Mesure suivante pour approbation conformément au paragraphe 1 de l'article 6 de l'Annexe V du Protocole au Traité sur l'Antarctique relatif à la protection de l'environnement :

Que :

1. le plan de gestion révisé pour la Zone spécialement protégée de l'Antarctique n° 172 (Partie inférieure du glacier et Blood Falls de la vallée Taylor, vallées sèches de McMurdo, terre Victoria), joint à la présente Mesure, soit approuvé ; et

2. le plan de gestion pour la Zone spécialement protégée de l'Antarctique
    nº 172 annexé à la Mesure 9 (2012) soit révoqué.

2. Décisions

Rapport, programme et budget du Secrétariat

Les Représentants,

Rappelant la Mesure 1 (2003) relative à la création du Secrétariat du Traité sur l'Antarctique ;

Rappelant la Décision 2 (2012) sur la création du Groupe de contact intersessions à composition non limitée sur les questions financières, dont la présidence revient au prochain pays organisateur de la Réunion consultative du Traité sur l'Antarctique (« la RCTA ») ;

Gardant à l'esprit le Règlement financier du Secrétariat, présenté en annexe de la Décision 4 (2003) ;

Décident :

1. d'approuver le Rapport financier vérifié pour 2016-2017, annexé à la présente Décision (Annexe 1) ;

2. de prendre note du Rapport 2017-2018 du Secrétariat, qui comprend le Rapport financier provisoire pour 2017-2018, annexé à la présente Décision (Annexe 2) ;

3. de prendre note du profil budgétaire prévisionnel quinquennal pour la période 2019-2020 à 2023-2024, et d'approuver le Programme du Secrétariat pour 2018-2019, qui comprend le budget pour l'exercice 2018-2019, annexé à la présente Décision (Annexe 3) ; et

4. d'inviter le pays hôte de la prochaine Réunion consultative du Traité sur l'Antarctique à demander au Secrétaire exécutif d'ouvrir le forum de la RCTA pour le Groupe de contact intersessions à composition non limitée sur les questions financières et de lui apporter l'assistance dont il aurait besoin.

Rapport financier certifié 2016-2017

Rapport de l'auditeur

À l'attention du : Secrétaire du Traité sur l'Antarctique

Maipu 757, 4° piso

CUIT (n° de contribuable) 30-70892567-1

Objet : XLIe RCTA - XXIe réunion du CPE, Réunion consultative du Traité sur l'Antarctique, 2018 - Buenos Aires, Argentine

1. Rapport sur les états financiers

Nous avons audité les états financiers du Secrétariat du Traité sur l'Antarctique joints au présent rapport, lesquels comprennent : la situation des recettes et des dépenses, l'état de position financière, l'évolution des capitaux propres, les flux de trésorerie et les notes explicatives pour la période allant du 1er avril 2016 au 31 mars 2017.

2. Responsabilité de la direction pour les états financiers

Le Secrétariat du Traité sur l'Antarctique, créé conformément à la loi argentine n° 25 888 du 14 mai 2004, est chargé de préparer et de présenter les états financiers figurant en annexe, conformément aux principes comptables fondés sur les opérations de trésorerie, et dans le respect des normes internationales de comptabilité et des normes spécifiques aux Réunions consultatives du Traité sur l'Antarctique. Cette responsabilité consiste en : l'élaboration, la mise en œuvre et le maintien des dispositions relatives au contrôle interne de l'élaboration et de présentation sincère des états financiers de telle sorte que le rapport des états financiers ne soit pas sujet à caution pour cause de fraude ou d'erreur. La responsabilité implique également le choix et l'application de politiques comptables appropriées et l'élaboration d'une comptabilité prévisionnelle raisonnable pour les circonstances.

3. Responsabilité de l'auditeur

Notre responsabilité consiste à émettre une opinion sur lesdits états financiers en fonction de l'audit qui a été effectué.

L'audit a été réalisé conformément aux normes internationales d'audit et à l'Annexe à la Décision 3 (2012) de la XXXIe Réunion consultative du Traité sur l'Antarctique laquelle décrit les tâches de l'audit externe.

Ces normes requièrent le respect de règles éthiques ainsi que la planification et l'exécution de l'audit de manière à apporter la garantie raisonnable que les états financiers sont exempts de fausses déclarations.

Un audit implique par ailleurs l'exécution de procédures dont le but est de réunir des preuves concernant les montants et les postes de transactions renseignés dans les états financiers. Les procédures choisies dépendent du bon jugement de l'auditeur et de l'évaluation de risques d'erreurs significatives dans les états financiers.

Dans le cadre de l'évaluation de tels risques, l'auditeur prend en compte le contrôle interne de l'élaboration et de la présentation objective des états financiers réalisé par l'organisation, lors du choix des procédures à appliquer. En effet, ces procédures doivent être adaptées aux circonstances.

L'audit consiste en outre à évaluer le respect des principes comptables et l'adéquation des prévisions effectuées à des fins de gestion. L'évaluation porte également sur la présentation globale des états financiers.

Nous pensons que les preuves ainsi obtenues constituent une base suffisante pour émettre une opinion d'audit.

4. Opinion

Selon notre appréciation, les états financiers du Secrétariat du Traité sur l'Antarctique figurant en annexe pour l'exercice clos le 31 mars 2017 ont été élaborés, dans tous les aspects significatifs, conformément aux normes internationales de comptabilité, aux normes spécifiques aux Réunions consultatives du Traité sur l'Antarctique et aux principes comptables fondés sur les opérations de trésorerie.

5. Autres sujets

Les informations sur la Note 1 des états financiers joints révèlent que ceux-ci ont été préparés par le Secrétariat du Traité sur l'Antarctique conformément aux dispositions de la réglementation financière annexée à la Décision 4 (2003), qui diffèrent, en termes d'évaluation spécifique et de présentation, des normes de comptabilité applicables et en vigueur à Buenos Aires, en République d'Argentine.

6. Informations supplémentaires requises par la loi

Conformément à l'analyse présentée dans la section 3, nous rendons compte que les états financiers mentionnés ci-dessus émanent de registres qui ne sont pas transcrits sur des livres comptables en vertu des normes argentines en vigueur.

Nous rendons également compte que, selon la comptabilité au 31 mars 2017, les passifs accumulés pour le système unique de sécurité sociale d'Argentine en pesos argentins, et conformément aux calculs effectués par le Secrétariat, s'élevaient à 174 375,28 ARS (11 177,90 USD), somme qui était non due et non exigible en pesos argentins à cette date.

Il convient de noter que les relations de travail sont gouvernées par le Statut du personnel du Secrétariat du Traité sur l'Antarctique.

Ville de Buenos Aires, 12 avril 2018

[signature]

Héctor Horacio Canaveri

Expert-comptable agréé (U.M.)

1. État des recettes et des dépenses de tous les fonds pour la période allant du 1er avril 2016 au 31 mars 2017, comparativement à l'année précédente.

		Budget	
RECETTES	31/03/2016	31/03/2017	31/03/2017
Contributions (Note 10)	1,378,099	1,378,097	1,378,097
Autres recettes (Note 2)	13,956	2,000	59,182
Recettes totales	1,392,055	1,380,097	1,437,279
DÉPENSES			
Salaires et traitements	692,454	716,869	699,021
Services T&I	304,821	326,326	302,260
Frais de déplacement et de séjour	92,238	99,000	70,972
Technologie de l'information	39,259	53,000	38,569
Paiement des frais d'impression, d'édition et de reprographie	23,963	25,194	16,650
Services généraux	53,818	45,549	77,443
Communications	20,827	21,204	17,890
Frais de bureau	25,772	23,690	18,138
Gestion	7,101	21,955	9,307
Frais de représentation	4,154	4,000	4,473
Financement	2,251	11,893	7,881
Total des dépenses	1,266,656	1,348,680	1,262,603
DOTATIONS DES FONDS			
Fonds de licenciement du personnel	32,988	31,417	31,419
Fonds de remplacement du personnel	-	-	-
Fonds de roulement	-	-	-
Fonds pour risques et charges	-	-	-
Total dotations des fonds	32,988	31,417	31,419
Frais & dotations totaux	1,299,644	1,380,097	1,294,022
Excédant pour la période	92,412	-	143,257

Ce tableau doit être lu de concert avec les NOTES 1 à 10 jointes.

2. État de la situation financière au 31 mars 2017, comparativement à l'année précédente.

Actifs	31/03/2016	31/03/2017
Actifs courants		
Trésorerie et équivalents de trésorerie (Note 3)	1,227,598	1,462,262
Contributions dues (Note 9 et 10)	136,347	40,649
Autres créances (Note 4)	44,805	32,800
Autres actifs courants (Note 5)	65,550	115,523
Total actifs courants	1,474,300	1,651,235
Actifs non courants		
Actifs immobilisés (Note 1.3 et 6)	100,459	89,397
Total actifs non courants	100,459	89,397
Total actifs	1,574,760	1,740,632

PASSIFS

	31/03/2016	31/03/2017
Passifs courants		
Créances (Note 7)	17,163	25,358
Contributions versées à l'avance (Note 10)	347,173	376,722
Fonds volontaire spécial pour objectifs spécifiques (Note 1.9)	14,546	22,889
Salaires et contributions à verser (Note 8)	73,345	29,511
Total des passifs courants	452,227	454,480
Passifs immobilisés		
Fonds de licenciement du personnel (Note 1.4)	240,181	271,600
Fonds de remplacement du personnel (note 1.5)	50,000	50,000
Fonds de réserve (Note 1.6)	30,000	30,000
Fonds de remplacement des actifs immobilisés (note 1.7)	34,163	23,101
Total passifs immobilisés	354,344	374,701
Total passifs	806,571	829,181
ACTIFS NETS	768,189	911,451

Ce tableau doit être lu de concert avec les NOTES 1 à 10 jointes.

3. État de l'evolution de l'actif net au 31 mars 2016 et 2017.

Représenté par	Actifs nets 31/03/2016	Recettes	Dépenses et Dotations	Autre Recettes	Actifs nets 31/03/2017
Fonds général	538,237	1,378,097	-1,294,022	59,187	681,499
Fonds de roulement (Note 1.8)	229,952		-		229,952
Actifs nets	768,189				911,451

Ce tableau doit être lu de concert avec les NOTES 1 à 10 jointes.

4. Tableau des flux de trésorie pour le période allant du 1ᵉʳ avril 2016 au 31 mars 2017, comparativement à l'année précédente.

Flux de trésorerie & équivalents de trésorerie		31/03/2017	31/03/2016
Trésorerie & équivalents de trésorerie au début de l'exercice		1,227,598	
Trésorerie & équivalents de trésorerie en fin d'exercice		1,462,262	
Augmentation nette en trésorerie & équivalents de trésorerie		234,664	170,428
Causes des flux de trésorerie & équivalents de trésorerie			
Activités d'exploitation			
Contributions perçues	1,086,686		
Paiement de salaires et traitements	-746,795		
Paiement des services de traduction	-302,260		
Paiement de voyage, hébergement, etc..	-71,148		
Paiement pour impression, édition, reprographie	-16,650		
Paiement des services généraux	-30,855		
Autres paiements alloués aux fournisseurs	-57,077		
Net de trésorerie & équivalents de trésorerie résultant de l'activité d'exploitation		-138,099	-157,497
Activités d'investissement			
Acquisition d'actifs immobilisés	-35,921		
Net de trésorerie & équivalents de trésorerie résultant de l'activité d'investissement		-35,921	-38,362
Activités de financement			
Contributions versées à l'avance	376,722		
Recouvrement art. 5.6 du Statut du personnel	182,980		
Paiement art. 5.6 du Statut du personnel	-162,698		
Pré-paiement bail net	29,966		
Remboursement net de l'AFIP	-15,951		
Recettes accessoires	5,516		
Net de trésorerie & équivalents de trésorerie résultant des activités de financement		416,535	367,995
Activités en devises étrangères			
Perte nette	-7,852		
Net de trésorerie & équivalents de trésorerie résultant des activités en devises étrangè		-7,852	-1,260
Augmentation nette en trésorerie & équivalents de trésorerie		234,664	170,428

Ce tableau doit être lu de concert avec les NOTES 1 à 10 jointes.

NOTES AFFÉRENTES AUX ÉTATS FINANCIERS AU 31 MARS 2016 et 2017

1 BASE POUR L'ÉLABORATION DES ÉTATS FINANCIERS

Ces états financiers sont exprimés en dollars des États-Unis, conformément aux lignes directrices
établies dans le Règlement financier, annexées à la Décision 4 (2003). Ces états financiers ont été élaborés
conformément aux normes internationales d'information financière (IFRS), publiées par le Conseil international des normes comptables
(IASB).

1,1 Coût historique

Ces états financiers ont été élaborés conformément à la convention du coût historique, sauf autre disposition expressément
mentionnée.

1,2 Bureaux

Les bureaux du Secrétariat sont mis à disposition par le ministère des Affaires étrangères, du Commerce international et du Culte de la
République d'Argentine. Ces locaux sont exemptés de loyer et de charges communes.

1,3 Actifs immobilisés

Tous les biens sont estimés selon leur coût historique, moins l'amortissement cumulé. L'amortissement est
calculé linéairement à des taux annuels estimés pour passer les actifs par pertes et profits
sur leur durée de vie utile. La valeur résiduelle cumulée des actifs immobilisés n'excède pas leur valeur d'usage.

1,4 Fonds de licenciement du personnel exécutif

Conformément à la section 10.4 du Statut du personnel, ce fonds doit être suffisamment approvisionné pour indemniser
les membres du personnel exécutif à hauteur d'un mois de salaire de référence par année de service.

1,5 Fonds de remplacement du personnel

Ce fonds sert à couvrir les frais de déplacement du personnel exécutif du Secrétariat à destination et en provenance du
Secrétariat.

1,6 Fonds pour risques et charges

Conformément à la Décision 4 (2009), ce fonds a été créé pour couvrir les frais de traduction provenant de
l'augmentation inattendue du volume des documents déposés auprès de la RCTA à des fins de traduction.

1,7 Fonds de remplacement des actifs immobilisés

Conformément aux normes IAS, les actifs dont la durée de vie utile s'étend au-delà de l'exercice en cours doivent être renseignés comme actifs dans
l'état de la situation financière. Jusqu'en mars 2010, la contrepartie était un ajustement au niveau du fonds général. À compter d'avril 2010,
la contrepartie doit être présentée comme passif sous cette rubrique.

1,8 Fonds de roulement

Conformément au Règlement financier 6.2 (a), le fonds doit être maintenu à un sixième (1/6) du budget pour
l'exercice financier en cours. Ce fonds n'a subi aucune modification lors de l'exercice en cours.

1,9 Fonds spécial volontaire pour des objectifs spécifiques

Art. 82 du rapport final de la XXXVe RCTA, concernant la réception de contributions volontaires par les Parties.
Le fonds de contributions volontaires se rapporte à l'argent utilisé pour payer les loyers de location et les dépenses communes pour l'exercice financier.

1,10 Contribution spéciale du Chili

Le gouvernement du Chili et le Secrétariat ont consenti à employer les services de rapporteurs internationaux pour la XXXIXe RCTA.
Ces coûts seront assumés par le gouvernement du Chili, et seront réglés sous forme d'une contribution spéciale.

NOTES AFFÉRENTES AUX ÉTATS FINANCIERS AU 31 MARS 2016 et 2017

		31/03/2016	31/03/2017
2	**Autres revenus**		
	Intérêts perçus	13.810	4.786
	Contribution spéciale du Chili (Note 1.10)	-	54.000
	Escomptes obtenus	146	396
	Total	13.956	59.182
3	**Trésorerie et équivalents de trésorerie**		
	Trésorerie en dollars des États-Unis	965	2.125
	Trésorerie en pesos argentins	63	153
	Compte spécial à la BNA en dollars des États-Unis	611.910	1.442.553
	Compte à la BNA en pesos argentins	34.327	17.431
	Investissements	580.334	-
	Total	1.227.598	1.462.262
4	**Autres créances**		
	Statut du personnel, art. 5.6	44.807	32.800
5	**Autres actifs courants**		
	Paiements anticipés	8.848	44.293
	Crédit de TVA	51.995	66.234
	Autres créances à recouvrer	4.706	4.995
	Total	65.550	115.523
6	**Actifs immobilisés**		
	Livres et abonnements	10.406	14.085
	Matériel de bureau	37.234	40.826
	Mobilier	49.818	50.971
	Matériel informatique et logiciels	135.452	141.788
	Coût initial total	232.910	247.670
	Amortissements cumulés	-132.451	-158.272
	Total	100.459	89.397
7	**Comptes payables**		
	Commerce	5.022	9.815
	Frais cumulés	11.991	11.267
	Autre	150	4.275
	Total	17.163	25.358
8	**Salaires et contributions à verser**		
	Rémunération	38.774	9.001
	Contributions	34.579	20.510
	Total	73.353	29.511

9 Contributions non perçues

À la fin de chaque année, il y a des contributions non réglées. Cela implique que le fonds général est augmenté d'un montant égal aux contributions non réglées. En application des dispositions du Règlement financier 6 (3), « ... Notifier les Parties consultatives de tout excédent de trésorerie dans le fonds général », 40 649 USD doivent être déduits pour l'exercice terminé le 31 mars 2017. Cette déduction s'élevait à 136 347 USD dans l'exercice précédent.

NOTES AFFÉRENTES AUX ÉTATS FINANCIERS AU 31 MARS 2016 et 2017

10 Contributions dues, engagées, versées ou reçues à l'avance

Contributions Parties	Dues 31/03/2016	Engagées Mitt.	Annulées $	Dues 31/03/2017	Prépayées 31/03/2017
Argentine		60.347	60.347	-	-
Australie	25	60.347	60.347	25	60.347
Belgique	50	40.021	40.021	50	-
Brésil	40.236	40.021	79.930	327	-
Bulgarie		33.923	33.923	-	-
République tchèque		40.021	40.021	-	-
Chili		46.119	46.119	-	-
Chine	25	46.119	46.119	25	-
Équateur		33.923	33.923	-	-
Finlande		40.021	40.021	-	40.001
France		60.347	60.335	12	-
Allemagne	12	52.217	52.216	13	-
Inde	75	46.119	46.119	75	-
Italie	25	52.217	52.242	-	-
Japon		60.347	60.347	-	-
Corée		40.021	40.021	-	-
Pays-Bas		46.119	46.119	-	-
Nouvelle-Zélande	-20	60.347	60.342	-15	60.322
Norvège	60	60.347	60.407	-	60.347
Pérou	1.162	33.923	35.085	-	19.116
Pologne		40.021	39.996	25	-
Russie		46.119	46.119	-	-
Afrique du Sud		46.119	46.119	-	-
Espagne		46.119	46.119	-	-
Suède		46.119	46.119	-	-
Ukraine	94.606	40.021	134.627	-	15.895
Royaume-Uni		60.347	60.347	-	60.347
É.-U. d'Amérique	25	60.347	60.347	25	60.347
Uruguay	66	40.021	-	40.087	-
Total	136.347	1.378.097	1.473.797	40.649	376.722

Dr Manfred Reinke   Roberto Alan Fennell
Secrétaire exécutif   Directeur financier

Rapport financier provisoire 2017-2018

Estimation des recettes et des dépenses de tous les fonds pour la période du 1ᵉʳ avril 2017 au 31 mars 2018.

POSTES BUDGÉTAIRES	États financiers vérifiés 2016-2017	Budget 2017-2018	États financiers provisoires 2017-2018
RECETTES			
CONTRIBUTIONS annoncées	$ -1,378,097	$ -1,378,097	$ -1,378,097
*) Autres recettes	$ -59,182	$ -53,000	$ -53,000
Recettes totales	$ -1,437,279	$ -1,431,097	$ -1,431,097
DÉPENSES			
SALAIRES			
Personnel exécutif	$ 336,376	$ 326,636	$ 326,637
Personnel général	$ 327,459	$ 362,892	$ 358,968
Personnel de soutien à la RCTA	$ 18,810	$ 21,160	$ 20,743
Stagiaires	$ 2,738	$ 9,600	$ 800
Dépassement horaire	$ 13,638	$ 16,000	$ 15,151
	$ 699,021	$ 736,288	$ 722,299
TRADUCTION ET INTERPRÉTATION			
Traduction et interprétation	$ 302,260	$ 316,388	$ 291,085
DÉPLACEMENTS			
Voyages	$ 70,972	$ 103,000	$ 107,381
TECHNOLOGIES DE L'INFORMATION			
Matériel informatique	$ 5,028	$ 10,000	$ 10,455
Logiciel	$ 2,116	$ 6,000	$ 2,896
Développement	$ 23,128	$ 22,000	$ 22,834
Maintenance du matériel informatique et d	$ 1,850	$ 2,250	$ 2,706
Aide	$ 6,447	$ 7,500	$ 7,208
	$ 38,569	$ 47,750	$ 46,099
IMPRESSION, ÉDITION ET REPRODUCTION			
Rapport final	$ 14,276	$ 20,000	$ 16,525
Compilation	$ 2,374	$ 2,500	$ 662
Lignes directrices pour les sites	$ 0	$ 3,205	$ 1,288
	$ 16,650	$ 25,705	$ 18,475
SERVICES GÉNÉRAUX			
Conseil juridique	$ 1,123	$ 3,000	$ 1,322
Audit externe	$ 9,207	$ 11,139	$ 9,236
*) Services de rapporteur	$ 44,247	$ 0	$ 0
Nettoyage, entretien et sécurité	$ 10,209	$ 11,000	$ 8,300
Formation	$ 3,950	$ 8,000	$ 6,774
Opérations bancaires	$ 6,203	$ 9,983	$ 8,022
Location de matériel	$ 2,503	$ 3,042	$ 2,503
	$ 77,442	$ 46,164	$ 36,157
COMMUNICATION			
Téléphone	$ 5,010	$ 7,210	$ 5,563
Internet	$ 3,176	$ 2,500	$ 2,353
Hébergement Internet	$ 7,680	$ 8,500	$ 7,650
Affranchissement	$ 2,024	$ 2,785	$ 2,247
	$ 17,890	$ 20,995	$ 17,813

	États financiers vérifiés 2016-2017		Budget 2017-2018		États financiers provisoires 2017-2018	

BUREAU

Fournitures de bureau	$	3,480	$	4,789	$	6,243
Livres et abonnements	$	1,507	$	3,342	$	1,570
Assurance	$	3,644	$	4,326	$	3,034
Mobilier	$	97	$	1,255	$	0
Matériel de bureau	$	3,907	$	4,455	$	1,679
Amélioration du bureau	$	5,503	$	2,785	$	0
	$	**18,138**	**$**	**20,952**	**$**	**12,526**

ADMINISTRATION

Fournitures de bureau	$	3,063	$	5,013	$	2,653
Transport local	$	426	$	890	$	791
Divers	$	2,824	$	4,455	$	2,603
Fournisseurs (Énergie)	$	2,994	$	7,262	$	4,729
	$	**9,307**	**$**	**17,620**	**$**	**10,776**

REPRÉSENTATION

Représentation	$	4,473	$	4,000	$	3,929

FINANCEMENT

Pertes de change	$	7,881	$	12,249	$	14,222

SOUS-TOTAL des dépenses	**$**	**1,262,605**	**$ 1,351,111**	**$**	**1,280,762**

ALLOCATION AU FONDS

Fonds de réserve pour la traduction	$	0	$	0	$	0
Fonds de remplacement du personnel	$	0	$	50,000	$	29,500
Fonds de licenciement du personnel	$	31,417	$	29,986	$	29,986
Fonds de roulement	$	0	$	0	$	0
	$	**31,417**	**$**	**79,986**	**$**	**59,486**

TOTAL des dépenses	**$**	**1,294,021**	**$ 1,431,097**	**$**	**1,340,248**

DÉPENSES DES FONDS

*) Fonds général	$	0	$	50,000	$	50,000
Fonds de roulement	$	0	$	0	$	0
Fonds de réserve pour la traduction	$	0	$	0	$	0
Fonds de licenciement du personnel	$	0	$	127,438	$	127,438
Fonds de remplacement du personnel	$	0	$	50,000	$	29,500
	$	**0**	**$**	**227,438**	**$**	**206,938**

****) Contributions non acquittées**	**$**	**49,165**	**$**	**0**	**$**	**79,121**

SOLDE	**$**	**94,093**	**$**	**0**	**$**	**11,728**

SYNTHÈSE DES FONDS

Fonds de réserve pour la traduction	$	30,000	$	30,000	$	30,000
Fonds de remplacement du personnel	$	50,000	$	50,000	$	50,000
Fonds de licenciement du personnel	$	271,599	$	174,065	$	174,065
***) Fonds de roulement	$	229,952	$	229,952	$	229,952

* Le Chili a remboursé les frais engagés pour les rapporteurs sous forme de contribution spéciale en 2016-2017
Les dépenses prévues pour le remplacement de personnel de direction du Fonds de remplacement du personnel sont compensées par un transfert du Fonds général vers les Recettes (« Autres recettes ») (50 000 dollars des États-Unis) et une allocation au Fonds de remplacement du personnel en 2017-2018

**
Contributions non acquittées au 31 mars 2016

Montant maximum requis
*** Fonds de roulement (Reg. fin. 6.2) $ 229,683 $ 229,683 $ 229,683

Programme 2018-2019 du Secrétariat

Introduction

Le présent programme de travail présente les activités proposées au Secrétariat pour l'exercice financier 2018-2019 (du 1er avril 2018 au 31 mars 2019). Les domaines d'activité principaux du Secrétariat sont abordés dans les quatre premières parties du document, qui sont suivies d'une section sur la gestion et d'une prévision de programme pour l'exercice 2019-2020.

Le budget de l'exercice 2018-2019, le budget prévisionnel de l'exercice 2019-2020 et le barème des contributions et la grille des salaires qui les accompagnent sont inclus dans les annexes.

Le programme et les chiffres du budget 2018-2019 qui l'accompagnent se fondent sur le budget prévisionnel pour l'exercice 2018-2019 (Décision 5 [2017], Annexe 3).

Le programme est axé sur les activités régulières, comme les préparatifs de la XLIe et de la XLIIe RCTA, la publication des rapports finaux et les diverses tâches spécifiques attribuées au Secrétariat en vertu de la Mesure 1 (2003).

Table des matières :

1. Soutien à la RCTA/au CPE
2. Technologie de l'information
3. Documentation et informations publiques
4. Gestion
5. Programme prévisionnel pour l'exercice financier 2019-2020 et l'exercice financier 2020-2021

   - Annexe 1 : Rapport prévisionnel de l'exercice financier 2017-2018, budget de l'exercice financier 2018-2019, budget prévisionnel de l'exercice financier 2019-2020
   - Annexe 2 : Barème des contributions pour l'exercice financier 2019-2020
   - Annexe 3 : Grille des salaires
   - Annexe 4 : Rapport sur la coopération en matière de gestion des données (STA – COMNAP)
   - Annexe 5 : Proposition de procédure et de dates pour la nomination du nouveau Secrétaire exécutif adjoint

1. Soutien à la RCTA/au CPE

XLIᵉ RCTA

Étant données les conditions exceptionnelles des réunions de la XLIᵉ RCTA et de la XXIᵉ réunion du CPE, le Secrétariat collaborera activement avec les autorités du gouvernement argentin pour l'organisation de ces évènements en fournissant un soutien logistique et financier. Les détails des dépenses qui seront engagées à cet effet sont fournis dans le budget provisoire 2018-2019 inclus dans ce document.

Le Secrétariat offrira également son soutien à la XLIᵉ RCTA en collectant et en compilant les documents pour la réunion et en publiant ces documents dans une section réservée du site Internet du Secrétariat. Il distribuera en outre à tous les délégués, via des clefs USB, une application qui permet de parcourir tous les documents hors-ligne et qui comprend une synchronisation automatique avec la base de données en ligne pour les dernières mises à jour. La section « Délégués » permettra aux délégués de s'inscrire en ligne et de télécharger une liste mise à jour des délégués.

Le Secrétariat apportera son soutien aux activités de la RCTA en produisant des documents SP, un Manuel pour les délégués et des résumés de documents destinés à la RCTA et au CPE.

Le Secrétariat gèrera les services de traduction et d'interprétation. Il est responsable de l'organisation des prestations de traduction en phases pré-session, en session et post-session de la RCTA. Il demeure en contact avec le prestataire de services d'interprétation, ONCALL.

Le Secrétariat organisera les services de prise de notes et se chargera de la compilation et de l'édition des rapports du CPE et de la RCTA, qui doivent être adoptés durant les dernières réunions en session plénière. Pour cette Réunion, le Secrétariat a également contracté et couvert les dépenses afférentes au travail d'un rapporteur principal et de quatre rapporteurs.

XLIIᵉ RCTA

Le Secrétariat du pays hôte, la République tchèque, et le Secrétariat du Traité sur l'Antarctique prépareront conjointement la XLIIᵉ RCTA qui se tiendra à Prague dans la première moitié du mois de juillet 2019.

Coordination et contact

Outre le maintien d'un contact régulier avec les Parties et les institutions internationales du système du Traité sur l'Antarctique par courriel, téléphone ou tout autre moyen à sa disposition, le Secrétariat profite de sa présence aux différentes réunions, pour renforcer sa coordination et sa communication.

Les déplacements à prévoir sont les suivants :

- XXXᵉ Assemblée générale annuelle du COMNAP, à Garmisch-Partenkirchen, en Allemagne, du 11 au 13 juin 2018. Sa présence lors de la réunion lui permettra de renforcer ses liens et sa collaboration avec le COMNAP.

- SCAR : Le Secrétaire exécutif a reçu une invitation à participer en tant qu'observateur à la XXXVe réunion des délégués du SCAR, qui se tiendra à Davos, en Suisse, les 25 et 26 juin 2018.

- XXXVIIe réunion de la CCAMLR à Hobart, en Australie, du 22 octobre au 2 novembre 2018. La réunion de la CCAMLR, qui intervient à mi-chemin entre deux RCTA, permet au Secrétariat d'informer les représentants de la RCTA, pour la plupart présents à la CCAMLR, des évolutions dans les travaux qu'il a entrepris. Les contacts avec le Secrétariat de la CCAMLR revêtent également une certaine importance pour le Secrétariat du Traité sur l'Antarctique puisqu'une grande partie de ses réglementations sont inspirées de celles du Secrétariat de la CCAMLR.

- Réunions de coordination avec la République tchèque, pays hôte de la XLIIe RCTA à Prague, vraisemblablement en mars ou en avril 2019.

Soutien aux activités intersessions

Ces dernières années, le CPE et la RCTA ont produit un volume substantiel de travail en période intersessions, principalement par le biais des Groupes de contact intersessions (GCI). Le Secrétariat apportera un soutien technique à la mise en ligne des GCI convenus lors de la XLIe RCTA et de la XXIe réunion du CPE, et à la production de documents spécifiques en cas de requête émise par la RCTA ou le CPE.

Le Secrétariat mettra à jour son site Internet en y ajoutant les mesures adoptées par la RCTA, accompagnées des informations produites par le CPE et la RCTA.

Le Secrétariat a reçu de la part de la Cour permanente d'arbitrage (CPA) une liste mise à jour des arbitres désignés par les États parties au Protocole relatif à la protection de l'environnement au Traité sur l'Antarctique, conformément à l'article 2 du programme du Protocole. Le Secrétaire général de la CPA s'est engagé à tenir le Secrétariat du Traité sur l'Antarctique informé de tout changement apporté à cette liste. Le Secrétariat se chargera d'actualiser les archives en conséquence et les mettra à disposition des Parties.

Impression

Le Secrétariat traduira, publiera et distribuera le Rapport final de la XLIe RCTA et ses annexes dans les quatre langues officielles du Traité, conformément aux procédures de soumission, de traduction et de distribution des documents de la RCTA et du CPE. Le texte du Rapport final sera publié sur le site du Secrétariat et imprimé sur support papier. Le texte intégral du Rapport final sera disponible sous la forme d'un ouvrage (en deux volumes) auprès de détaillants en ligne et en version électronique.

2. Technologie de l'information

Échange d'informations et Système électronique d'échange d'information

Comme indiqué dans le document SP 4 *Rapport du Secrétariat 2017-2018,* la XLe RCTA a demandé au Secrétariat de collaborer avec le COMNAP afin de réduire les répétitions et de renforcer la compatibilité entre leurs bases de données (Décision 7 [2017] Annexe : Plan de travail stratégique pluriannuel de la RCTA, page 1, #1). Les deux Secrétariats ont travaillé ensemble lors de la période intersessions et une proposition de feuille de route pour les développements communs a été incorporée à l'Annexe 4 ci-dessous.

Le Secrétariat continuera d'aider les Parties à publier leurs documents d'échange d'informations et à traiter les informations mises en ligne en recourant à la fonctionnalité « Mise en ligne de fichiers ».

Développement du site Internet du Secrétariat

En se basant sur les propositions qui seront soumises à la XLIe RCTA, le Secrétariat continuera de travailler sur la refonte complète du site institutionnel, afin de présenter une nouvelle interface graphique lors de la prochaine RCTA à Prague en 2019, avec une navigation facilitée et une meilleure visibilité des sections et des informations les plus pertinentes du site du Secrétariat.

Outils de cartographie

L'expérience acquise en matière d'inclusion de données géographiques relatives aux inspections des stations antarctiques (voir le document SP 8) sera mise à profit afin d'étudier la possibilité d'utiliser le même outil SIG (système d'information géographique) pour différents contenus géoréférencés déjà présents dans d'autres bases de données du Secrétariat. Les couches de données géographiques relatives aux Zones protégées de l'Antarctique, aux expéditions terrestres et à bord de navires, et aux Sites destinés aux visiteurs (entre autres) seront ajoutées au fur et à mesure.

3. Documentation et informations publiques

Documents de la RCTA

Le Secrétariat poursuivra ses efforts d'archivage de Rapports finaux et de documents émanant de la RTCA et d'autres réunions du Traité sur l'Antarctique, dans les quatre langues officielles du Traité. La contribution des Parties, invitées à rechercher leurs documents, sera essentielle pour conserver une archive exhaustive au Secrétariat. Le projet se poursuivra au long de l'exercice financier 2018-2019. Une liste détaillée et exhaustive des documents manquants dans notre base de données est accessible à toutes les délégations souhaitant collaborer.

Glossaire

Le Secrétariat va continuer d'élaborer son glossaire des termes et des expressions de la RCTA afin de produire une nomenclature dans les quatre langues officielles du Traité. Le but de cette base de données terminologique est de pouvoir gérer, publier et partager ces ontologies de la RCTA, qui sont des systèmes de données qui définissent les relations entre les concepts, les abréviations et les acronymes employés dans le système du Traité sur l'Antarctique. Le glossaire évoluera principalement via l'ajout de termes par les Parties intéressées.

Base de données du Traité sur l'Antarctique

La base de données contenant les recommandations, mesures, décisions et résolutions de la RCTA est à ce jour complète en anglais, et quasiment complète en espagnol et en français, même si le Secrétariat déplore encore l'absence de plusieurs exemplaires de Rapports finaux dans ces langues. Davantage de Rapports finaux manquent en langue russe. Le Secrétariat est disposé, à tout moment, à incorporer tout Rapport final ou tout document de travail résultant de Réunions consultatives ou spéciales et n'étant pas encore inclus dans notre base de données.

Banque d'images

Le Secrétariat continuera d'intégrer tout document photographique disponible dans ses archives à la banque d'images. En outre, nous invitons les Parties à fournir au Secrétariat des documents photographiques originaux, en vue de les publier dans la banque d'images sous une licence Creative Commons. Nous aimerions recevoir tout particulièrement des images relatives aux premières réunions du Traité sur l'Antarctique.

Informations publiques

Le Secrétariat et son site Internet continueront d'exercer la fonction de centre de diffusion d'informations sur les activités des Parties et sur les évolutions significatives intervenant en Antarctique.

4. Gestion

Personnel

Au 1er avril 2018, le personnel du Secrétariat se composait comme suit :

Personnel de direction

Dénomination	Poste	Depuis	Rang	Échelon	Mandat
Albert Lluberas	Secrétaire exécutif (SE)	01-09-2017	E1	1	31-08-2021
José María Acero	Secrétaire exécutif adjoint (SEA)	01-01-2005	E3	14	15-07-2019

Personnel général

José Luis Agraz	Fonctionnaire chargé de l'information	01-11-2004	G1	6
Diego Wydler	Fonctionnaire chargé des TIC	01-02-2006	G1	6
Roberto Alan Fennell	Comptable (à temps partiel)	01-12-2008	G2	6
Pablo Wainschenker	Rédacteur	01-02-2006	G2	4
Violeta Antinarelli	Bibliothécaire (à temps partiel)	01-04-2007	G3	6
Anna Balok	Spécialiste en communication (à temps partiel)	01-10-2010	G4	3
Viviana Collado	Chef de bureau	15-11-2012	G4	3
Margarita Tolaba	Agent de propreté (à temps partiel)	01-07-2015	G7	3

Le 31 décembre 2018, le contrat du Secrétaire exécutif adjoint, José Maria Acero, arrivera à son terme. M. Acero a fait montre d'une forte implication et d'une grande efficacité dans ses tâches au cours des dernières années, et le SE a l'intention de prolonger le contrat de M. Acero pour une période de six mois et demi, jusqu'en mi-2019, afin que son terme coïncide avec sa date prévue de retraite, le 15 juillet 2019, et de permettre sa participation à la XLIIᵉ Réunion consultative du Traité sur l'Antarctique. Le nouveau/la nouvelle SEA prendra ses fonctions immédiatement après la XLIIᵉ RCTA, qui devrait se tenir, selon les informations reçues par la République tchèque, à Prague pendant la première moitié du mois de juillet 2019. Conformément à l'article 6 du Statut du personnel, le Secrétaire exécutif a consulté les Parties consultatives et la proposition a reçu un soutien complet. Après une consultation plus approfondie lors de la XLIᵉ RCTA, le Secrétaire exécutif prendra une décision.

L'Annexe 5 contient la proposition de procédure et de dates pour la nomination du nouveau SEA.

À la demande de la XLᵉ RCTA, le Secrétariat présente un document séparé (SP 7) sur la politique des ressources humaines pour le personnel du Secrétariat du Traité sur l'Antarctique.

Le Secrétariat va inviter des stagiaires internationaux issus des Parties dans le cadre d'un stage auprès du Secrétariat. Le Secrétariat a également invité la République tchèque, qui accueillera la XLIIᵉ RCTA, à envoyer l'un des membres de son équipe organisatrice pour un stage à Buenos Aires.

Questions financières

Le budget de l'exercice financier 2018-2019 et le budget prévisionnel de l'exercice financier 2019-2020 sont présentés à l'Annexe 1.

Salaires

Le coût de la vie a continué d'augmenter en Argentine durant l'année 2017. Le taux d'inflation *(Índice de Precios al Consumidor)* publié par l'INDEC *(Instituto Nacional de Estadística y Censos de la República Argentina)* était de 25 % pour 2017. Tenant compte de la dévaluation du Peso argentin de 20,4 % par rapport au dollar américain, de l'augmentation des salaires de la fonction publique en Peso argentin de 24,9 %, et des répercussions de la dévaluation du Peso argentin en 2015 et 2016, le Secrétaire exécutif propose de maintenir une augmentation de 0 % des salaires pour le personnel général. Le salaire des agents de propreté (G7) sera ajusté de 7,9 % pour correspondre aux salaires argentins pour cette activité. Le personnel exécutif ne bénéficiera d'aucune augmentation.

L'article 5.10 du Statut du personnel prévoit la compensation des membres du personnel général lorsqu'ils doivent travailler plus de 40 heures par semaine. Les heures supplémentaires sont nécessaires durant les réunions de la RCTA.

À la fin de son contrat, le Secrétaire exécutif adjoint sortant peut prétendre aux compensations pour cessation de service conformément à l'article 10.4 du Statut du personnel. La XXXIIIe RCTA, à Punta de l'Este en 2010, « a convenu que l'Article 10.4 s'appliquait à toutes les cessations de service des cadres, en tenant dûment compte des mises en garde stipulées à l'Article 10 » (Rapport final de la XXXIIIe RCTA, para. 100).

Fonds

Fonds de roulement

Conformément à l'alinéa (a) de l'article 6.2 du Règlement financier, le fonds de roulement doit être maintenu à 1/6 e du budget du Secrétariat (229 952 USD) au cours des prochaines années. Les contributions des Parties servent de base au calcul du taux du fonds de roulement.

Fonds de licenciement du personnel

Le fonds de licenciement du personnel sera crédité de 26 372 USD, conformément à l'article 10.4 du Statut du Personnel (Voir Annexe 1).

Fonds de remplacement du personnel

Les frais de réinstallation du nouveau SEA sont estimés à 25 000 USD. Ils seront couverts par le fonds de remplacement du personnel (voir Annexe 1, poste budgétaire « Dépense des fonds »).

25 000 USD seront crédités au fonds de remplacement du personnel (voir Annexe 1, poste budgétaire « Allocation au fonds ») pour le maintenir à 50 000 USD (Décision 1 [2006], Annexe 3, Appendice 1 : Budget 2006-2007, Budget prévisionnel 2007-2008 et allocation des ressources).

Fonds général

Au 31 mars 2018, l'excédent de trésorerie du fonds général s'élevait à 90 849 USD. Les contributions restantes s'élevaient à 79 281 USD. 29 500 USD de l'excédent de trésorerie du fonds général ont été transférés vers les « Recettes » pour maintenir le niveau requis du fonds de remplacement du personnel.

Informations additionnelles sur le projet de budget de l'exercice financier 2018-2019

Comme les Parties consultatives en ont été informées, le Secrétariat sera responsable de certaines dépenses pour la XLIᵉ RCTA qui sont habituellement couvertes par le pays hôte. Celles-ci comprennent les frais afférents à l'appui informatique et audiovisuel, aux rapporteurs, à la restauration et d'autres frais liés au soutien logistique. Un nouveau poste budgétaire, « RCTA 2018 » a été ajouté à cet effet.

Le reste de la répartition des fonds sur les différents postes budgétaires reflète la proposition formulée l'année dernière. Quelques ajustements mineurs ont été apportés en fonction des dépenses prévues pour l'exercice financier 2018-2019.

L'Annexe 1 présente le budget pour l'exercice financier 2018-2019. La grille des salaires est présentée à l'Annexe 3.

Contributions pour l'exercice financier 2019-2020

Les contributions pour l'exercice financier 2019-2020 ne seront pas augmentées.

L'Annexe 2 présente les contributions des Parties pour l'exercice financier 2019-2020.

5. Programme prévisionnel pour l'exercice financier 2019-2020 et l'exercice financier 2020-2021

La plupart des activités actuelles du Secrétariat se poursuivront au cours des exercices financiers 2019-2020 et 2020-2021 et, à moins que le programme ne subisse de profonds changements, aucune modification de poste du personnel n'est prévue pour les prochaines années.

Appendice 1

**États financiers provisoires 2017-2018, Prévisions 2018-2019,
Budget 2018-2019 et Prévisions 2019-2020**

POSTES BUDGÉTAIRES	États financiers provisoires 2017-2018 *)		Prévisions 2018-2019		Budget 2018-2019		Prévisions 2019-2020	
RECETTES								
CONTRIBUTIONS annoncées	$	-1,378,097	$	-1,378,097	$	-1,378,097	$	-1,378,097
****)** du Fonds général	$	-50,000	$	-25,000	$	-129,038	$	-25,000
Placements à intérêt	$	-3,000	$	-3,000	$	-3,000	$	-3,000
Recettes totales	$	**-1,431,097**	$	**-1,406,097**	$	**-151,135**	$	**-1,406,097**
DÉPENSES								
SALAIRES								
Personnel exécutif	$	326,637	$	313,333	$	321,841	$	302,657
Personnel général	$	358,968	$	372,992	$	373,143	$	383,877
Personnel de soutien à la RCTA	$	20,743	$	21,160	$	9,932	$	21,160
Stagiaires	$	800	$	9,600	$	9,600	$	9,600
Dépassement horaire	$	15,151	$	16,000	$	11,000	$	16,000
	$	**722,299**	$	**733,085**	$	**725,516**	$	**733,294**
TRADUCTION ET INTERPRÉTATION								
Traduction et interprétation	$	**291,085**	$	**334,967**	$	**175,000**	$	**330,773**
DÉPLACEMENTS								
Voyages	$	**107,381**	$	**91,000**	$	**61,300**	$	**95,000**
TECHNOLOGIES DE L'INFORMATION								
Matériel informatique	$	10,455	$	10,000	$	10,000	$	10,050
Logiciel	$	2,896	$	3,000	$	3,000	$	3,015
Développement	$	22,834	$	22,500	$	31,500	$	22,613
Maintenance du matériel informatique et des	$	2,706	$	2,250	$	2,250	$	2,261
Aide	$	7,208	$	7,750	$	9,000	$	9,045
	$	**46,099**	$	**45,500**	$	**55,750**	$	**46,984**
IMPRESSION, ÉDITION ET REPRODUCTION								
Rapport final	$	16,525	$	20,100	$	19,000	$	19,095
Compilation	$	662	$	2,512	$	2,500	$	2,512
Lignes directrices pour les sites	$	1,288	$	3,221	$	2,500	$	2,512
	$	**18,475**	$	**25,833**	$	**24,000**	$	**24,119**
SERVICES GÉNÉRAUX								
Conseil juridique	$	1,322	$	3,060	$	2,500	$	2,550
Audit externe	$	9,236	$	11,362	$	13,000	$	13,260
Nettoyage, entretien et sécurité	$	8,300	$	11,220	$	11,000	$	11,220
Formation	$	6,774	$	8,160	$	5,000	$	5,100
Opérations bancaires	$	8,022	$	10,183	$	7,000	$	7,140
Location de matériel	$	2,503	$	3,102	$	2,503	$	2,553
	$	**36,157**	$	**47,087**	$	**41,003**	$	**41,823**
COMMUNICATION								
Téléphone	$	5,563	$	7,354	$	7,500	$	7,650
Internet	$	2,353	$	2,550	$	3,200	$	3,264
Hébergement Internet	$	7,650	$	8,670	$	9,600	$	9,792
Affranchissement	$	2,247	$	2,841	$	2,700	$	2,754
	$	**17,813**	$	**21,415**	$	**23,000**	$	**23,460**

	États financiers provisoires 2017-2018	Prévisions 2018-2019	Budget 2018-2019	Prévisions 2019-2020
BUREAU				
Fournitures de bureau	$ 6,243	$ 4,885	$ 4,885	$ 4,983
Livres et abonnements	$ 1,570	$ 3,409	$ 3,409	$ 3,477
Assurance	$ 3,034	$ 4,413	$ 4,413	$ 4,501
Mobilier	$ 0	$ 1,280	$ 1,280	$ 1,306
Matériel de bureau	$ 1,679	$ 4,544	$ 4,544	$ 4,635
Amélioration du bureau	$ 0	$ 2,841	$ 2,841	$ 2,898
	$ 12,526	$ 21,372	$ 21,372	$ 21,799
ADMINISTRATION				
Fournitures de bureau	$ 2,653	$ 5,113	$ 5,113	$ 5,215
Transport local	$ 791	$ 908	$ 908	$ 926
Divers	$ 2,603	$ 4,544	$ 4,544	$ 4,635
Fournisseurs (Énergie)	$ 4,729	$ 7,407	$ 7,407	$ 7,555
	$ 10,776	$ 17,972	$ 17,972	$ 18,331
REPRÉSENTATION				
Représentation	$ 3,929	$ 4,000	$ 4,000	$ 4,000
FINANCEMENT				
Pertes de change	$ 14,222	$ 12,494	$ 12,494	$ 12,744
RCTA				
Informatique et audiovisuel			$ 235,000	
Rapporteurs			$ 40,700	
Restauration			$ 26,000	
Divers			$ 20,000	
***)			$ 321,700	
SOUS-TOTAL DES DOTATIONS	$ 1,280,762	$ 1,354,725	$ 1,483,107	$ 1,352,328
ALLOCATION AU FONDS				
Fonds de réserve pour la traduction	$ 0	$ 0	$ 0	$ 0
Fonds de remplacement du personnel	$ 29,500	$ 25,000	$ 0	$ 25,000
Fonds de licenciement du personnel	$ 29,986	$ 26,372	$ 27,028	$ 28,769
Fonds de roulement	$ 0	$ 0	$ 0	$ 0
	$ 59,486	$ 51,372	$ 27,028	$ 53,769
TOTAL DES POSTES OUVERTS	$ 1,340,248	$ 1,406,097	$ 1,510,135	$ 1,406,098
DÉPENSES DES FONDS				
**) Fonds général	$ 50,000	$ 25,000	$ 129,038	$ 25,000
Fonds de roulement	$ 0	$ 0	$ 0	$ 0
Fonds de réserve pour la traduction	$ 0	$ 0	$ 0	$ 0
***) Fonds de licenciement du personnel	$ 127,438	$ 175,282	$ 0	$ 185,099
****) Fonds de remplacement du personnel	$ 29,500	$ 25,000	$ 0	$ 25,000
	$ 206,938	$ 225,282	$ 129,038	$ 235,099
*****) **Contributions non acquittées**	$ 79,281	$ 0	$ 0	$ 0
SOLDE	$ 11,568	$ 0	$ 0	$ 0
SYNTHÈSE DES FONDS				
Fonds de réserve pour la traduction	$ 30,000	$ 30,000	$ 30,000	$ 30,000
Fonds de remplacement du personnel	$ 50,000	$ 50,000	$ 50,000	$ 50,000
Fonds de licenciement du personnel	$ 174,065	$ 25,156	$ 201,093	$ 44,765
******) Fonds de roulement	$ 229,952	$ 229,952	$ 229,952	$ 229,952
Fonds général (Reg. Fin. 6,3)	$ 633,464	$ 687,585	$ 583,547	$ 558,547

* États financiers provisoires au 31 Mars 2018

** Le Fonds de remplacement du personnel est rempli à son niveau nominal de 50 000 dollars des États-Unis à partir du Fonds général. Les frais exceptionnels de la RCTA sont assumés par le Fonds général.

*** Compensation du licenciement du personnel (Réglementation du personnel 10.4 et rapport final de la XXXIIIᵉ RCTA paragraphe 100) pour le Secrétaire exécutif en 2017 et le Secrétaire exécutif adjoint en 2018

**** Coûts de cessation (Statut du personnel 9.6 (b) et 10.6 (b)) pour le Secrétaire exécutif en 2017 et le Secrétaire exécutif adjoint en 2018 pris du Fonds général

***** Contributions non acquittées au samedi 31 mars 2018

****** Montant maximum requis

Fonds de roulement (Reg. fin. 6.2)	$ 229,683	$ 229,683	$ 229,683	$ 229,683

Appendice 2

Barème des contributions 2019-2020

2019-2020	Cat.	Mult.	Variable	Fixe	Total
Argentine	A	3,6	$ 36.587	$ 23.760	$ 60.347
Australie	A	3,6	$ 36.587	$ 23.760	$ 60.347
Belgique	D	1,6	$ 16.261	$ 23.760	$ 40.021
Brésil	D	1,6	$ 16.261	$ 23.760	$ 40.021
Bulgarie	E	1	$ 10.163	$ 23.760	$ 33.923
Chili	C	2,2	$ 22.359	$ 23.760	$ 46.119
Chine	C	2,2	$ 22.359	$ 23.760	$ 46.119
République tchèque	D	1,6	$ 16.261	$ 23.760	$ 40.021
Équateur	E	1	$ 10.163	$ 23.760	$ 33.923
Finlande	D	1,6	$ 16.261	$ 23.760	$ 40.021
France	A	3,6	$ 36.587	$ 23.760	$ 60.347
Allemagne	B	2,8	$ 28.456	$ 23.760	$ 52.216
Inde	C	2,2	$ 22.359	$ 23.760	$ 46.119
Italie	B	2,8	$ 28.456	$ 23.760	$ 52.216
Japon	A	3,6	$ 36.587	$ 23.760	$ 60.347
République de Corée	D	1,6	$ 16.261	$ 23.760	$ 40.021
Pays-Bas	C	2,2	$ 22.359	$ 23.760	$ 46.119
Nouvelle-Zélande	A	3,6	$ 36.587	$ 23.760	$ 60.347
Norvège	A	3,6	$ 36.587	$ 23.760	$ 60.347
Pérou	E	1	$ 10.163	$ 23.760	$ 33.923
Pologne	D	1,6	$ 16.261	$ 23.760	$ 40.021
Fédération de Russie	C	2,2	$ 22.359	$ 23.760	$ 46.119
Afrique du Sud	C	2,2	$ 22.359	$ 23.760	$ 46.119
Espagne	C	2,2	$ 22.359	$ 23.760	$ 46.119
Suède	C	2,2	$ 22.359	$ 23.760	$ 46.119
Ukraine	D	1,6	$ 16.261	$ 23.760	$ 40.021
Royaume-Uni	A	3,6	$ 36.587	$ 23.760	$ 60.347
États-Unis d'Amérique	A	3,6	$ 36.587	$ 23.760	$ 60.347
Uruguay	D	1,6	$ 16.261	$ 23.760	$ 40.021

Budget   **$1.378.097**

Appendice 3

Grille des salaires 2018-2019

Tableau A

GRILLE SALARIALE - PERSONNEL DE DIRECTION

(USD)

2018-2019		I	II	III	IV	V	VI	VII	VIII	IX	X	XI	XII	XIII	XIV	XV
Classe																ÉCHELONS
E1	A	$135.302	$137.819	$140.337	$142.855	$145.373	$147.890	$150.407	$152.926							
E1	B	$169.127	$172.274	$175.421	$178.569	$181.716	$184.863	$188.009	$191.158							
E2	A	$113.932	$116.075	$118.218	$120.359	$122.501	$124.642	$126.783	$128.926	$131.069	$133.211	$135.352	$135.595	$137.709		
E2	B	$142.415	$145.093	$147.772	$150.449	$153.126	$155.802	$158.479	$161.158	$163.837	$166.513	$169.190	$169.494	$172.136		
E3	A	$95.007	$97.073	$99.140	$101.207	$103.275	$105.341	$107.408	$109.476	$111.542	$113.608	$115.675	$116.915	$118.154	$120.193	$122.231
E3	B	$118.758	$121.341	$123.925	$126.509	$129.094	$131.676	$134.260	$136.845	$139.427	$142.010	$144.594	$146.143	$147.693	$150.242	$152.788
E4	A	$78.779	$80.693	$82.609	$84.518	$86.435	$88.347	$90.257	$92.174	$94.089	$96.000	$97.915	$98.448	$100.336	$102.223	$104.110
E4	B	$98.474	$100.866	$103.262	$105.648	$108.044	$110.434	$112.822	$115.217	$117.611	$119.999	$122.393	$123.060	$125.419	$127.778	$130.137
E5	A	$65.315	$67.029	$68.739	$70.452	$72.162	$73.873	$75.586	$77.293	$79.007	$80.719	$82.427	$82.981			
E5	B	$81.644	$83.786	$85.924	$88.065	$90.203	$92.342	$94.482	$96.617	$98.759	$100.899	$103.034	$103.726			
E6	A	$51.706	$53.351	$54.994	$56.641	$58.284	$59.928	$61.575	$63.219	$64.862	$65.862	$66.508				
E6	B	$64.632	$66.689	$68.742	$70.801	$72.855	$74.910	$76.969	$79.024	$81.078	$82.328	$83.135				

Note : La ligne B correspond à la rémunération de base (ligne A) plus un montant additionnel de 25 % pour les frais indirects (caisse de retraite et primes d'assurance, primes d'installation et de indemnités pour frais d'études, etc.) et représente le montant total du traitement auquel a droit le personnel de direction conformément à l'article 5.

Tableau B

GRILLE SALARIALE - PERSONNEL GÉNÉRAL

(USD)

Classe		I	II	III	IV	V	VI	VII	VIII	IX	X	XI	XII	XIII	XIV	XV
																ÉCHELONS
G1		$64.788	$67.810	$70.834	$73.856	$77.006	$80.291									
G2		$53.990	$56.508	$59.028	$61.546	$64.172	$66.909									
G3		$44.990	$47.089	$49.189	$51.288	$53.477	$55.760									
G4		$37.493	$39.242	$40.991	$42.741	$44.564	$46.466									
G5		$30.972	$32.419	$33.863	$35.310	$36.818	$38.391									
G6		$25.388	$26.571	$27.756	$28.941	$30.177	$31.465									
G7		$13.724	$14.317	$14.911	$15.505	$16.124	$16.770									

Appendice 4

Rapport sur la coopération en matière de gestion des données (STA – COMNAP)

Les deux Secrétariats se sont mis au travail immédiatement après la XLe RCTA, et ont débattu des questions pour lesquelles une coopération pourrait profiter aux Parties. Les premiers sujets de collaboration sélectionnés étaient le Système électronique d'échange d'informations (SEEI) et la base de données sur les inspections du Traité, ainsi que l'utilisation d'outils de cartographie compatibles. En septembre 2017, le COMNAP a organisé une réunion à Christchurch, en Nouvelle-Zélande, avec la participation du responsable du département informatique du Secrétariat du Traité sur l'Antarctique, le Secrétaire exécutif du COMNAP et des experts de différentes organisations. Lors de cette réunion sur la gestion des données, les questions pratiques de la collaboration sur ces sujets ont été abordées et une série d'actions visant à améliorer la compatibilité des systèmes d'information des organisations respectives a été définie. Ce qui suit est un résumé de ces discussions :

Système électronique d'échange d'informations (SEEI)

En ce qui concerne le SEEI, le défi principal (comme l'indique le document SP 10 - XLe RCTA, p.4) était de permettre au Secrétariat du Traité sur l'Antarctique de recevoir les mises à jour des sous-ensembles de données publiques de la base de données du COMNAP pour les sections « Informations opérationnelles - Expéditions nationales » du SEEI alors que ces sections étaient actualisées par un représentant des programmes antarctiques au sein du système du COMNAP.

À cette fin, le procédé suivant a été imaginé :

1. La procédure s'enclencherait lorsqu'un Membre représentant du COMNAP ajoute ou modifie des données dans le système du COMNAP.

2. Une fois que cette information est vérifiée par le personnel du Secrétariat du COMNAP, et si elle est incluse dans le sous-ensemble de données publiques, elle serait transférée dans le système du STA via les technologies de services Internet.

3. Les services Internet introduiraient les informations dans le SEEI dans un état « en attente » et enverraient une alerte à l'opérateur SEEI de la Partie au Traité, l'informant que de nouvelles informations en provenance du COMNAP ont été reçues.

4. Une fois les informations reçues, l'opérateur SEEI de la Partie serait en mesure de les valider, les modifier (en les remaniant ou en les complétant), ou les rejeter en totalité.

Afin de rendre compatibles les deux systèmes d'information, la Réunion devrait adopter, dans le cadre des exigences en matière d'échange d'informations, la classification du COMNAP fournie dans le document IP 12 - XLe RCTA (sous forme de recommandations à la RCTA en réponse à l'Appendice IV p. 215 du Rapport final de la XXXIXe RCTA) : c'est-à-dire ajouter des champs de données relatifs aux statuts et à la saisonnalité pour les infrastructures, et modifier légèrement la liste des types d'infrastructures.

Base de données des inspections

Le STA utilisera la liste d'infrastructures du COMNAP afin de fournir une liste des infrastructures non inspectées (une des nouvelles fonctionnalités décrites dans le document SP 8 *Évolutions de la base de données sur les inspections et outils de cartographie*).

De plus, la procédure de mise à jour pour le SEEI décrite ci-dessus peut également être employée pour maintenir la liste des infrastructures de la base de données sur les inspections à jour.

Il a également été déterminé que le STA, en tant que source autorisée pour ce qui est des informations sur les inspections menées en vertu du Traité et du Protocole sur l'environnement, pouvait partager ces informations avec le COMNAP afin qu'il les incorpore dans sa base de données au besoin.

Outils de cartographie

Puisque les deux organisations utilisent le même outil SIG (ESRI ArcGis cloud), les couches d'informations géographiques produites par chaque organisation pourraient être partagées, ce qui éviterait d'avoir à dupliquer les données dans ce domaine. Du côté du STA, ces couches de données peuvent être, par exemple, les emplacements des Zones protégées et les itinéraires des expéditions renseignés via le SEEI.

Appendice 5

Procédure pour la nomination du nouveau Secrétaire exécutif adjoint

L'article 6.2 du Statut du personnel du Secrétariat stipule que : « Conformément à l'Article 3 de la Mesure I (2003), le Secrétaire exécutif nomme, dirige et supervise les autres membres du personnel. L'objet principal de la nomination, du transfert ou de la promotion des membres du personnel est la nécessité d'assurer les critères d'efficacité, de compétence et d'intégrité les plus élevés. Le recrutement du personnel sur une base aussi large que possible parmi les ressortissants des Parties consultatives doit être dûment pris en considération. »

Le 15 juillet 2019, le Secrétariat devra remplacer le Secrétaire exécutif adjoint actuel, José María Acero (Argentine). Afin de prévoir un délai suffisant pour procéder à la sélection, la proposition de procédure suivante est soumise aux Parties pour considération :

Annonce de poste vacant : Le 1er septembre 2018, le Secrétaire exécutif enverra une circulaire aux Parties consultatives au Traité sur l'Antarctique annonçant l'appel à candidatures pour le poste de Secrétaire exécutif adjoint, afin que les Parties diffusent l'information à leurs ressortissants[1] de la façon qu'elles jugent appropriée. L'appel à candidatures sera également envoyé aux Secrétariats du SCAR, du COMNAP et de la CCAMLR et sera mis en ligne sur le site Web du Secrétariat.

Le format de l'appel à candidatures proposé est le suivant :

Appel à candidatures pour le poste de secrétaire exécutif adjoint du secrétariat du traité sur l'antarctique

1. Description du poste : Secrétaire exécutif adjoint (SEA).

Le Secrétariat du Traité sur l'Antarctique a son quartier général à Buenos Aires en Argentine, depuis le 1er septembre 2004. Vous trouverez plus d'informations sur le Secrétariat sur *www.ats.aq*.

Le Secrétaire exécutif adjoint occupe l'un des deux postes de niveau exécutif du Secrétariat, avec le Secrétaire exécutif.

2. Responsabilités et tâches : Les principales fonctions du SEA sont d'assister le Secrétaire exécutif dans ses fonctions et d'agir au nom du Secrétariat en cas d'absence du Secrétaire exécutif.

---

[1] Eu égard aux dispositions de l'Article 2.8 du Statut du personnel et, afin que la personne qui remplacera M. Acero soit en mesure de mener des procédures pour le compte du Secrétariat impliquant des organismes publics et privés de la République d'Argentine, dans le cas où le remplaçant/la remplaçante n'est pas de nationalité argentine, la Partie à laquelle il/elle appartiendra devra lui fournir un passeport diplomatique une fois sa nomination prononcée. De cette façon, il/elle sera en mesure de présenter au ministère des Affaires étrangères d'Argentine les références qui l'habiliteront à exercer ses fonctions de cadre supérieur du Traité du Secrétariat sur l'Antarctique.

Afin d'aider le SE dans ses fonctions, le SEA doit être en mesure de gérer le personnel du Secrétariat et de faire appliquer les règles et procédures internes. Le SEA doit avoir une bonne compréhension des systèmes d'information du Secrétariat et doit parler couramment et s'exprimer efficacement en anglais, et la connaissance de l'espagnol est également souhaitable.

Le SEA joue également un rôle actif dans l'organisation des réunions annuelles et doit pouvoir intervenir en tant que secrétaire des groupes de travail de la Réunion consultative du Traité sur l'Antarctique (RCTA), au besoin. En outre, le SEA est le point de contact du Secrétariat pour les questions relatives aux fonctions du Comité pour la protection de l'environnement (CPE).

Afin de représenter le Secrétariat en cas d'absence du SE, le SEA doit être capable de comprendre et de s'adapter rapidement aux habitudes et aux règlements financiers, bancaires et administratifs d'Argentine. Le SEA sera régulièrement chargé de négocier des contrats avec des fournisseurs et de communiquer avec des auditeurs, des conseillers et avec le gouvernement argentin.

Pour ce qui est de ces fonctions, les qualités et compétences suivantes sont requises :

    a.   Bonne connaissance des activités de la Réunion consultative du Traité sur l'Antarctique (RCTA) et du Comité pour la protection de l'environnement (CPE).

    b.   Expérience dans la participation et/ou l'organisation de réunions internationales, de préférence en rapport avec l'Antarctique.

    c.   Expérience confirmée dans la gestion de personnel.

    d.   Connaissances de base en informatique et des systèmes d'information.

    e.   Connaissances de base en finance/comptabilité.

    f.   Détenir un diplôme universitaire, un grade universitaire, ou une qualification équivalente.

    g.   Parler couramment l'une des quatre langues officielles du Traité sur l'Antarctique. Étant donné que le Secrétariat est situé à Buenos Aires, la connaissance de l'espagnol est également souhaitable.

    h. Être ressortissant d'une Partie au Traité sur l'Antarctique.

4. Durée du poste : Quatre ans renouvelables sur décision du Secrétaire exécutif en consultation avec la RCTA.

5. Horaires de travail : Il s'agit d'un poste à temps plein. Vous trouverez les informations sur les horaires de travail dans le *Statut du personnel du Secrétariat du Traité sur l'Antarctique*. Les informations mises à jour sur les salaires et indemnités sont disponibles sur demande au Secrétariat du Traité sur l'Antarctique.

6. Critères et échéances des candidatures : Les candidatures doivent être envoyées par courriel à *aes.applications@ats.aq* avant le 30 septembre 2018. Elles doivent contenir une lettre de candidature et le formulaire de candidature joint (qui donne des informations précises sur les critères de sélection), ainsi qu'un CV concis de deux pages maximum.

7. Critères de sélection : Le Secrétaire exécutif procèdera à une hiérarchisation des candidats en se basant sur les éléments listés dans le formulaire de candidature et retiendra cinq candidats à qui il accordera un entretien, en personne ou par voie électronique, à une date convenue entre les personnes concernées. Par souci de transparence, les candidatures et les classements des candidats seront mis à disposition de toutes les Parties consultatives sur demande. Après quoi le Secrétaire exécutif informera les Parties consultatives du résultat des entretiens et choisira la personne qu'il jugera la mieux qualifiée pour le poste. Cette décision sera communiquée avant le 15 décembre 2018.

8. Disponibilité : La personne sélectionnée pour le poste doit pouvoir commencer à travailler dès le 16 juillet 2019 à Buenos Aires, en Argentine.

9. Informations supplémentaires : Veuillez consulter le site Internet du Secrétariat du Traité sur l'Antarctique, *www.ats.aq*, ou contacter M. Albert Lluberas par courriel : *executive.secretary@antarctictreaty.org*. Vous trouverez d'autres renseignements utiles dans *Les principaux documents du Système du Traité sur l'Antarctique*.

Formulaire de candidature standard (à accompagner d'une lettre de candidature)

Renseignements personnels :

Nom :

Adresse :

Téléphone :

Courriel :

Nationalité :

Date de naissance :

Critères de sélection

Veuillez indiquer tout renseignement pertinent relatif aux critères énoncés ci-dessous et joindre un curriculum vitae n'excédant pas deux pages.

1) Bonne connaissance des activités de la Réunion consultative du Traité sur l'Antarctique (RCTA) et du Comité pour la protection de l'environnement (CPE).

2) Expérience dans la participation et/ou l'organisation de réunions internationales, de préférence en rapport avec l'Antarctique.

3) Expérience confirmée dans la gestion de personnel.

4) Connaissances de base en informatique et des systèmes d'information.

5) Connaissances de base en finance/comptabilité.

6) Détenir un diplôme universitaire, un grade universitaire, ou une qualification équivalente dans un domaine pertinent.

7) Parler couramment l'une des quatre langues officielles du Traité sur l'Antarctique. Étant donné que le Secrétariat est situé à Buenos Aires, la connaissance de l'espagnol est également souhaitable.

8) Avoir la citoyenneté dans l'une des 29 Parties consultatives au Traité sur l'Antarctique.

Renouvellement du contrat du commissaire aux comptes externe du Secrétariat

Les Représentants,

Rappelant le Règlement financier du Secrétariat du Traité sur l'Antarctique (« le Règlement financier du Secrétariat ») joint à la Décision 4 (2003), et plus précisément la règle 11, relative à l'audit externe ;

Conscients que le Secrétariat du Traité sur l'Antarctique (« le Secrétariat ») procède à la majorité de ses transactions financières en Argentine, et que les règlementations détaillées en matière de comptabilité sont particulières au pays ;

Notant la proposition de l'Argentine de nommer la Sindicatura General de la Nación (« SIGEN ») en tant que commissaire aux comptes externe du Secrétariat ;

Décident :

1. de nommer la SIGEN en tant que commissaire aux comptes externe du Secrétariat du Traité sur l'Antarctique pour les exercices financiers se clôturant en 2018 et jusqu'en 2021, en vertu de l'article 11.1 du Règlement financier du Secrétariat ; et

2. d'autoriser le Secrétaire exécutif à négocier un contrat avec la SIGEN en vue que celle-ci procède à l'audit externe annuel pour les exercices financiers susmentionnés, en vertu de l'article 11.3 du Règlement financier, de l'Annexe à la présente Décision et des contraintes budgétaires définies par la Réunion consultative du Traité sur l'Antarctique (« RCTA »).

Tâches de l'auditeur externe

Fournir des rapports d'audits externes des exercices financiers de 2018, 2019, 2020 et 2021, conformément aux dispositions de l'article 11.3 du Règlement financier, annexé à la Décision 4 (2003).

Ce rapport d'audit abordera :

- la mise en œuvre des règlements adoptés par la Réunion consultative du Traité sur l'Antarctique (« RCTA ») ;
- les contrôles internes - Règlements et Procédures ;
- la supervision interne de processus administratifs, de paiements, du dépôt de fonds, et d'actifs ;
- la budgétisation ;
- les rapports budgétaires comparatifs ;
- l'analyse de l'efficience des dépenses ;
- la surveillance de l'exécution budgétaire ;
- l'analyse de l'établissement de nouvelles unités de surface ;
- le contrôle et le bilan des contributions ;
- la mise en place et la supervision du Fonds général, du Fonds de roulement, du Fonds pour les réunions futures, du Fonds de remplacement du personnel, et de tout autre fonds géré par le Secrétariat du Traité sur l'Antarctique (« le Secrétariat ») ;
- les comptes de recettes et de dépenses ;
- les fonds fiduciaires ;
- le dépôt de fonds - les investissements ;
- la surveillance de la comptabilité conformément à l'article 10 de la Décision 4 (2003) ;
- la rédaction d'un rapport d'audit externe ;
- d'autres sujets pouvant être nécessaires à la bonne gestion financière du Secrétariat.

Le rapport financier provisoire de chaque exercice financier doit être soumis par le Secrétaire exécutif à la Sindicatura General de la Nación (« SIGEN ») au plus tard le 1er juin de l'année de clôture de l'exercice financier et le rapport d'audit final doit être soumis par la SIGEN au Secrétariat exécutif au plus tard le 1er septembre de l'année de clôture de l'exercice financier.

Plan de travail stratégique pluriannuel pour la Réunion consultative du Traité sur l'Antarctique

Les Représentants,

Réaffirmant les valeurs, les objectifs et les principes repris dans le Traité sur l'Antarctique et son Protocole relatif à la protection de l'environnement ;

Rappelant la Décision 3 (2012) sur le Plan de travail stratégique pluriannuel (« le Plan ») et ses principes ;

Gardant à l'esprit que le Plan est complémentaire à l'ordre du jour de la Réunion consultative du Traité sur l'Antarctique (« RCTA ») et que les Parties et les autres participants à la RCTA sont invités à contribuer normalement aux autres questions inscrites à l'ordre du jour de la RCTA ;

Décident :

1. d'adopter le plan qui figure en annexe à la présente Décision ; et

2. que le plan en annexe à la Décision 7 (2017) est caduc.

Plan de travail stratégique pluriannuel de la RCTA

	Priorité	XLᵉ RCTA (2017)	Intersession	XLIᵉ RCTA (2018)	Intersession	XLIIᵉ RCTA (2019)	Intersession	XLIIIᵉ RCTA (2020)
1.	Continuer à améliorer le fonctionnement du SEEI.	Examen du fonctionnement du SEEI par le GT1.	Coopération du STA avec le COMNAP pour réduire le dédoublement et augmenter la compatibilité entre leurs bases de données. Poursuite du perfectionnement du SEEI par le STA, notamment en ce qui concerne la traduction de l'interface du site Internet dans les quatre langues du Traité.		Coopération du STA avec le COMNAP pour réduire le dédoublement et augmenter la compatibilité entre leurs bases de données. Poursuite du perfectionnement du SEEI par le STA.	Poursuite de l'examen du fonctionnement du SEEI par la RCTA.		
2.	Envisager de sensibiliser de manière coordonnée les États non parties dont les ressortissants ou les biens sont actifs en Antarctique et les États qui sont des Parties au Traité sur l'Antarctique mais pas encore au Protocole.	Identification et sensibilisation par la RCTA d'États non parties ayant des ressortissants actifs en Antarctique.				Identification et sensibilisation par la RCTA d'États non parties ayant des ressortissants actifs en Antarctique.		
3.	Contribuer à des activités d'éducation et de sensibilisation coordonnées aux niveaux national et international du point de vue du Traité sur l'Antarctique.	Examen du rapport du GCI sur l'éducation et la sensibilisation par le GT1.	GCI sur l'éducation et la sensibilisation.		GCI sur l'éducation et la sensibilisation.	Examen du rapport du GCI sur l'éducation et la sensibilisation par le GT1.		
4.	Partager et discuter des priorités scientifiques stratégiques afin d'identifier et de saisir des possibilités de collaboration ainsi que de renforcement des compétences scientifiques, en particulier relativement au changement climatique.	Le GT2 rassemble et compare les priorités stratégiques scientifiques en vue d'identifier les possibilités de coopération.	Poursuite des débats intersessions informels sur les priorités stratégiques scientifiques.		Poursuite des débats intersessions informels sur les priorités stratégiques scientifiques.	Examen des conclusions des discussions intersessions sur les priorités stratégiques scientifiques.		
5.	Améliorer l'efficacité de la coopération entre les Parties (p. ex. inspections conjointes, projets scientifiques communs et appui logistique partagé) et la participation active aux réunions (p. ex., examen de méthodes de travail efficaces pendant les réunions).	Le GT2 examine le compte rendu du GCI sur les inspections conjointes.	Poursuite des consultations informelles sur les inspections conjointes.	Examen des résultats des consultations informelles relatives aux inspections conjointes.	Poursuite des consultations informelles sur les inspections conjointes.	Examen des résultats des consultations informelles relatives aux inspections conjointes. Examen de l'avis émis par le COMNAP sur l'échange d'information et la recherche et le sauvetage.		

	Priorité	XLe RCTA (2017)	Intersession	XLIe RCTA (2018)	Intersession	XLIIe RCTA (2019)	Intersession	XLIIIe RCTA (2020)
6.	Renforcement de la coopération entre le CPE et la RCTA.	Examen par la RCTA des questions soulevées par le rapport du CPE lors des XXXIXe et XLe RCTA. La RCTA recevra les avis du CPE nécessitant des mesures de suivi.						
7.	Entrée en vigueur de l'Annexe VI et poursuite de la collecte d'informations relatives à la réparation et à la réhabilitation des dégâts causés à l'environnement et à d'autres questions pertinentes pour documenter les négociations futures sur la responsabilité.	Évaluation par la RCTA de l'état d'avancement de l'entrée en vigueur de l'Annexe VI en vertu de l'article IX du Traité sur l'Antarctique, ainsi que des éventuelles actions nécessaires et propices à encourager les Parties à approuver l'Annexe VI en temps voulu.	Le STA établira une page sur son site Internet qui reprendra les informations relatives aux législations nationales sur la mise en œuvre de l'Annexe VI, volontairement fournies par les Parties et accessibles aux Parties. Rapport disponible sur : *https://eies.ats.aq/Ats.IE/Reports/rptN-RLs.aspx?Topic=7.*		Le STA restera en contact avec les Clubs IGP & I.	Évaluation par la RCTA de l'état d'avancement de l'entrée en vigueur de l'Annexe VI en vertu de l'article IX du Traité sur l'Antarctique, ainsi que des éventuelles actions nécessaires et propices à encourager les Parties à approuver l'Annexe VI en temps voulu.		La RCTA prendra une décision en 2020 sur la mise en place d'un calendrier pour la reprise des négociations relatives à la responsabilité, conformément à l'article 16 du Protocole relatif à la protection de l'environnement, ou plus tôt si les Parties le décident au vu de l'état d'avancement vers l'approbation de la Mesure 1 (2005) – voir la Décision 5 (2015).
8.	Évaluer les progrès du CPE dans ses travaux visant à définir les bonnes pratiques, améliorer et développer les outils de protection de l'environnement, y compris les procédures d'évaluation d'impact sur l'environnement.	Le GT1 étudie les avis du CPE et discutera des considérations de principe de l'examen des Lignes directrices de l'étude d'impact sur l'environnement (EIE).				Le GT1 approfondira l'examen des questions soulevées dans la partie 8b du Rapport de la XXe réunion du CPE.		Le GT1 étudiera les avis du CPE et discutera des considérations de principe de l'examen des Lignes directrices de l'étude d'impact sur l'environnement (EIE).
8 bis.	Collecte et utilisation de matériel biologique en Antarctique.			La RCTA discute de la collecte et de l'utilisation de matériel biologique en Antarctique.	Échange informel des informations par le biais du forum de la RCTA. Demander au SCAR de présenter à la XLIIe RCTA une mise à jour de son rapport présenté dans le document de travail WP 2 *Prospection biologique dans l'Antarctique* présenté lors de la XXXIIIe RCTA.	Le GT1 discutera de la collecte et de l'utilisation de matériel biologique en Antarctique.		
9.	Prendre en considération les recommandations de la Réunion d'experts du Traité sur l'Antarctique sur les implications des changements climatiques dans la gestion et la gouvernance en Antarctique (CPE-ICG).	Examen par le GT2 des recommandations 4 à 6. Le GT2 examine les conclusions de l'atelier conjoint SC-CCAMLR et CPE.	Les Parties intéressées prépareront les discussions sur les recommandations en suspens de la RETA sur les conséquences des changements climatiques (2010).		Les Parties intéressées prépareront les discussions sur les recommandations en suspens de la RETA sur les conséquences des changements climatiques (2010).	Convenir d'une façon de traiter les recommandations en suspens de la RETA sur les conséquences des changements climatiques (2010).		Donner suite aux recommandations relatives au traitement des recommandations en suspens de la RETA sur les conséquences des changements climatiques (2010).
10.	Discuter de la mise en œuvre du Programme de travail en réponse au changement climatique (PTRCC).	Le GT2 examine la mise à jour annuelle du CPE sur la mise en œuvre du PTRCC.				Le GT2 examinera la mise à jour annuelle du CPE sur la mise en œuvre du PTRCC.		Le GT2 examinera la mise à jour annuelle du CPE sur la mise en œuvre du PTRCC.

	Priorité	XLᵉ RCTA (2017)	Intersession	XLIᵉ RCTA (2018)	Intersession	XLIIᵉ RCTA (2019)	Intersession	XLIIIᵉ RCTA (2020)
11.	Modernisation des stations antarctiques dans un contexte de changement climatique.	Discussion du GT2 sur l'échange d'informations et les avis du COMNAP.			Discussion du GT2 sur l'échange d'informations et les avis du COMNAP.			
12.	Examen et discussion sur les questions liées à l'augmentation de l'activité aéronautique en Antarctique et évaluation de l'éventuel besoin d'actions complémentaires.		Demande d'informations sur l'aviation en Antarctique adressée à l'OACI par le Secrétariat, l'invitant à participer à la XLIᵉ RCTA. Demande adressée au COMNAP et à l'IAATO de fournir une vue d'ensemble de l'activité aéronautique et de le présenter lors de la XLIᵉ RCTA pour éclairer la discussion.		Demande d'informations sur l'aviation en Antarctique adressée à l'OACI par le Secrétariat, l'invitant à participer à la XLIIᵉ RCTA. Demande adressée au COMNAP et à l'IAATO de fournir une vue d'ensemble de l'activité aéronautique et de la présenter à la XLIIᵉ RCTA pour éclairer la discussion.	Discussion du GT2 de la XLIIᵉ RCTA consacrée à l'activité aéronautique, notamment au trafic aérien non gouvernemental et aux UAV/ RPA en Antarctique. Examen par le GT2 de la XLIIᵉ RCTA des avis de l'OACI sur les questions de sécurité aérienne.	La réunion sollicitera des avis pour répondre aux risques et aux autres questions identifiés lors des discussions de la XLIIᵉ RCTA.	
12 bis.	Prendre acte du Code international de sécurité pour les navires opérant dans les eaux polaires ; poursuivre le renforcement de la coopération entre opérateurs maritimes antarctiques ; prendre en compte les évolutions à l'OMI.		Contact du Secrétariat avec l'OMI pour définir l'intérêt prioritaire de la RCTA en matière de sécurité maritime et l'inviter à présenter une mise à jour et à participer à la XLIᵉ RCTA.			Prise en considération par le GT2 des évolutions à l'OMI et discussion d'autres questions de sécurité maritime.		Échange d'opinions sur les expériences nationales en matière d'autorisation d'activités pour les navires en Antarctique, suite à l'entrée en vigueur du Code polaire.
13.	Effectuer des relevés hydrographiques en Antarctique.		Préparation par l'OHI, en consultation avec le STA et le pays hôte, d'un séminaire sur l'état et l'impact de l'hydrographie dans les eaux antarctiques à l'occasion de la XLIᵉ RCTA.		Préparation par l'OHI, en consultation avec le STA et le pays hôte, d'un séminaire sur l'état et l'impact de l'hydrographie dans les eaux antarctiques à l'occasion de la XLIIᵉ RCTA.	Séminaire de la RCTA consacré à l'hydrographie en Antarctique, avec une présentation de l'OHI.		
14.	Examen et évaluation des actions supplémentaires éventuellement nécessaires en matière de gestion des zones et des infrastructures permanentes liées au tourisme et des questions liées au tourisme terrestre et d'aventure, et réponse aux recommandations de l'étude sur le tourisme du CPE.	Examen d'un rapport du Secrétariat relatif aux progrès réalisés par rapport à la Recommandation 1 émise dans l'étude de 2012 du CPE sur le tourisme.		Discussion des possibilités d'élaboration d'une méthodologie de surveillance harmonisée pour la gestion de sites. Discussion des propositions relatives au besoin éventuel d'actions supplémentaires en matière de gestion de zones. Examen des progrès réalisés par rapport aux recommandations émises dans l'étude du CPE sur le tourisme.	Donner suite aux conclusions relatives à l'étude du CPE sur le tourisme. Le CPE poursuivra ses travaux sur les impacts à long terme du tourisme sur l'environnement.	Poursuite de l'examen de questions environnementales concernant le tourisme basé sur toute nouvelle recommandation du CPE. Présentation d'un rapport intérimaire du SCAR et de l'IAATO sur l'état d'avancement du programme de conservation systématique de la péninsule antarctique.		Examen des charges éventuellement accrues en matière de recherche et de sauvetage pour les programmes antarctiques suite à une augmentation de l'activité touristique en Antarctique.

	Priorité	XLᵉ RCTA (2017)	Intersession	XLIᵉ RCTA (2018)	Intersession	XLIIᵉ RCTA (2019)	Intersession	XLIIIᵉ RCTA (2020)
15.	Élaborer une approche stratégique de l'écotourisme et des activités non gouvernementales en Antarctique.	Examen par le GT2 de la mise à jour du Secrétariat Élaborer une vision stratégique pour le tourisme et les activités non gouvernementales en Antarctique.	Poursuivre les discussions en vue de préparer la XLIᵉ RCTA.	Discussion sur les actions spécifiques permettant d'optimiser la mise en œuvre des Principes généraux de 2009 du tourisme en Antarctique.	Examiner la pertinence et les réglementations liées aux formes de tourisme présentant une menace pour l'environnement et pour les normes sanitaires et sécuritaires élevées. Inviter les Parties à examiner la mise en œuvre nationale et les processus d'autorisation et travailler à achever la mise en œuvre des obligations émanant des mesures en suspens. Préparation d'un rapport d'un atelier informel.	Poursuivre les discussions sur les questions découlant de l'intensification du tourisme, notamment sur les conséquences de l'éventuelle augmentation du nombre d'opérateurs qui ne sont pas membres de l'IAATO.		
16.	Surveillance des sites fréquentés par des visiteurs.			Le Secrétariat étudiera la possibilité d'étendre l'outil de cartographie aux sites couverts par des lignes directrices pour les visites de site existantes.	Analyse des progrès réalisés par le CPE par rapport aux recommandations 3 et 7 de l'étude du CPE sur le tourisme. Le Secrétariat présentera un rapport à la XLIIᵉ RCTA.			

NOTE : Les groupes de travail de la RCTA mentionnés ci-dessus ne sont pas permanents. Ils sont établis par consensus au début de chaque Réunion consultative du Traité sur l'Antarctique.

3. Résolutions

Lignes directrices pour les visites de site

Les Représentants,

Rappelant les Résolutions 5 (2005), 2 (2006), 1 (2007), 2 (2008), 4 (2009), 1 (2010), 4 (2011), 4 (2012), 3 (2013), 4 (2014) et 2 (2016), ayant adopté et mis à jour des listes des sites bénéficiant de Lignes directrices de sites pour les visiteurs (« Lignes directrices pour les visites de site ») ;

Convaincus que les Lignes directrices pour les visites de site renforcent les dispositions énoncées dans les Directives pour ceux qui organisent et conduisent du tourisme et des activités non gouvernementales en Antarctique, annexées à la Recommandation XVIII-1 (1994) ;

Confirmant que le terme « visiteurs » n'inclut pas les scientifiques qui conduisent des recherches dans ces sites ni les personnes engagées dans des activités gouvernementales officielles ;

Notant que les Lignes directrices pour les visites de sites ont été élaborées sur la base des volumes et des types de visites actuellement observés sur chaque site spécifique, et conscients que les Lignes directrices pour les visites de site nécessitent des réexamens en cas de changements significatifs dans les volumes ou les types de visite d'un site ;

Convaincus que les Lignes directrices pour les visites de site doivent toutes être réexaminées et révisées rapidement en cas de changements dans les volumes et les types de visites ou en cas d'impacts sur l'environnement démontrables ou probables ;

Désireux de maintenir à jour les Lignes directrices pour les visites de site ainsi que les listes de sites bénéficiant de lignes directrices de site ;

Recommandent à leurs gouvernements que:

1. l'île Astrolabe, la pointe George, l'île Rongé et Portal Point soient ajoutés à la listes des sites couverts par les Lignes directrices pour les visites de sites annexées à la présente Résolution, et que les lignes directrices pour ces site, conformément à leur adoption par la Réunion consultative du Traité sur l'Antarctique, soient ajoutées aux Lignes directrices pour les visites de site ;

2. le Secrétariat du Traité sur l'Antarctique (« le Secrétariat ») mette à jour son site Internet en conséquence ;

3. leurs gouvernements exhortent tous les visiteurs potentiels à s'assurer qu'ils ont pleine connaissance des Lignes directrices pour les visites de site pertinentes et qu'ils s'y conforment ;

4. le Secrétariat indique clairement sur son site Internet que le texte de la Résolution 2 (2016) est caduc.

Liste des sites assujettis aux Lignes directrices pour les visites de site

Lignes directrices pour les visites de site	Première adoption	Dernière version
1. Île Penguin (Lat. 62°06' S, Long. 57°54' O)	2005	2005
2. Île Barrientos - îles Aitcho (Lat. 62°24' S, Long. 59°47' O)	2005	2013
3. Île Cuverville (Lat. 64°41' S, Long. 62°38' O)	2005	2013
4. Pointe Jougla (Lat 64°49' S, Long 63°30' O)	2005	2013
5. Île Goudier, port de Lockroy (Lat 64°49' S, Long 63°29' O)	2006	2006
6. Pointe Hannah (Lat. 62°39' S, Long. 60°37' O)	2006	2013
7. Port de Neko (Lat. 64°50' S, Long. 62°33' O)	2006	2013
8. Île Paulet (Lat. 63°35' S, Long. 55°47' O)	2006	2018
9. Île Petermann (Lat. 65°10' S, Long. 64°10' O)	2006	2013
10. Île Pleneau (Lat. 65°06' S, Long. 64°04' O)	2006	2013
11. Pointe Turret (Lat. 62°05' S, Long. 57°55' O)	2006	2006
12. Port Yankee (Lat. 62°32' S, Long. 59° 47' O)	2006	2013
13. Promontoire Brown, péninsule de Tabarin (Lat. 63°32' S, Long. 56°55' O)	2007	2018
14. Île Snow Hill (Lat. 64°22' S, Long. 56°59' O)	2007	2007
15. Anse Shingle, île Coronation (Lat. 60°39' S, Long. 45°34' O)	2008	2008
16. Île Devil, île Vega (Lat. 63°48' S, Long. 57°16,7' O)	2008	2018
17. Baie des Baleiniers, île de la Déception, îles Shetland du Sud (Lat. 62°59' S, Long. 60°34' O)	2008	2018
18. Île Half Moon, îles Shetland du Sud (Lat. 60°36' S, Long. 59°55' O)	2008	2018
19. Baily Head, île de la Déception, îles Shetland du Sud (Lat. 62° 58' S, Long. 60°30' O)	2009	2013
20. Baie Telefon, île de la Déception, îles Shetland du Sud (Lat. 62°55' S, Long. 60°40' O)	2009	2018
21. Cap Royds, île de Ross (Lat. 77°33' 10,7" S, Long. 166°10' 6,5" E)	2009	2009
22. Wordie House, île Winter, îles Argentine (Lat. 65°15' S, Long. 64°16' O)	2009	2009
23. Île Stonington, baie de Marguerite, péninsule Antarctique (Lat. 68°11' S, Long. 67°00' O)	2009	2009
24. Île Horseshoe, péninsule Antarctique (Lat. 67°49' S, Long. 67°18' O)	2009	2014
25. Île Detaille, péninsule Antarctique (Lat. 66°52' S, Long. 66°48' O)	2009	2009

Lignes directrices pour les visites de site	Première adoption	Dernière version
26. Île Torgersen, port Arthur, île Anvers du Sud-Ouest (Lat. 64°46' S, Long. 64°04' O)	2010	2013
27. Île Danco, canal Errera, péninsule Antarctique (Lat. 64°43' S, Long. 62°36' O)	2010	2013
28. Seabee Hook, Cap Hallett, terre Victoria du Nord, mer de Ross, Site pour visiteurs A et Site pour visiteurs B (Lat. 72°19' S, Long. 170°13' E)	2010	2010
29. Pointe Damoy, île Wiencke, péninsule Antarctique (Lat. 64° 49'S, Long. 63°31' O)	2010	2013
30. Zone pour les visiteurs de la vallée de Taylor, terre Victoria du Sud (Lat. 77°37,59' S, Long. 163°03,42' E)	2011	2011
31. Plage Nord-Est de l'île Ardley (Lat. 62°13' S, Long. 58°54' O)	2011	2011
32. Huttes de Mawson et cap Denison, Antarctique oriental (Lat. 67°01' S, Long. 142°40' E)	2011	2014
33. Île d'Hainaut, port Mikkelsen, île Trinity (Lat. 63°54' S, Long. 60°47' O)	2012	2012
34. Port Charcot, île Booth (Lat. 65°04' S, Long. 64° 02' O)	2012	2012
35. Anse Pendulum, île Déception, îles Shetland du Sud (Lat. 62°56'S, Long. 60°36' O)	2012	2018
36. Port Orne, bras Sud de port Orne, détroit de Gerlache (Lat 64° 38'S, Long. 62° 33' O)	2013	2013
37. Îles Orne, détroit de Gerlache (Lat. 64° 40'S, Long. 62° 40' O)	2013	2013
38. Pointe Wild, île Elephant (Lat. 61°6'S, Long. 54°52'O)	2016	2016
39. Îles Yalour, archipel Wilhelm (Lat. 65°14'S, 64°10'O)	2016	2016
40. Île Astrolabe (Lat. 63°28'S, Long. 58°77'O)	2018	2018
41. Pointe Georges, île Rongé (Lat. 64°67'S, Long. 62°67'O)	2018	2018
42. Portal Point (Lat. 64°30'S, Long. 61°46'O)	2018	2018

Lignes directrices pour l'évaluation et la gestion du patrimoine en Antarctique

Les Représentants,

Rappelant les obligations stipulées dans l'Annexe III du Protocole au Traité sur l'Antarctique relatif à la protection de l'environnement (le « Protocole ») visant à nettoyer les sites d'élimination des déchets passés et présents sur la zone terrestre et les lieux de travail abandonnés des activités en Antarctique ;

Rappelant en outre que l'article 8 de l'Annexe V du Protocole prévoit que les sites ou les monuments ayant une valeur historique reconnue soient répertoriés comme Site ou monument historique (« SMH ») et qu'ils ne doivent pas être endommagés, enlevés ou détruits ;

Rappelant également la Mesure 3 (2003), qui est une révision et une mise à jour de la *Liste des Sites et monuments historiques* (la « Liste »), et les mesures ultérieures qui ont ajouté d'autres SMH à la liste ;

Rappelant en outre la Résolution 3 (2009), qui recommande que les *Lignes directrices pour la désignation et la protection des Sites et monuments historiques* soient utilisées par les Parties comme aide pour les questions relatives à la désignation, la protection et la préservation de sites, monuments et artefacts historiques et autres vestiges historiques en Antarctique ;

Désireux de s'assurer que le processus de désignation des SMH permette d'identifier et de protéger les valeurs historiques reconnues de l'Antarctique ;

Notant qu'il est important de maintenir une cohérence dans le processus d'inscription des SMH, la nécessité d'équilibrer de manière appropriée les considérations en matière de protection de l'environnement et de conservation du patrimoine dans la gestion des SMH, et l'utilité de tenir compte de l'expertise grandissante dans la gestion des valeurs patrimoniales de l'Antarctique ;

Recommandent à leurs gouvernements que les *Lignes directrices pour la désignation et la protection des sites et monuments historiques*, facultatives, annexées à la présente Résolution soient utilisées par les Parties comme des orientations supplémentaires sur les questions relatives à l'évaluation et la gestion de sites ou objets ayant des valeurs patrimoniales en Antarctique.

Lignes directrices pour l'évaluation et la gestion du patrimoine en Antarctique

1. Introduction

L'objectif du présent document est de fournir aux Parties des conseils et un soutien dans le processus visant à évaluer et à déterminer si un site ou objet doit être géré comme un élément du patrimoine, y compris s'il mérite ou non d'être répertorié sur la liste des Sites et monuments historiques (SMH), dans le cadre des Annexes V et III du Protocole au Traité sur l'Antarctique relatif à la protection de l'environnement. En outre, il a pour objectif de fournir des orientations sur la meilleure manière de gérer un site ou un objet du patrimoine une fois qu'une conclusion a été tirée. Ce document est indicatif, mais il présente des pistes de réflexion pour la ou les Parties qui envisagent l'inscription à la liste de SMH ou d'autres méthodes de protection pour un objet ou un site particulier.

Ces lignes directrices visent à aider le Comité pour la protection de l'environnement (CPE) et les Parties à atteindre la vision globale suivante :

« Reconnaître, gérer, conserver et promouvoir le patrimoine de l'Antarctique au profit des générations actuelles et futures. »

Ces lignes directrices tiennent compte du fait qu'il est essentiel d'établir un équilibre judicieux entre la nécessité de protéger l'environnement en Antarctique, telle qu'énoncée dans le Protocole au Traité sur l'Antarctique, et le souhait de protéger des sites et des objets importants du patrimoine.

L'article 8 de l'Annexe V du Protocole relatif à la protection de l'environnement prévoit que tout site ou monument dont la valeur historique est reconnue peut être proposé pour être répertorié comme Site et monument historique (SMH), lequel ne devant pas être endommagé, enlevé ou détruit.

La Résolution 3 (2009) contient les *Lignes directrices pour la désignation et la protection des sites et monuments historiques*, et fournit des conseils aux Parties sur les questions relatives à la désignation, la protection et la préservation de sites, monuments, artefacts et autres vestiges historiques en Antarctique. Ces lignes directrices fournissent des indications supplémentaires sur la mise en œuvre de la Résolution 3 (2009).

Le CPE doit examiner toutes les propositions de SMH, qui doivent être finalement approuvées par les Parties consultatives au Traité sur l'Antarctique lors d'une Réunion consultative du Traité sur l'Antarctique (RCTA). Aucune autre mesure n'est requise ou spécifiée dans le Protocole au Traité sur l'Antarctique ou via des mesures adoptées par les Parties au Traité sur l'Antarctique. Le document actuel fournit toutefois des indications quant aux efforts de gestion potentiels et pertinents pour un site ou un objet du patrimoine, qu'il soit répertorié ou non comme SMH ou conservé comme site ou objet général d'intérêt historique.

Le présent document doit être considéré à titre indicatif, pour aider à envisager de manière appropriée tous les éléments pertinents permettant de décider de proposer ou non un objet ou un site en tant que SMH. Les sites, y compris les objets qu'ils contiennent, faisant l'objet d'une proposition d'inscription comme SMH présentent des qualités, des pressions et des défis de gestion associés très différents et variables au fil du temps, et les circonstances spécifiques devront être prises en compte dans tout processus d'inscription.

Outre les conseils fournis aux promoteurs du projet, l'objectif à long terme est que le présent document contribue à établir un certain degré de cohérence et de comparabilité entre les processus d'évaluation (tout en reconnaissant que chaque SMH potentiel possède ses propres exigences et dynamiques) et garantisse que le processus soit suffisamment documenté pour pouvoir servir de référence ultérieurement.

Les documents suivants sont des documents de référence et des documents-cadres pertinents pour ces lignes directrices :

- Annexe V au Protocole au Traité sur l'Antarctique (en particulier l'article 8) ;
- Annexe III au Protocole au Traité sur l'Antarctique ;
- Résolution 3 (2009) sur les lignes directrices pour la désignation et la protection de Sites et monuments historiques ;
- Résolution 5 (2001) sur la gestion des vestiges historiques d'avant 1958 ; et Résolution 5 (2011) offrant un guide révisé pour la présentation de documents de travail contenant des propositions concernant des Zones spécialement protégées et gérées de l'Antarctique ou des Sites et des monuments historiques ;
- Liste actuelle des Sites et monuments historiques : *http://ats.aq/documents/recatt/ att596_f.pdf* ;
- Annexe I au Protocole au Traité sur l'Antarctique.

Un aperçu des autres documents de contexte est inclus dans le chapitre 11.

2. Objectif des lignes directrices

Ces lignes directrices constituent l'un des éléments mis en œuvre dans le cadre des efforts du CPE pour atteindre la vision globale en matière de *reconnaissance, de gestion, de conservation et de promotion du patrimoine de l'Antarctique au profit des générations actuelles et futures.*

Le contenu des présentes lignes directrices a pour but d'aider le CPE et ceux qui procèdent à l'évaluation initiale d'un éventuel site ou objet patrimonial, dans le cadre des Annexes III et V, à évaluer les soumissions et les propositions pour les nouveaux SMH. Les deux objectifs du document sont les suivants :

- Objectif 1 : fournir des orientations permettant de décider si un site ou un objet doit être géré ou non en tant que patrimoine, y compris s'il mérite/nécessite ou non une inscription sur la liste des SMH.

- Objectif 2 : fournir des conseils quant aux options de gestion pour les SMH et les autres sites ou objets du patrimoine.

La figure 1 fournit un aperçu du processus décrit dans ce document, processus qui comprend les étapes suivantes :

1. déterminer si un objet ou un site a ou non une valeur patrimoniale telle que spécifiée dans la Résolution 3 (2009) ;[1]

2. déterminer s'il faut l'inscrire comme SMH, le préserver *ex situ* ou prévoir de le conserver pour différentes raisons ou de le retirer ;

3. pour tous les sites ou objets inscrits comme SMH, envisager des options de gestion, y compris une protection supplémentaire via les mécanismes du système du Traité ;

4. pour les SMH inscrits et les sites ou objets avec d'autres valeurs patrimoniales y compris tout *ex situ* conservé, envisager des activités de sensibilisation ou de diffusion adaptées.

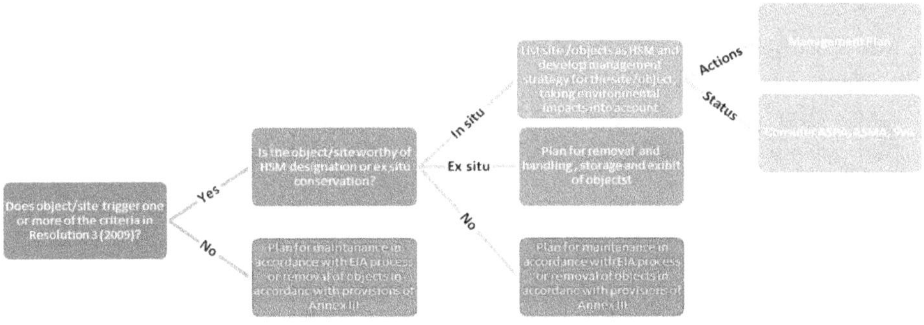

Figure 1

3. Patrimoine et valeur historique dans le contexte de l'Antarctique

La présence humaine en Antarctique est, à l'échelle de l'histoire du monde, extrêmement récente. Depuis la première observation du continent en 1820, l'ampleur des traces laissées par les humains y est relativement limitée. Dans un tel contexte, les preuves historiques limitées d'un lien entre l'homme et la terre revêtent un caractère perceptible et singulier.

Dès la première Réunion consultative du Traité sur l'Antarctique en 1961, les Parties avaient déjà pleinement reconnu les sites historiques, les structures et les objets comme faisant partie du patrimoine culturel de l'humanité.

Le Protocole au Traité sur l'Antarctique fait de la liste des Sites et monuments historiques (SMH)[2] le mécanisme clé de la protection des valeurs historiques de l'Antarctique. Le

---

[1] Le présent document aborde les principes sous-tendant l'examen des valeurs patrimoniales, mais n'a pas pour vocation de fournir des orientations exhaustives concernant cette question complexe et qui s'inscrit à la fois dans le cadre culturel et national.
[2] La liste des SMH a été présentée et adoptée pour la première fois lors de la cinquième Réunion consultative du Traité sur l'Antarctique (RCTA), en 1968.

Protocole au Traité sur l'Antarctique stipule que les sites et monuments de la liste SMH doivent être protégés contre les dommages, l'enlèvement ou la destruction.

La Résolution 3 (2009) fournit aux Parties des indications plus détaillées sur la désignation, la protection et la préservation des SMH. La Section 4.2 fournit une description et un examen plus détaillés de ces lignes directrices. La Résolution 3 (2009) reste essentielle pour déterminer si un site répond ou non aux critères pour être inscrit comme SMH.

En outre, la Résolution 5 (2001) fournit aux Parties un mécanisme de protection provisoire des sites ou artefacts historiques antérieurs à 1958 jusqu'à ce qu'elles aient eu le temps d'envisager leur ajout à la liste des SMH.

Les termes « site » et « monument » sont des termes fondamentaux dans le cadre fournis par le Protocole au Traité sur l'Antarctique. Ces termes dépendent largement des contextes et des cadres légaux nationaux, mais les définitions et descriptions fondamentales suivantes, fournies par le Comité du patrimoine polaire international (IPHC) ICOMOS, sont pertinentes et permettent d'éclairer notre compréhension :

- **Site** : contexte dans lequel un monument apparaît, ou lieu où se situent des artefacts et qui est directement lié au(x) monument(s) ou à l'/au(x) artefact(s).
- **Objet et artefact** : tout élément qui est apporté en Antarctique est un « objet » (terme neutre), mais on peut le considérer formellement comme étant un « artefact » qui lui donne une valeur patrimoniale.
- **Monument** : toute structure s'élevant sur le sol et qui a des valeurs culturelles patrimoniales.
- **Monuments ou objets commémoratifs** : les monuments commémoratifs sont mis en place dans le but d'attribuer une importance à des personnes, des évènements ou des traditions culturelles. Ils comprennent les efforts associés à la réussite, à la perte et au sacrifice. Les monuments commémoratifs vont des plaques et œuvres d'art à des fondations philanthropiques qui financent des recherches en cours. Ils peuvent également être associés à un institut de recherche ou à une structure religieuse. Le statut de monument historique peut être attribué à une structure ou un artefact existant.

4. Déterminer et évaluer les valeurs patrimoniales et historiques

4.1. Déterminer si un objet ou un site a ou non une valeur patrimoniale telle que spécifiée dans la Résolution 3 (2009)

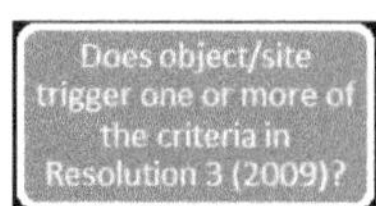

Figure 2

Avant d'évaluer tout objet ou site pour son inscription sur la liste des SMH, il est supposé que la Partie à l'origine de la proposition a procédé à une évaluation préliminaire visant à déterminer si un objet ou un site présente ou non une éventuelle valeur patrimoniale. Elle doit donc examiner en détail, à l'aide des lignes directrices fournies dans le présent document, s'il constitue simplement un élément sans valeur patrimoniale issu des activités passées qui doit donc être enlevé de l'Antarctique conformément à l'Annexe III du Protocole au Traité sur l'Antarctique.

Dans de nombreux cas, l'analyse sera évidente et établira une nette différence entre des objets ou sites qui méritent d'être gérés comme du patrimoine et ceux qui peuvent être essentiellement considérés comme des déchets. Il est à supposer que la grande majorité des objets présents en Antarctique font partie de la seconde catégorie, et qu'ils doivent donc être retirés lorsque leur utilité en Antarctique prend fin.

Dans un nombre limité de cas, l'objet ou le site peut avoir une valeur patrimoniale, suggérant qu'un produit, un endroit ou tout autre élément suscite une nostalgie relative à une tradition ou à l'histoire, nous fournissant des informations sur le passé de manière générale et des preuves tangibles de continuité entre le passé, le présent et l'avenir.

En procédant à une telle évaluation préliminaire, le processus tirerait grandement parti d'une expertise adaptée et d'un engagement des parties prenantes. Consulter le chapitre 11 pour plus d'informations sur les possibles ressources pertinentes en expertise.

S'il est déterminé que l'objet ou le site mérite un examen plus approfondi, les Parties doivent se reporter à l'article 8 de l'annexe 5 du Protocole au Traité sur l'Antarctique qui identifie très largement la « valeur historique reconnue » comme étant un critère d'inscription en tant que SMH. Toutefois, les Parties sont convenues qu'un objet ou un site ayant une « valeur historique reconnue » doit satisfaire à au moins un des critères[3] listés dans l'annexe à la Résolution 3 (2009). Les critères listés dans la Résolution 3 (2009) sont décrits plus en détail et expliqués ci-dessous afin de fournir des orientations dans le processus d'évaluation. Pour le patrimoine datant d'avant 1958, la Résolution 5 (2001) doit être prise en compte.

Si le processus d'évaluation détermine qu'un objet ou un site n'a pas besoin de protection supplémentaire, ces objets doivent être considérés et traités dans l'esprit des dispositions de nettoyage de l'Annexe III du Protocole au Traité sur l'Antarctique et des documents d'appui tels que le Manuel de nettoyage de l'Antarctique (adopté via la Résolution 2 [2013]).

4.2. Aide concernant les critères d'évaluation contenus dans la Résolution 3 (2009)

Via la Résolution 3 (2009), la RCTA a adopté un ensemble de critères qui indiquent si un objet ou un site a, ou non, une « valeur historique reconnue ». Ils sont décrits et explorés plus en détail ici afin d'aider les Parties dans leur processus d'évaluation.

1. Un événement d'une importance particulière dans l'histoire de la science ou de l'exploration de l'Antarctique

Déterminer l'importance d'un évènement dans l'histoire est à la fois difficile et, dans une certaine mesure, controversé en raison de la nature subjective de la question. Pour

---

[3] Cf. Annexe de la Résolution 3 (2009) : *Lignes directrices pour la désignation et la protection de sites et monuments historiques.*

commencer, il faut noter que les évènements peuvent être considérés comme des faits historiques lorsqu'un acte, une décision ou un phénomène naturel modifie ou oriente la direction de l'évolution d'une communauté, dans ce cas l'occupation humaine de l'Antarctique étant l'évolution de la communauté. Les évènements ne s'étalent généralement pas sur une longue période, ce sont plutôt des moments forts et distincts. Pour orienter l'évaluation par rapport à ce critère, il convient de tenir compte des éléments suivants :

- L'évènement peut-il être défini comme étant un évènement unique et distinct pouvant également être vu comme un déclencheur d'évènements et d'activités qui se sont ensuivies et perçu comme décrivant l'histoire de ce thème en particulier ?
- Cet évènement est-il pertinent pour de nombreuses personnes ou nations ?
- Cet évènement peut-il être relié à un site ou un endroit spécifique ?

Le Site et monument historique n° 80 (Tente d'Amundsen) est un exemple de la liste actuelle des SMH qui répond au critère « évènement ».

2. Un lien particulier avec une personne ayant joué un rôle important dans l'histoire de la science ou de l'exploration de l'Antarctique

Les individus ayant une importance historique sont généralement des personnes dont le travail a contribué à définir et orienter le cours de l'histoire de l'Antarctique ou des personnes dont la vie est un exemple pour la communauté. Pour orienter l'évaluation par rapport à ce critère, il convient de prendre en compte les éléments suivants :

- Cette personne a-t-elle créé, inventé ou conçu une idée ou un produit qui a été ou qui est toujours utilisé dans le contexte de l'Antarctique (et éventuellement en dehors) et qui a eu un impact sur l'évolution de l'Antarctique ?
- Peut-on dire que cette personne est représentative d'une activité en Antarctique ?

Lors de l'évaluation, les éléments suivants doivent être pris en compte :

- La durée de l'influence de cette personne ou du groupe sur ou dans le contexte de l'Antarctique.
- Le nombre de personnes ou de nations ayant un lien avec les activités de cette personne ou du groupe.
- Les liens avec le site existant : existe-t-il des liens importants avec le site existant qui sont encore d'actualité à l'endroit où cette personne a vécu et travaillé, ou cette personne est-elle enterrée sur un site en Antarctique ?

Le Site et monument historique n° 3 (Cairn de Mawson) est un exemple de la liste actuelle des SMH qui répond au critère « personne ».

3. Un lien particulier avec un exploit d'endurance ou un résultat exceptionnel

Ce critère est de nature similaire au premier critère et les mêmes facteurs doivent être pris en compte, bien qu'étant profondément ancré dans un contexte d'exploit d'endurance :

- Exploit : une réalisation qui nécessite beaucoup de courage, de compétences ou de force
- Endurance : une capacité à supporter un processus ou une situation désagréable ou difficile sans abandonner

Le Site et monument historique n° 53 (Mémorial de l'Endurance) est un exemple de la liste actuelle des SMH qui répond au critère « exploit ».

4. Un fait représentatif de tout ou partie d'une activité de grande envergure qui a permis d'approfondir la connaissance de l'Antarctique

Ce critère est de nature similaire au critère 2 et les mêmes facteurs doivent être pris en compte, bien qu'étant profondément ancré dans un contexte de connaissance accrue de l'Antarctique ou du monde en général. Cela peut être, par exemple, un site ou un objet associé à, ou représentatif d'une découverte scientifique particulière.

Le site et monument historique n° 42 (Cabanes de la baie Scotia) est un exemple de la liste actuelle des SMH qui répond au critère « activité ».

5. Une valeur technique, historique, culturelle ou architecturale particulière dans les matériaux, la conception ou la méthode de construction

Ce critère vise à déterminer si le lieu ou l'objet présente des méthodes innovantes ou importantes de construction ou de conception, s'il contient des matériaux de construction inhabituels, s'il est un exemple précoce de l'utilisation d'une technique de construction particulière ou s'il a le potentiel de fournir des informations sur l'histoire en matière de technologie ou d'ingénierie. Les questions qui peuvent aider à clarifier et éclairer les évaluations à cet égard comprennent :

- L'endroit est-il important en raison de sa conception, sa forme, son échelle, ses matériaux, son style, ses ornements, sa période, son artisanat ou d'autres éléments architecturaux ?
- Le lieu présente-t-il des méthodes innovantes ou importantes de construction ou de conception ; contient-il des matériaux de construction inhabituels ; est-il un exemple précoce de l'utilisation d'une technique de construction particulière ou a-t-il le potentiel de fournir des informations sur l'histoire en matière de technologie ou d'ingénierie ?
- L'intégrité du lieu est-elle préservée, conservant des caractéristiques significatives de l'époque à laquelle il a été construit ou des époques ultérieures lorsque des modifications ou des ajouts importants ont été effectués ?
- Le site, ou la zone, est-il un bon exemple de sa classe, par exemple, en termes de conception, type, caractéristiques, utilisation, technologie ou période ?

Le Site et monument historique n° 83 (Base "W", île Detaille, fjord Lallemand, côte Loubet) est un exemple de la liste actuelle des SMH qui répond au critère « construction ».

6. La possibilité, par le biais d'une étude, de révéler ou de fournir des informations sur d'importantes activités humaines dans l'Antarctique

Les artefacts et les sites peuvent offrir un aperçu des processus technologiques, du développement économique et de la structure sociale, etc., et ainsi fournir une compréhension plus large du passé et du présent :

- La zone ou le lieu (où l'artefact[s] est[sont] situé[s]) peuvent-ils fournir des informations scientifiques sur l'histoire de l'Antarctique ?
- L'objet ou le site présente-t-il un intérêt réel ou potentiel pour les chercheurs et/ou les archéologues ?
- L'objet ou le site présente-t-il un intérêt potentiel pour une nouvelle bourse dans un domaine de recherche ?
- L'objet ou le site présente-t-il un intérêt potentiel pour apporter une contribution significative et durable dans un domaine de recherche ?
- Le lieu peut-il contribuer, par l'éducation du public, à la sensibilisation, la compréhension et l'appréciation du public à l'Antarctique, y compris l'exploration et les réalisations scientifiques ?

Le Site et monument historique n° 4 (Bâtiment de la station Pôle d'inaccessibilité) est un exemple de la liste actuelle des SMH qui répond au critère « étude ».

7. Une valeur symbolique ou commémorative pour les populations de nombreuses nations

Compte tenu de tous les autres critères présentés ci-dessus, il est utile d'examiner dans quelle mesure les valeurs identifiées sont les plus pertinentes pour l'ensemble de la communauté de l'Antarctique. Comme cela est mentionné ci-dessus, l'importance du patrimoine national devrait être évaluée dans un contexte plus large, compte tenu de la vaste histoire des activités humaines en Antarctique et/ou de sa pertinence pour plusieurs États nations.

Le Site et monument historique n° 82 (Monument du Traité de l'Antarctique) est un exemple de la liste actuelle des SMH qui répond au critère de « symbolique pour beaucoup ».

4.3. Déterminer si des valeurs méritent une inscription sur la liste des SMH

Après avoir évalué les différentes valeurs patrimoniales liées au site ou à l'objet par rapport aux critères énoncés dans la Résolution 3 (2009), les promoteurs auront une vision claire quant à savoir si le site ou l'objet doit être préservé ou non.

Si la nécessité de conserver ou non le site n'est pas évidente, les Parties responsables du site ou de l'objet devront se demander s'il doit : i) être maintenu en Antarctique à des fins différentes en évaluant de manière appropriée les impacts environnementaux ; ou ii) être retiré du continent conformément à l'Annexe III.

Lorsqu'il est déterminé que le site ou l'objet doit être conservé, l'étape suivante consiste à déterminer s'il faut demander l'inscription sur la liste des SMH *in situ* en Antarctique ou s'il convient plutôt de le conserver *ex situ*.

5. Conservation *in situ* ou *ex situ*

5.1. La conservation *in situ* par rapport à la conservation *ex situ*

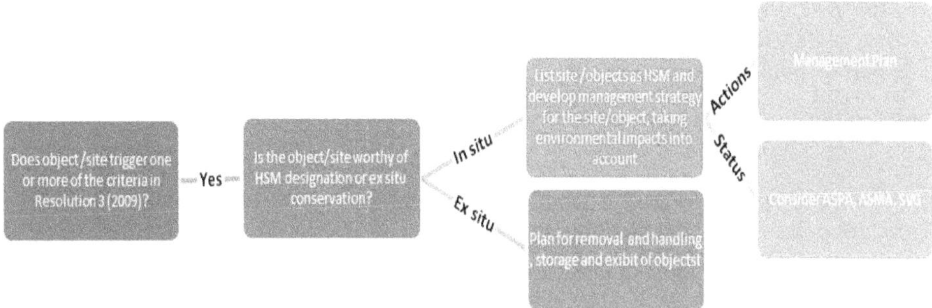

Figure 3

Lorsqu'il a été défini qu'un objet ou un site possède une valeur patrimoniale et/ou historique, il convient alors d'envisager des approches et des besoins adaptés pour le protéger. Tout d'abord, il faut examiner si sa valeur est mieux préservée en le laissant sur place en Antarctique, en le déplaçant ou en utilisant d'autres moyens pour préserver sa valeur en dehors de l'Antarctique.

Les éventuels impacts environnementaux doivent être pris en compte de manière adaptée pour évaluer si l'objet doit être maintenu *in situ* ou *ex situ*, afin de garantir le respect des principes environnementaux définis dans l'article 3 (2) du Protocole au Traité sur l'Antarctique. Il peut être utile de le faire au moyen d'une évaluation d'impact sur l'environnement (EIE), telle que définie dans l'article 8 (et Annexe I) du Protocole au Traité sur l'Antarctique. Voir « Section 12 – Ressources » pour des exemples d'EIE liées à des SMH.

Le plus souvent, il est naturel de conserver tout objet fixe (tel qu'une infrastructure) associé avec le site *in situ*, bien qu'il soit parfois plus pertinent d'enlever et de restructurer de tels objets *ex situ* (par exemple, en les transférant dans un musée).

D'autre part, tout objet pouvant être déplacé peut être conservé *in situ* et *ex situ*. Les deux approches peuvent avoir à la fois des avantages et des inconvénients.

- *Pertinence par rapport au cadre* : la meilleure façon d'apprécier et de comprendre l'objet est dans son cadre d'origine (par ex. froid, isolation et nature sauvage).

- *Intérêt et enthousiasme local pour la protection* : le patrimoine appartenant à ou « adopté » par une population locale (c.-à-d. une station proche) sera normalement pris en charge de manière adéquate.

- *Frais d'entretien à long terme et utilisation des ressources* : bien qu'il puisse y avoir une économie de ressources à court terme en laissant l'objet sur place, un entretien adapté dans le temps est normalement coûteux (logistique et maintien des ressources).

- *Un public plus restreint* : le potentiel de visite des sites et des objets dans des endroits isolés ne correspondra jamais à celui des emplacements plus centraux.

- *Un intérêt local (et donc le soin) peut être moindre que l'intérêt montré de l'extérieur* : le fait qu'il n'y ait pas ou peu de personnes dans la zone aura pour conséquence que l'entretien du patrimoine devra reposer sur un intérêt continu de la part de populations provisoires.

Les considérations qui pourraient orienter une décision quant à savoir si la conservation *ex situ* ou la protection *in situ* d'objets fixes et mobiles serait la plus adaptée incluent :

- La conservation *ex situ* peut être pertinente et appropriée si les objets sont menacés par des processus de dégradation naturels.

- La conservation *ex situ* peut être pertinente et appropriée s'il est évident qu'il sera trop coûteux ou difficile de conserver les objets *in situ* dans le temps.

- Une évaluation de l'importance du fait qu'un grand nombre de personnes puisse voir et apprécier l'objet peut être utile pour choisir entre *ex situ* et *in situ*.

- La conservation *ex situ* peut être pertinente et appropriée si les objets sont situés dans un environnement particulièrement sensible, où la protection de cet environnement est hautement prioritaire. La conservation *in situ* peut être pertinente et appropriée s'il existe un risque élevé de dégâts en cas de retrait des objets.

- La capacité (logistique et financière) de conservation des objets *in situ* aura des incidences sur la décision.

- Si un objet ne peut pas être représenté de manière appropriée dans son contexte et si l'objet perd de sa valeur en étant retiré de son environnement, il est peut-être plus adapté d'envisager une protection *in situ* plutôt qu'un retrait pour une conservation *ex situ*.

- S'il a été démontré par le biais d'une évaluation appropriée que l'ensemble existant de SMH en Antarctique couvre déjà de manière adéquate la valeur de l'objet en question, il peut être utile d'envisager une conservation *ex situ*. Toutefois, si l'objet ou le site est considéré comme représentatif (par exemple lorsqu'il constitue un exemple d'une classe importante d'éléments significatifs) ou rare (aspect inhabituel de l'histoire ou du patrimoine de l'Antarctique), et si aucun objet ou site similaire n'est inscrit sur la liste des SMH, il peut être plus approprié d'envisager une conservation *in situ*.

Dans les cas où des objets du patrimoine très importants sont en danger, des copies peuvent être faites alors que l'original est inaccessible. Un milieu étranger *ex situ* peut être partiellement modifié en utilisant divers effets pour rappeler le milieu d'origine.

Le retrait des objets pour une conservation *ex situ* doit toujours se faire en accord avec toutes les Parties qui ont ou qui pourraient avoir un lien avec ou un intérêt pour l'objet en question, ainsi que sur la base de l'évaluation et des conseils d'experts du patrimoine. Ce point revêt une importance particulière puisque des questions juridiques ou d'autres questions connexes peuvent survenir quant à l'origine ou à la propriété d'un objet ou d'un artefact.

5.2. Documentation

S'il est établi que la conservation *ex situ* est plus appropriée, il serait préférable de disposer d'une documentation complète du site sous forme d'archive. Une documentation rigoureuse permet aux chercheurs et au public de comprendre un site qui a, depuis, radicalement changé ou disparu.

Les nouvelles technologies ont ouvert de nouvelles voies dans le processus de documentation du patrimoine historique. Le tournage de films, la numérisation en trois dimensions, la photographie, les entretiens et le stockage de documents d'archives sont tous des méthodes de transcription acceptées.

Grâce à la technologie moderne, il est possible de créer des réalités virtuelles, utilisées entre autres pour éviter les impacts ou pour fournir un « accès » à des sites distants et inaccessibles.

6. Liste des sites ou monuments historiques

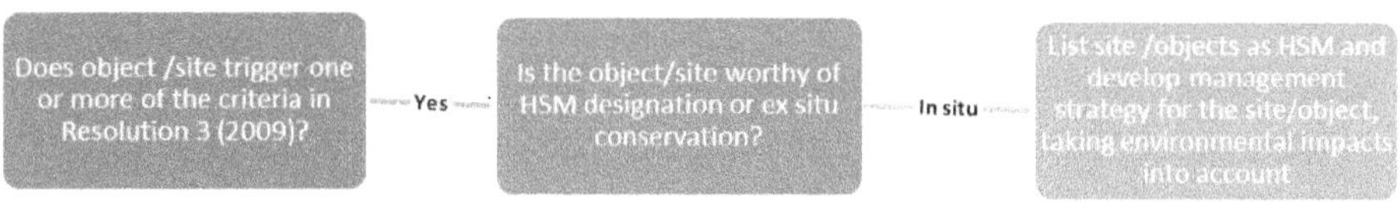

Figure 4

Une fois qu'il a été établi qu'un site ou un objet répond à un ou plusieurs des critères de la Résolution 3 (2009), il convient de décider s'il doit être géré comme une valeur patrimoniale associée aux opérations nationales ou s'il mérite d'être inscrit comme SMH. La portée de cette valeur (par rapport aux critères SMH de la Résolution 3 [2009]) aura probablement joué un rôle décisif dans la prise de décision. Certains détails concernant la réalisation du processus d'évaluation et d'inscription éventuelle sur la liste des SMH sont fournis ci-dessous.

L'article 8 (2) de l'Annexe V du Protocole au Traité sur l'Antarctique stipule que toute Partie peut soumettre un site ou un monument ayant une valeur historique reconnue pour une inscription sur la liste des SMH à l'approbation de la RCTA.

Il convient de suivre les étapes suivantes pour déterminer et proposer l'inclusion d'un objet ou d'un site à la liste des SMH :

- **Étape 1** : Évaluation du site/objet – cf. Section 3 et 4.
- **Étape 2** : Décision quant à la pertinence de son inscription sur la liste des SMH.
- **Étape 3** : Consultation des Parties manifestant un intérêt pour le site ou l'objet en question conformément à la Résolution 4 (1996) et à la Résolution 3 (2009), qui stipule que pendant les préparatifs de l'inscription d'un SMH, la Partie initiatrice

de la proposition assure un contact adéquat avec le créateur du SMH et d'autres Parties, selon le cas.

- **Étape 4** : Élaboration d'un cadre de gestion, en coopération avec les Parties intéressées.

- **Étape 5** : Préparation et soumission de la proposition au CPE. Les informations suivantes doivent être incluses dans la proposition dans un format pouvant être facilement transposé dans la liste officielle des SMH :[4]

Introduction

- *Nom du SMH*
- *Partie à l'origine de la proposition :* Liste du ou des promoteur(s)
- *Partie chargée de la gestion :* Nommer le ou les pays qui s'engagent à effectuer un suivi (avec l'approche de gestion spécifiée pour l'objet ou le site)
- *Type :* Bâtiment (hutte, station, autres vestiges de bâtiment, etc.), site, autres vestiges (cairn d'expédition, tente, phare, etc.) ou monument commémoratif (plaque, buste)

Description et documentation du site

- *Emplacement du site* : Indiquer à la fois le nom de l'endroit et les coordonnées (si connues) du site ou de l'objet. Décrire les matériaux, la construction, la fonction, l'utilisation ainsi que les caractéristiques physiques et le paysage local/culturel. Fournir des photos montrant le site, le monument et son emplacement dans le paysage.

Caractéristiques historiques ou culturelles

- *Description du contexte historique* : Aperçu du site en question. Il serait utile que les informations indiquent également clairement à quels critères d'évaluation principaux figurant dans la Résolution 3 (2009) l'objet ou le site en question répond.

Gestion

- *Décrire les actions de gestion et/ou de suivi planifiées pour l'objet ou le site en question – cf. Section 6 et 7, ainsi que le point 5 de l'Annexe de la Résolution 3 (2009)*, ainsi que les mesures qui seront prises pour limiter tout impact sur l'environnement que la gestion du SMH pourrait causer.

- **Étape 6** : Mise en œuvre d'un cadre de gestion en coopération avec les Parties intéressées (cf. Section 7).

---

[4] Les éléments énumérés ici sont en grande partie fondés sur les exigences contenues dans la Résolution 3 (2009).

7. Détermination des actions de gestion pour un SMH

7.1. Méthodes de gestion

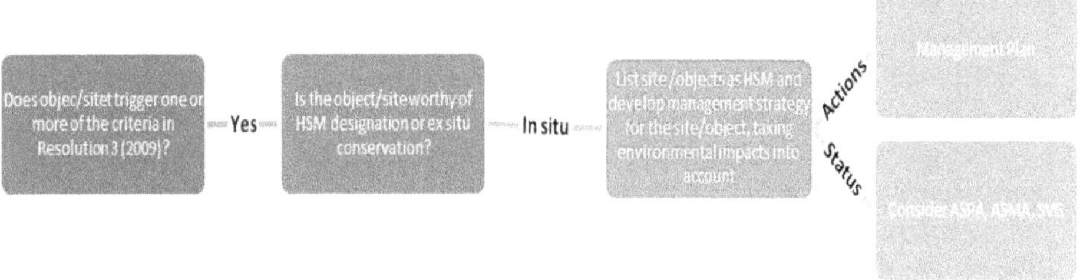

Figure 5

Lorsqu'il a été établi qu'un objet ou un site doit être conservé *in situ* en tant que SMH, il est préférable de réaliser une évaluation de ses défis et sensibilités particuliers, ainsi que d'examiner les options disponibles pour sa gestion. Lors de l'examen des méthodes de gestion, il est aussi nécessaire de prendre en compte les exigences de l'Annexe I relatives aux EIE ainsi que les mesures de suivi et d'atténuation. Ces éléments constituent une base pertinente pour l'élaboration de tout plan de gestion et/ou de conservation relatif à l'objet ou au site.

Il est primordial d'avoir une « intervention minimale » dans la conservation du patrimoine mondial. La décision qui doit être prise relativement au site ou à l'objet en question est de savoir si une non-intervention ou une gestion active (certaines interventions) doit servir de guide, établissant par là un équilibre entre le besoin de protection du SMH et les principes de protection de l'environnement du Protocole au Traité sur l'Antarctique.

Dans certains cas, il peut être approprié de permettre à un site, même s'il est reconnu comme étant un site important, d'être géré conformément au principe de détérioration contrôlée qui permet une dégradation naturelle afin de poursuivre avec une protection limitée uniquement. Toutefois, des considérations sanitaires, sécuritaires et environnementales rendent cela généralement peu pratique et un entretien minimum est généralement nécessaire pour s'assurer qu'un site n'est dangereux ni pour les humains ni pour la faune sauvage.

Une gestion active implique la présence d'individus pour gérer les changements survenant dans un lieu important au sein de son environnement, de manière à maintenir, révéler ou renforcer ses valeurs patrimoniales culturelles et naturelles. La conservation ne se limite pas à une intervention physique : elle inclut aussi des activités telles que l'interprétation et l'utilisation durable des lieux. Cela peut simplement consister à maintenir le statu quo, en n'intervenant que lorsque cela est nécessaire pour contrer les effets de la croissance et du déclin, ou, au contraire, à travers des moyens d'intervention majeure, aussi bien actifs que réactifs. Un lieu important sera inévitablement altéré, ne serait-ce que par le temps, mais ces altérations peuvent être neutres ou bénéfiques sur les valeurs du patrimoine. Elles ne sont nocives que si (et dans la mesure où) l'importance du lieu est dégradée.

Les éléments à prendre en compte pour déterminer le niveau et le type d'action de gestion requis et souhaité sont les suivantes :

- Identification de l'utilisation actuelle de l'objet ou du site et prise en compte d'un éventuel besoin de changement dans son utilisation.

- L'état de l'objet et l'éventuelle nécessité d'une réparation : la réparation est un travail qui dépasse le cadre de l'entretien normal, et permet de remédier aux défauts causés par la détérioration, des dommages ou l'utilisation. Elle est normalement effectuée pour préserver l'importance du bâtiment ou du lieu. Les réparations doivent normalement être effectuées en n'affectant pas ou peu la structure d'origine, dans des matériaux semblables, et si possible en utilisant les mêmes méthodes que celles utilisées lors de la création. Un tel travail bénéficierait grandement de l'utilisation d'une expertise adaptée.

- Actions nécessaires pour conserver ou restaurer l'objet : la restauration consiste à remettre un objet dans une position ou condition antérieure. En mettant l'accent sur la conservation, il convient de conserver la quantité maximale absolue du matériau d'origine, et que celui-ci soit modifié le moins possible. Tout ajout ou réparation ne doit pas enlever, modifier ou se mêler de manière permanente à un matériau d'origine. Un tel travail bénéficierait grandement d'une expertise adaptée.

- Les impacts éventuels sur l'environnement pouvant découler de la détérioration de l'objet.

- Les besoins en termes d'entretien.

- Les coûts des différentes mesures recommandées.

- Les ressources éventuellement disponibles pour l'objet, à la fois immédiatement et à l'avenir.

- Éducation et sensibilisation (Note : des conseils et des exemples supplémentaires sont fournis dans la Section 9).

7.2. Approches de gestion supplémentaires

Lors de l'examen de la meilleure manière de gérer ou de conserver un site ou un objet ayant une valeur de patrimoine historique, un certain nombre d'approches formelles peuvent être envisagées, dont certaines ont un statut officiel dans le système du Traité et offrent divers degrés de protection.

7.2.1. Plans de gestion

Un plan de gestion peut constituer un document d'orientation utile pour la conservation et la gestion d'un site ou d'un objet du patrimoine. Grâce à un tel plan, il sera possible d'identifier quelles politiques sont nécessaires pour s'assurer que les valeurs patrimoniales du site ou de l'objet sont conservées dans son utilisation et son développement ultérieurs. Un plan de gestion fournira également un cadre important pour garantir que la gestion du site ou de l'objet du patrimoine a le moins d'impacts possible sur l'environnement.

Chaque plan variera et devra être adapté à chaque site ou objet, sur la base du type et de la taille de son lieu, de ses attributs patrimoniaux et de ses besoins. Un plan de gestion de conservation fournit des orientations en matière de gestion des changements sur le site ou l'objet du patrimoine sans compromettre l'importance patrimoniale de son environnement.

7.2.2. Lignes directrices pour les visites de site (LDVS)

Depuis 2005, les Parties au Traité sur l'Antarctique ont mis au point et utilisé des lignes directrices pour les visites de site comme un outil de gestion, leur but étant de fournir des instructions spécifiques pour la conduite d'activités sur les sites antarctiques les plus visités. Elles incluent des orientations pratiques destinées aux opérateurs de tourisme et aux guides sur la façon de mener les visites sur ces sites, en tenant compte de leurs valeurs et de leurs sensibilités. Les LDVS sont élaborées sur la base des volumes et des types de visites actuellement observés sur chaque site spécifique, et de telles LDVS nécessitent des réexamens en cas de changements significatifs dans les volumes ou les types de visite d'un site. Les valeurs patrimoniales et historiques dans les zones très visitées peuvent bénéficier de l'élaboration de LDVS, qu'elles soient ou non officiellement adoptées comme des SMH, et ainsi guider les activités des visiteurs dans cette zone afin de réduire les éventuels impacts négatifs, dommages et destruction.

Voici quelques exemples pertinents de telles LDVS :

- LDVS n° 8 : Île Paulet[5]
- LDVS n° 14 : Île Snow Hill[6]
- LDVS n° 17 : Baie des Baleiniers[7]

7.2.3. Zones spécialement protégées de l'Antarctique (ZSPA)

L'article 3 (1) de l'Annexe V du Protocole au Traité sur l'Antarctique stipule que toute zone peut être désignée comme étant une ZSPA afin de protéger, entre autres, des valeurs historiques exceptionnelles. Conformément à l'article 8 de l'Annexe V, les sites ou monuments désignés comme ZSPA sont aussi répertoriés comme SMH. La gestion du site comme une ZSPA lui apporterait de la valeur ajoutée grâce à l'élaboration et l'adoption d'un plan de gestion formel pour la zone, et en exigeant des permis pour l'entrée dans la zone. Une telle approche peut être particulièrement utile dans des situations où il est important de réguler, limiter ou contrôler le flux de visiteurs.

Des documents de lignes directrices sont déjà disponibles pour le processus de désignation des ZSPA :

- ZSPA n° 155 : Cap Evans, île de Ross[8]
- ZSPA n° 158 : Pointe Hut, île de Ross[9]

---

[5] *https://www.ats.aq/devAS/ats_other_template.aspx?lang=e&id=c0ed3255-ee8c-4839-b1d5-e105957f7c74*
[6] *https://www.ats.aq/devAS/ats_other_template.aspx?lang=e&id=98fdfcd3-4883-49d6-9ef1-b60f2d1e005d*
[7] *https://www.ats.aq/devAS/ats_other_template.aspx?lang=e&id=e36c1a8f-3ae7-4187-9b24-194c8cf5e780*
[8] *http://www.ats.aq/documents/recatt%5Catt572_f.pdf*
[9] *http://www.ats.aq/documents/recatt%5Catt574_f.pdf*

- ZSPA nᵒ 162 : Huttes de Mawson, cap Denison, baie du Commonwealth, terre George V, Antarctique oriental[10]

7.2.4. Zones gérées spéciales de l'Antarctique (ZGSA)

L'article 3 (1) de l'Annexe V du Protocole au Traité sur l'Antarctique stipule que toute zone peut être désignée comme étant une ZGSA afin de protéger, entre autres, des valeurs historiques exceptionnelles. Conformément à l'article 8 de l'Annexe V, les sites ou monuments désignés comme ZGSA sont aussi répertoriés comme SMH. La gestion du site comme une ZGSA apporterait de la valeur ajoutée en développant et en adoptant un plan de gestion formel pour la zone. Une telle approche de gestion peut être particulièrement utile dans des situations où il existe un certain nombre d'activités et d'intérêts en cours, potentiellement concurrents et où une coordination est nécessaire pour garantir un contrôle adéquat de ces activités afin de ne pas mettre en péril les valeurs historiques de la zone.

Des documents de lignes directrices sont déjà disponibles pour le processus de désignation des ZGSA :

- ZGSA nᵒ 4 : Île de la Déception[11]
- ZGSA nᵒ 5 : station Amundsen-Scott South Pole, Pôle Sud[12]

8. Considérations environnementales

Il est important de prendre en compte les questions environnementales au cours du processus d'évaluation d'un éventuel site ou objet du patrimoine ; en effet, les considérations environnementales devraient être l'élément principal de la réflexion sur la façon de gérer un site ou un objet.

Comme indiqué, il est nécessaire d'évaluer les impacts des actions et des décisions sur l'environnement, et ce tout au long du processus d'évaluation, et il est probable que le membre concerné jugera nécessaire de procéder à une EIE à un moment donné du processus. Non seulement une EIE est susceptible d'être une exigence officielle pour de nombreuses actions décrites dans ces lignes directrices, mais elle peut également se révéler utile.

Il est clair que l'impact sur la faune sauvage (et sur l'écosystème au sens large) devra être sérieusement pris en compte dans tous les scénarios. Le nettoyage, qui sera le principal résultat pour la plupart des sites d'activité humaine, et bien sûr la préservation *ex situ* (qui exigera le retrait d'objets d'un site), nécessiteront une évaluation et une planification environnementales rigoureuses.

Entre-temps, différentes options de conservation nécessiteront également des degrés variés d'évaluation environnementale, avec l'option du déclin naturel nécessitant une évaluation particulièrement prudente.

---

[10] *http://www.ats.aq/documents/recatt/att549_f.pdf*
[11] *http://www.ats.aq/documents/recatt/Att512_f.pdf*
[12] *http://www.ats.aq/documents/recatt/Att357_f.pdf*

La décision relative au moment et au niveau d'EIE nécessaire doit être prise au cas par cas, mais cette décision doit être prise dans le cadre d'une révision en continu des impacts sur l'environnement.

Lors de l'initiation et de la conduite d'un processus d'EIE, il convient de faire référence à l'Annexe I du Protocole au Traité sur l'Antarctique et les lignes directrices pour l'évaluation des impacts sur l'environnement en Antarctique (telles qu'adoptées par la Résolution 1 [2016]).

Si et quand une EIE est effectuée dans le cadre d'un processus d'évaluation menant à une proposition d'inscription comme SMH, il serait utile pour le CPE que les promoteurs incluent les références aux conclusions de l'EIE dans le document de travail présentant la proposition destinée à être examinée par le CPE.

9. Éducation et sensibilisation

Quelle que soit la forme de protection jugée nécessaire pour des sites ou objets individuels, il est essentiel d'envisager des méthodes de sensibilisation appropriées. Étant donné que seulement 40 000 touristes environ visitent l'Antarctique chaque année, il est clair que le patrimoine de l'Antarctique n'est pas et ne sera pas accessible au grand public. Bien que la protection du patrimoine soit importante en soi, sa valeur peut diminuer quelque peu si elle n'est pas visible. C'est en partie la raison pour laquelle, dans certains cas, la conservation *ex situ* devrait être sérieusement envisagée, permettant aux gens de voir le patrimoine de l'Antarctique dans un musée ou une autre forme d'exposition publique. C'est aussi la raison pour laquelle des objets *in situ* devraient faire partie d'un processus de sensibilisation et d'éducation plus large, étant donné que la plupart des gens ne seront pas en mesure de découvrir le patrimoine sur place. De nombreuses méthodes peuvent être utilisées pour compenser le fait que tout le monde ne peut pas tout visiter ou tout voir en personne.

Certains des outils décrits dans le chapitre 5.2 rendent ce processus plus facile que par le passé, les détails des SMH étant potentiellement disponibles à toute personne souhaitant les voir sous forme de photos, de visites vidéo ou de cartes numériques, ou par le biais de moyens plus traditionnels tels que la littérature. Il devrait également être possible de rassembler des enregistrements des sites avec du matériel d'archive et des témoignages.

Les promoteurs devraient envisager d'intégrer l'éducation et la sensibilisation dans leurs plans de gestion, en en faisant ainsi une partie intégrante de la gestion d'un site ou d'un objet du patrimoine. Les Parties devraient aussi envisager une sensibilisation dans leurs propres pays, en particulier auprès des enfants, pour s'assurer que le patrimoine de l'Antarctique est partagé et apprécié par le plus grand nombre de personnes. Au cœur de la démarche de gestion du patrimoine, il y a des efforts continus de sensibilisation et d'éducation pour informer le public sur les valeurs que le patrimoine spécifique de l'Antarctique porte en lui. Cette amélioration joue un rôle important dans la sensibilisation du public sur la question du patrimoine de l'Antarctique.

10. Termes/acronymes

RCTA : Réunion consultative du Traité sur l'Antarctique

CPE : Comité pour la protection de l'environnement

SMH : Sites et monuments historiques

Monuments ou objets commémoratifs : les monuments commémoratifs sont mis en place dans le but d'attribuer une importance à des personnes, des évènements ou des traditions culturelles. Ils comprennent les efforts associés à la réussite, à la perte et au sacrifice. Les monuments commémoratifs incluent une large palette d'objets, allant des plaques ou œuvres d'art à des fondations philanthropiques finançant des recherches en cours. Ils peuvent également être associés à un institut de recherche ou à une structure religieuse. Le statut de monument historique peut être attribué à une structure ou un artefact existant.

Monument : toute structure s'élevant sur le sol et ayant des valeurs culturelles patrimoniales.

Objet et artefacts : tout élément apporté en Antarctique est un « objet » (terme neutre), mais on peut le considérer formellement comme étant un « artefact », ce qui lui confère une valeur patrimoniale.

Site : lieu dans lequel se trouve un monument et qui y est directement associé.

11. Références

11.1. Décisions de la RCTA

*   Résolution 4 (1996) : *https://www.ats.aq/devAS/info_measures_listitem. aspx?lang=f&id=237*
*   Résolution 3 (2009) : *https://www.ats.aq/devAS/info_measures_listitem. aspx?lang=f&id=444*
*   Mesure 3 (2003) : *https://www.ats.aq/devAS/info_measures_listitem. aspx?lang=f&id=296*
*   Résolution 1 (2016) : *http://www.ats.aq/documents/recatt/Att605_f.pdf*
*   Résolution 2 (2013) : Manuel de nettoyage de l'Antarctique : *https://www.ats.aq/ documents/recatt/att540_f.pdf*

11.2. Documents de la RCTA/du CPE

*   XXXIIIᵉ RCTA, document de travail WP 47 (Argentine) : *Proposition portant sur l'examen d'aspects liés à la gestion des sites et monuments historiques*
*   XXXIVᵉ RCTA, document de travail WP 27 (Argentine) : *Rapport sur les discussions informelles sur les sites et monuments historiques*

- XXXVe RCTA, document de travail WP 46 (Argentine) : *Rapport final sur les discussions informelles sur les sites et monuments historiques*
- XXXIXe RCTA, document de travail WP 12 (Royaume-Uni) : *Gestion du patrimoine de l'Antarctique : bases britanniques historiques dans la péninsule antarctique*
- XXXIXe RCTA, document de travail WP 30 (Norvège) : *Examen des différentes approches en matière de protection du patrimoine historique en Antarctique*
- XXXIIIe RCTA, document d'information IP 22 (Argentine) : *Informations complémentaires portant sur l'examen d'aspects liés à la gestion des sites et monuments historiques*

12. Ressources

12.1. Organisations

- International Council on Monuments and Sites (ICOMOS) : *www.icomos.org/en*

    - ICOMOS Australie Charte de Burra, 2013. *http://australia.icomos.org/publications/burra-charter-practice-notes/*
    - ICOMOS. Document de Nara sur l'authenticité, 1994. *https://www.icomos.org/charters/nara-e.pdf*
    - ICOMOS. Déclaration de Xi'an, 2005. *https://www.icomos.org/xian2005/xian-declaration.pdf*
    - ICOMOS. Charte internationale pour la protection et la gestion du patrimoine archéologique, 1990. *http://wp.icahm.icomos.org/wp-content/uploads/2017/01/1990-Lausanne-Charter-for-Protection-and-Management-of-Archaeological-Heritage.pdf*

- International Polar Heritage Committee (IPHC) de ICOMOS
    - ICOMOS : Statuts de l'IPHC. *http://www.polarheritage.com/content/library/71.pdf*

12.2. Accords internationaux

- Convention de l'UNESCO sur la protection du patrimoine culturel subaquatique, 2001. *http://www.unesco.org/new/en/culture/themes/underwater-cultural-heritage/2001-convention/*
- Convention de l'UNESCO concernant la protection du patrimoine mondial culturel et naturel, 1972.

12.3. Littérature générale sur le patrimoine

- Logan, W., M.C. Craith, and U. Kockel, eds. 2015. *A Companion to Heritage Studies*. Chichester. Wiley-Blackwell.

12.4. Études de cas

- Nouvelle Zélande. 2015. Projet de restauration du patrimoine de la mer de Ross, huttes historiques au cap Adare.
- Russie. 2016. Réhabilitation du cimetière de l'île Buromsky (SMH 9) dans le cadre du programme des expéditions antarctiques de la Russie.

12.5. Évaluations de l'impact sur l'environnement

- Nouvelle Zélande. 2009. EPIE. Enlèvement des artefacts provenant des sites historiques en Antarctique à des fins de restauration et de protection.
- Nouvelle Zélande. 2012. Évaluation environnementale initiale : Restauration du patrimoine de la mer de Ross.

Guide révisé pour la présentation de documents de travail contenant des propositions de désignation de Zones spécialement protégées de l'Antarctique, de Zones gérées spéciales de l'Antarctique ou de Sites et monuments historiques

Les Représentants,

Notant que l'Annexe V du Protocole au Traité sur l'Antarctique relatif à la protection de l'environnement prévoit que la Réunion consultative du Traité sur l'Antarctique (« RCTA ») adopte des propositions pour la désignation d'une Zone spécialement protégée de l'Antarctique (« ZSPA ») ou d'une Zone gérée spéciale de l'Antarctique (« ZSGA »), adopte ou modifie un plan de gestion pour une telle zone ou désigne un Site ou monument historique (« SMH »), par le biais d'une Mesure, conformément à l'article IX(1) du Traité sur l'Antarctique ;

Conscients du besoin de clarté concernant l'état actuel de chaque ZSPA et ZSGA et de leur Plan de gestion, et de chaque SMH ;

Rappelant la Résolution 1 (2008) qui recommandait que le Guide pour la présentation de documents de travail contenant des propositions pour les Zones spécialement protégées de l'Antarctique, les Zones gérées spéciales de l'Antarctique ou les Sites et monuments historiques (« le Guide »), annexé à celle-ci, soit utilisé par les personnes engagées dans la préparation de tels documents de travail ;

Rappelant également la Résolution 5 (2011) qui met à jour le Guide permettant de faciliter la collecte d'informations pour aider à évaluer et à développer ultérieurement le système des zones protégées de l'Antarctique, et la Résolution 5 (2016) qui a mis à jour le Guide, afin de refléter des outils supplémentaires qui pourraient être utilisés pour identifier des zones protégées dans un cadre environnemental et géographique systématique ;

Notant la Résolution 2 (2018), qui recommandait le recours aux Lignes directrices pour l'évaluation et la gestion du patrimoine en Antarctique, document qui fournit des indications sur les informations requises pour une inscription sur la liste des SMH ;

Désireux de mettre à jour le modèle B décrit dans le Guide, pour refléter les orientations supplémentaires fournies concernant l'évaluation du patrimoine en Antarctique ;

Recommandent à leur gouvernements que :

1. le Guide révisé pour la présentation de documents de travail contenant des propositions pour les Zones spécialement protégées de l'Antarctique, les Zones gérées spéciales de l'Antarctique ou les Sites et monuments historiques annexé à la présente Résolution soit utilisé par les personnes engagées dans la préparation de tels documents de travail ; et

2. le Secrétariat du Traité sur l'Antarctique poste le texte de la Résolution 5 (2016) sur son site Internet en soulignant qu'il est à présent caduc.

Guide pour la présentation de documents de travail contenant des propositions de désignation de zones spécialement protégées de l'Antarctique, de zones gérées spéciales de l'Antarctique ou de sites et monuments historiques

A. Documents de travail sur les ZSPA ou ZGSA

Il est recommandé que le document de travail comporte deux parties :

(i) une **PAGE DE COUVERTURE** inspirée du Modèle A et expliquant les effets escomptés de la proposition et l'historique de la ZSPA/ZGSA,. **Cette page de couverture NE fera PAS partie de la Mesure** adoptée par la RCTA : elle ne sera par conséquent publiée ni dans le Rapport final ni sur le site Internet du STA. Son seul but est de faciliter l'étude de la proposition et la rédaction des Mesures par la RCTA ;

et

(ii) un **PLAN DE GESTION**, rédigé sous la forme d'une version finale telle qu'elle sera publiée. **Ce plan sera annexé à la Mesure et publié** dans le Rapport final et sur le site Internet du STA.

Il est préférable que le plan soit rédigé dans sa version finale, prêt à être publié. Il va de soi que, lors de sa première soumission au CPE, ce plan est un projet et qu'il peut être modifié par le CPE ou la RCTA. Toutefois, la version adoptée par la RCTA devrait être présentée sous sa forme finale pour publication, et ne devrait nécessiter aucune modification de la part du Secrétariat, si ce n'est l'insertion de renvois à d'autres instruments adoptés au cours de la même Réunion.

Ainsi, dans sa dernière version, le plan ne devrait, par exemple, pas contenir des expressions telles que :

- « la zone *proposée* » ;
- « ce *projet* de plan » ;
- « *s'il est adopté*, ce plan serait ...» ;
- un compte rendu des délibérations du CPE ou de la RCTA, ou encore des détails sur les travaux intersessions (à moins que cela ne couvre des informations importantes portant, par exemple, sur la procédure de consultation, ou sur des activités menées à l'intérieur de la zone depuis la dernière révision) ;
- des opinions de certaines délégations sur le projet de plan ou des versions intermédiaires de ce plan ;

- des références à d'autres zones protégées utilisant leurs désignations antérieures à l'Annexe V.

Veuillez utiliser le *Guide pour l'élaboration des plans de gestion des zones spécialement protégées de l'Antarctique* si la proposition porte sur une ZSPA (la version actuelle de ce guide est annexée à la Résolution 2 [2011] et se trouve dans le manuel du CPE).

Il existe plusieurs plans de gestion d'excellente qualité, notamment celui de la ZSPA n° 109 : Île Moe, qui pourraient servir de modèles à la préparation de plans nouveaux et révisés.

B. Documents de travail sur des Sites et monuments historiques (SMH)

Les SMH ne disposent pas de plans de gestion, à moins que ceux-ci ne soient également désignés comme ZSPA ou ZGSA. Tous les renseignements essentiels sur les SMH sont inclus dans la mesure. Le reste du document de travail ne sera pas annexé à la mesure ; s'il est jugé souhaitable de consigner au procès-verbal des informations contextuelles supplémentaires, celles-ci peuvent être annexées au rapport du CPE en vue de leur inclusion dans le Rapport final de la RCTA. Pour veiller à ce que tous les renseignements devant être inclus dans la mesure soient fournis, il est recommandé que le Modèle B ci-dessous soit utilisé comme guide lors de la rédaction du document de travail.

C. Présentation à la RCTA de projets de mesures sur des ZSPA, des ZGSA et des SMH

Lorsqu'un projet de mesure destiné à donner effet aux avis du CPE sur une ZSPA, une ZGSA ou un SMH est soumis au Secrétariat pour être présenté à la RCTA, le Secrétariat est invité à fournir également à la RCTA des exemplaires de la page de couverture du document de travail original décrivant la proposition, sous réserve des révisions apportées par le CPE.

La procédure à suivre est la suivante :

- un document de travail consistant en un projet de plan de gestion et en une page de couverture explicative est établi et soumis par le promoteur ;
- le Secrétariat prépare un projet de mesure avant la RCTA ;
- le projet de plan de gestion est débattu par le CPE de même que toutes les révisions qui y ont été apportées (par le promoteur en liaison avec le Secrétariat) ;
- si le CPE recommande son adoption, le plan de gestion (tel qu'il a été accepté) ainsi que la page de couverture (telle qu'elle a été acceptée) sont transmis par le Président du CPE au Président du groupe de travail sur les questions juridiques et institutionnelles ;
- le groupe de travail sur les questions juridiques et institutionnelles examine le projet de mesure ;

- le Secrétariat présente officiellement le projet de mesure accompagné de la page de couverture ;
- la RCTA examine le document et prend une décision.

MODÈLE A : PAGE DE COUVERTURE D'UN DOCUMENT DE TRAVAIL SUR UNE ZSPA OU UNE ZGSA

Veuillez vous assurer que les renseignements ci-après figurent sur la page de couverture :

1) Une nouvelle ZSPA est-elle proposée ? Oui/Non

2) Une nouvelle ZGSA est-elle proposée ? Oui/Non

3) La proposition est-elle en rapport avec une ZSPA ou ZGSA existante ?

Dans l'affirmative, énumérez toutes les recommandations, mesures, résolutions et décisions relatives à cette ZSPA/ZGSA, y compris toutes les désignations antérieures de cette zone en tant que ZSP, SISP ou toute autre catégorie de zone protégée.

Veuillez inclure en particulier la date et la recommandation/mesure qui se rapportent aux éléments suivants :

- Première désignation :
- Première adoption du plan de gestion :
- Toute révision du plan de gestion :
- Plan de gestion actuel :
- Prorogation des dates d'expiration du plan de gestion :
- Rebaptisée et renumérotée .... par la Décision 1 (2002) :

(Note : ces renseignements se trouvent sur le site Internet du STA dans la section de la base de données des documents en recherchant le nom de la zone. Le Secrétariat n'a ménagé aucun effort pour assurer l'exhaustivité et l'exactitude des renseignements que contient la base de données, mais des erreurs ou omissions peuvent de temps à autre se produire. Les promoteurs d'une révision d'une zone protégée sont les mieux placés pour connaître l'histoire de cette zone ; ils sont donc priés de contacter le Secrétariat s'ils constatent une disparité manifeste entre l'histoire réglementaire telle qu'ils l'entendent et celle que renferme la base de données du Secrétariat).

4) Si la proposition contient une révision d'un plan de gestion existant, veuillez indiquer les types de modifications qui y ont été apportées :

   (i) majeures ou mineures ?

   (ii) modifications apportées aux limites ou aux coordonnées ?

   (iii) modifications apportées aux cartes ? Dans l'affirmative, les modifications apparaissent-elles dans les légendes uniquement ou également dans les graphiques ?

> (iv) modifications apportées à la description de la zone et qui contribuent à identifier son emplacement ou ses limites ?
>
> (v) modifications qui ont un effet sur d'autres ZSPA, ZGSA ou SMH situés dans cette zone ou adjacents à celle-ci ? Veuillez expliquer en particulier la fusion avec une zone ou un site existant, l'incorporation ou l'abolition d'une zone ou d'un site existant.
>
> (vi) Autre – résumé succinct des autres types de modifications, indiquant les paragraphes du plan de gestion où elles se trouvent (particulièrement utile si le plan est long).

5) Si une nouvelle ZSPA ou ZGSA est proposée, contient-elle une zone marine ? Oui/Non

6) Dans l'affirmative, la proposition doit-elle recevoir l'approbation préalable de la CCAMLR conformément à la Décision 9 (2005) ? Oui/Non

7) Dans l'affirmative, la CCAMLR a-t-elle donné au préalable son approbation ? Oui/Non (Dans l'affirmative, mention doit être faite du paragraphe en question du rapport final concerné de la CCAMLR).

8) Si la proposition porte sur une ZSPA, quelle est la raison principale de la désignation (c.-à-d. quelle partie de l'article 3.2 de l'Annexe V ?)

9) Le cas échéant, avez-vous identifié le domaine environnemental principal représenté par la ZSPA/ZGSA (référez-vous au document *Analyse des domaines environnementaux du continent antarctique*, joint à la Résolution 3 [2008]) ? Oui/ Non (dans l'affirmative, précisez le domaine environnemental principal).

10) Le cas échéant, avez-vous identifié la principale Région de conservation biogéographique de l'Antarctique représentée par la ZSPA/ZGSA (référez-vous au document *Régions de conservation biogéographiques de l'Antarctique*, joint à la Résolution 6 [2012])? Oui/Non (dans l'affirmative, précisez la principale Région de conservation biogéographique de l'Antarctique).

11) Le cas échéant, avez-vous identifié une Zone importante pour la conservation des oiseaux en Antarctique (Résolution 5 [2015]) représentée par la ZSPA/ ZGSA (référez-vous au document *Zones importantes pour la conservation des oiseaux en Antarctique 2015 : Résumé*, joint au document d'information IP 27 de la XXXVIIIᵉ RCTA et dont le rapport complet est disponible à l'adresse : *http:// www.era.gs/resources/iba/*) ? Oui/Non (dans l'affirmative, précisez la (les) Zone(s) importante(s) pour la conservation des oiseaux).

Le format ci-dessus peut être utilisé comme modèle ou comme liste de vérification pour la page de couverture, afin de s'assurer que tous les renseignements demandés soient fournis.

MODÈLE B : PAGE DE COUVERTURE D'UN DOCUMENT DE TRAVAIL SUR UN SITE OU MONUMENT HISTORIQUE

Veuillez vous assurer que les renseignements ci-après figurent sur la page de couverture :

1)   Ce site ou monument a-t-il été désigné par une RCTA antérieure comme un site ou un monument historique ? Oui/Non (dans l'affirmative, veuillez énumérer les recommandations et mesures concernées).

2)   Si la proposition porte sur un nouveau site ou monument historique, veuillez inclure les renseignements suivants, rédigés pour inclusion dans la mesure :

Introduction

(i)   Nom du SMH proposé, qui sera ajouté à la liste annexée à la Mesure 2 (2003);

(ii)   *Partie à l'origine de la proposition ;* Liste du (des) promoteur(s) ;

(iii)   Partie chargée de la gestion : Nom du ou des pays qui se sont engagés à assurer le suivi (avec une approche de gestion spécifiée pour l'objet ou le site) ;

(iv)   *Type :* Bâtiment (hutte, station, autres vestiges de bâtiment, etc.), site, autres vestiges (cairn d'expédition, tente, phare, etc.) ou monument commémoratif (plaque, buste).

Description et documentation du site

(v)   Emplacement du site : indiquer à la fois le nom de l'endroit et les coordonnées (si connues) du site ou de l'objet. Décrire les matériaux, la construction, la fonction, l'utilisation. Caractéristiques physiques et paysage local/culturel. Fournir des photos montrant le site, le monument et l'emplacement dans le paysage.

Caractéristiques historiques/culturelles

(vi)   Description du contexte historique : aperçu du site en question. Il serait utile que les informations indiquent également clairement à quel critère d'évaluation principal, contenu dans la Résolution 3 (2009), l'objet ou le site en question répond.

Gestion

(vii) Décrire les mesures de gestion et/ou de surveillance planifiées pour l'objet ou le site en question – cf. Section 6 et 7, ainsi que le point 5 de l'Annexe de la Résolution 3 (2009), ainsi que les mesures qui seront prises pour limiter les impacts sur l'environnement que la gestion du SMH pourrait causer. Il n'est peut-être pas toujours approprié de disposer d'un plan de gestion formel, mais cela peut être noté dans la proposition.

3)   Si la proposition consiste à réviser la désignation existante d'une SMH, veuillez énumérer les précédentes recommandations et mesures concernées.

Le format ci-dessus peut être utilisé comme modèle ou comme liste de vérification pour la page de couverture, afin de s'assurer que tous les renseignements demandés soient fournis.

Lignes directrices environnementales pour l'exploitation des systèmes d'aéronef pilotés à distance (RPAS) en Antarctique

Les Représentants,

Rappelant l'article 3 du Protocole au Traité sur l'Antarctique relatif à la protection de l'environnement en Antarctique (« le Protocole »), qui exige que les activités menées dans la zone du Traité sur l'Antarctique soient organisées et conduites de manière à limiter leurs incidences négatives sur l'environnement en Antarctique et sur les écosystèmes dépendants et associés ;

Reconnaissant que les RPAS sont de plus en plus utilisés dans la zone du Traité sur l'Antarctique et que cette technologie offre de nombreux avantages, y compris pour les activités scientifiques et opérationnelles, et offre même la possibilité de réduire les impacts sur l'environnement dans certains cas ;

Reconnaissant également que les RPAS peuvent causer des impacts sur l'environnement, et qu'il serait bénéfique d'adopter des lignes directrices concernant les bonnes pratiques sur l'utilisation de RPAS fondées sur le principe de précaution, afin de limiter ces impacts et d'aider les utilisateurs à remplir leurs obligations en vertu du Protocole ;

Saluant le développement des lignes directrices environnementales sur l'exploitation de RPAS en Antarctique (que les Parties peuvent appliquer et utiliser les cas échéant) par le biais d'une vaste consultation entre les membres et la communauté scientifique, y compris le Comité scientifique pour la recherche antarctique (SCAR) et le Conseil des directeurs des programmes antarctiques nationaux (COMNAP) ;

Recommandent à leurs Gouvernements :

1. d'approuver les lignes directrices environnementales pour l'exploitation de RPAS en Antarctique facultatives annexées à la présente Résolution, en tant que bonnes pratiques actuelles pour la planification et l'exécution d'activités utilisant des RPAS en Antarctique, le cas échéant ;

2. de prendre en considération, le cas échéant, les lignes directrices environnementales sur l'exploitation de RPAS en Antarctique lors de la procédure d'évaluation d'impact sur l'environnement pour les activités de RPAS en Antarctique ;

3. d'encourager toutes les personnes habilitées à opérer des RPAS à planifier et exécuter les activités de RPAS de manière à respecter au mieux les lignes directrices environnementales sur l'exploitation de RPAS ;

4. d'encourager le SCAR et la communauté scientifique à développer la recherche sur les impacts environnementaux des RPAS afin de répondre à un certain nombre d'incertitudes à ce sujet ; et

5. d'encourager le Comité pour la protection de l'environnement à poursuivre le développement de ces lignes directrices au fur et à mesure que les connaissances technologiques et scientifiques des impacts potentiels des RPAS progressent.

Lignes directrices environnementales pour l'exploitation des systèmes d'aéronef pilotés à distance (RPAS)[1] en Antarctique[2]

Introduction

Le déploiement de systèmes d'aéronef pilotés à distance (RPAS) peut, dans certains cas, limiter ou éviter les impacts sur l'environnement qui auraient autrement lieu. Leur utilisation peut aussi s'avérer plus sûre et nécessiter moins de soutien logistique que d'autres moyens de déploiement pour le même objectif.

Les lignes directrices environnementales pour l'exploitation de RPAS en Antarctique visent à soutenir la mise en œuvre des exigences des Évaluations d'impact sur l'environnement (EIE) et faciliter le processus de décision pour l'utilisation de RPAS en prodiguant des orientations fondées sur les meilleures connaissances disponibles actuellement.

Les défaillances de système et/ou la perte de RPA en Antarctique peuvent provoquer le rejet de déchets dans l'environnement. Les effets à court et à long terme des RPAS, y compris les perturbations sonores et visuelles de la faune sauvage en Antarctique, ne sont pour le moment pas très bien compris, et la mesure des incidences des RPAS sur l'environnement demeure incertaine. Il est donc recommandé, dans l'état des connaissances actuelles, d'appliquer une approche de précaution pour l'utilisation de RPAS en Antarctique tout en essayant de tirer le meilleur profit du potentiel technologique des RPAS, notamment en termes scientifique et logistique.

Il est admis qu'il peut être désirable, dans certains cas, d'opérer à proximité de la faune afin de mieux remplir les objectifs scientifiques (ou autres) autorisés par le processus d'EIE ou de délivrance de permis. La connaissance scientifique des effets des RPAS sur la faune sauvage d'Antarctique n'est à ce jour pas très développée, et les effets physiologiques ou démographiques à long terme restent largement méconnus. Il existe de grandes différences dans la façon dont chaque espèce est affectée par les RPAS. En outre, de nombreux autres facteurs entrent en jeu, comme la phase de reproduction ou les conditions locales. Les réactions ou le manque de réaction ne sont pas nécessairement des indicateurs fiables du niveau de perturbation de la faune sauvage. Les opérations de RPAS au-dessus ou à proximité de la faune sauvage doivent être suffisamment justifiées en tenant compte des perturbations potentielles via une procédure d'EIE ou de délivrance de permis.

---

[1] Un RPAS a été défini par l'Organisation de l'Aviation Civile Internationale (OACI) en 2015 comme étant « un véhicule aérien piloté à distance, sa/ses station(s) de pilotage associée(s), les liaisons de commande et de contrôle et toute autre composante spécifiée dans la définition de type ». Un aéronef piloté à distance est un « véhicule aérien sans pilote, piloté à distance dans une station de pilotage ». Les RPAS sont une catégorie de système aérien sans pilote (UAS), et ils sont souvent appelés « véhicules aériens sans pilote » (UAV), « systèmes d'aéronefs sans pilote », ou « drones ». Dans le présent document, le terme « RPAS » est utilisé pour désigner tous les systèmes d'aéronef ou drones pilotés à distance, et « RPA » est employé pour désigner le véhicule en particulier.

[2] Ces lignes directrices s'appliquent principalement aux RPAS de taille moyenne (≤ 25 kg). Bien que beaucoup de principes et directives soient également applicables aux RPAS de plus grande taille (> 25 kg), leur opération peut présenter des risques supplémentaires et nécessiter des procédures de gestion particulières qui restent à définir dans une EIE spécifique au projet.

Les lignes directrices relatives aux RPAS en Antarctique sont disponibles chez le Conseil des directeurs des programmes antarctiques nationaux (COMNAP) et certaines autorités compétentes ont également préparé des manuels pratiques sur l'utilisation de RPAS dans les programmes nationaux. Les utilisateurs de RPAS sont invités à se référer à ces lignes directrices pour des informations essentielles supplémentaires, en particulier en ce qui concerne les aspects opérationnels et de sécurité (voir Annexe 1).

Planification et Évaluation d'impact sur l'environnement (EIE) avant le déploiement

1. Exigences du Protocole de Madrid et de ses Annexes

1.1   Toutes les activités proposées et menées dans la zone du Traité sur l'Antarctique doivent faire l'objet des procédures définies dans l'Annexe I du Protocole de Madrid[3] afin d'évaluer au préalable les incidences environnementales de ces activités.

1.2   Le vol ou l'atterrissage d'un aéronef susceptible de perturber les concentrations d'oiseaux et de phoques est interdit en Antarctique, sauf s'il est conforme à un permis délivré par une autorité compétente en vertu de l'Annexe II du Protocole de Madrid.[4]

1.3   Le retrait des déchets hors de l'Antarctique, y compris les batteries électriques, les combustibles, les plastiques etc. est exigé par l'Annexe III,[5] qui doit être prise en considération dans les plans d'urgence visant à retirer les RPAS perdus ou endommagés dans le cadre de l'EIE.

1.4   Un permis délivré par une autorité nationale compétente est requis pour entrer dans une Zone spécialement protégée de l'Antarctique (ZSPA),[6] et des dispositions spéciales sur l'opération de RPAS peuvent s'appliquer au sein d'une Zone gérée spéciale de l'Antarctique (ZGSA) : toute opération de RPAS prévue dans une ZSPA ou ZGSA, y compris le survol de ces zones, doit être conforme au plan de gestion de la ZGSA ou ZSPA concernée.

2. Considérations générales

2.1   Il peut s'avérer utile, lors de la planification de l'utilisation de RPAS en Antarctique, de consulter, outre les présentes lignes directrices, les versions actuelles approuvées des documents listés dans l'Annexe 1, qui comprennent notamment des recommandations, des lignes directrices, des codes de conduite et des manuels préparés par les Parties au Traité sur l'Antarctique, le SCAR et le COMNAP, ainsi que des documents scientifiques récents comme ceux répertoriés dans l'Annexe 2.

---

[3] Conformément à l'article 8 du Protocole de Madrid.
[4] Conformément à l'article 3 de l'Annexe II du Protocole. Ce permis ne peut être délivré que sous certaines conditions.
[5] Conformément à l'article 2 de l'Annexe III.
[6] Conformément à l'Annexe V du Protocole.

2.2 Peser les avantages et inconvénients des RPAS et des autres méthodes, et tenir compte des caractéristiques environnementales des RPAS et des valeurs des zones d'opération proposées, et déterminer les avantages que peuvent avoir les RPAS et les incidences qu'ils peuvent avoir sur l'environnement.

2.3 Planifier minutieusement l'activité avant le vol et évaluer avec soin les particularités du site d'opération avant le déploiement, afin de s'assurer une compréhension satisfaisante de sa topographie, sa météorologie et des risques pouvant influencer le bon déroulement de l'opération dans le respect de l'environnement. Effectuer des simulations de vols, le cas échéant, à l'aide d'outils informatiques.

2.4 Cartographier les plans de vol, préparer les plans d'urgence pour les incidents et dysfonctionnements, et prévoir des sites d'atterrissage alternatifs et des plans pour récupérer les RPA au cas où ils s'écrasent.

2.5 Examiner les particularités et la dynamique des valeurs pouvant être affectées sur le site, y compris les espèces de faune et de flore, leur nombre et/ou leur étendue, ainsi que leur emplacement afin d'évaluer leurs concentrations, dans le cadre du processus d'EIE et de la planification de mission. Le cas échéant, ajuster les plans de vol en modifiant, par exemple, le calendrier de la mission pour éviter les périodes sensibles comme les périodes de reproduction (y compris pour toutes les espèces présentes outre celles faisant l'objet d'études), afin de limiter au maximum les perturbations potentielles.

2.6 Identifier les sites bénéficiant d'une protection spéciale (comme les ZSPA, ZGSA, les Sites et monuments historiques [SMH] et toute zone spéciale à l'intérieur même de ces zones), ou les sites soumis aux lignes directrices pour les visites de site du Traité sur l'Antarctique à proximité des opérations de RPAS prévues et s'assurer que toutes les restrictions liées au survol spécifiées dans leur plan de gestion ou lignes directrices de site soient respectées.

2.7 Examiner avec soin les options et les éventualités lors de l'EIE avant de planifier une activité et opérer un RPAS dans un environnement potentiellement sensible ou au-dessus de celui-ci (par exemple des colonies de faune sauvage, ou de vastes étendues de végétation pouvant être endommagées par le piétinement) ou dans des zones où il serait difficile voire impossible de récupérer un RPA perdu, tout en reconnaissant que l'étude de telles zones avec un RPAS pourrait s'avérer particulièrement intéressante.

2.8 Si le pilotage des RPAS est prévu à bord de navires, il convient de garder à l'esprit les risques importants de collision avec les oiseaux qui volent habituellement près des bateaux.

2.9 Dans les cas où plusieurs opérations de RPAS sont planifiées au même endroit, ou de façon répétée, il convient de considérer les effets cumulatifs potentiels sur l'environnement dans l'EIE.

3. Caractéristiques des RPAS

3.1 Sélectionner avec discernement les types de RPAS et de détecteurs qui seront les plus appropriés pour remplir les objectifs de l'activité planifiée et, dans la mesure du possible, utiliser la meilleure technique disponible pour limiter au maximum l'impact sur l'environnement. Effectuer des vols d'essai en dehors de l'Antarctique pour confirmer votre choix (par ex. tester les capacités des capteurs à différentes altitudes et, le cas échéant, sélectionner des capteurs ou des lentilles permettant d'observer une plus grande distance de séparation avec la faune sauvage).

3.2 Privilégier les modèles de RPAS les moins bruyants et les modèles aux formes, à la taille et aux couleurs qui ne sont pas menaçantes pour les espèces (qui pourraient les confondre avec des prédateurs aériens présents dans la zone d'opération) afin de limiter au maximum la pression exercée sur les espèces-proies locales.

3.3 S'assurer que les RPAS soient correctement entretenus et qu'ils soient fiables avant tout déploiement afin de limiter les risques de panne ou de perte. Privilégier les RPAS dotés d'une option de retour. S'assurer que le RPA a assez d'énergie ou de combustible pour accomplir sa mission. Surveiller de près les capacités et performances des batteries des RPAS électriques, car elles peuvent varier selon les circonstances. En ce qui concerne les RPAS à combustion, contrôler les fuites éventuelles, s'assurer que les bouchons de réservoir soient bien en place, appliquer les meilleures pratiques lors de la manipulation de combustible et lors de l'approvisionnement et s'assurer de la mise en place des mesures destinées à empêcher le déversement de carburant.

3.4 Afin de réduire les risques d'introduction d'espèces non indigènes, s'assurer que les RPAS et tout le matériel associé, y compris les étuis de transport, soient propres et ne contiennent pas de terre, de végétation, de graines, de propagules ou d'invertébrés avant leur acheminement en Antarctique. Nettoyer minutieusement les RPAS et le matériel associé après utilisation et avant de les réutiliser dans un autre site afin de réduire les risques de transfert d'espèces en Antarctique.

4. Caractéristiques de l'opérateur

4.1 Les pilotes des RPAS doivent être dûment entraînés avant toute opération sur le terrain en Antarctique.

4.2 Les vols d'essai de RPAS doivent être effectués sous différentes conditions par le pilote qui sera responsable de l'opération en Antarctique avec le type, le modèle et la charge utile du RPAS qui sera déployé.

4.3 Les opérations de RPAS doivent impliquer un pilote et, le cas échéant, au moins un observateur. Les pilotes doivent avoir une bonne connaissance des critères environnementaux définis dans la section 1 et de tous les aspects du site d'opération avant le déploiement sur le terrain, et notamment des sensibilités du site et des risques potentiels.

Opérations sur place et en vol

5. Considérations générales

5.1 Les pilotes et les observateurs désignés doivent à tout moment opérer le RPA à portée de vue (courte portée), à moins qu'une opération au-delà de la ligne visuelle (longue portée) ne soit approuvée par une autorité compétente.

5.2 Les pilotes et les observateurs désignés doivent faire preuve de vigilance lors des opérations et maintenir une bonne communication entre eux tout au long de l'opération et tout en surveillant les mouvements de la faune sauvage dans la zone d'opération.

5.3 Compléter les opérations de vol en indiquant les chiffres et la durée de vol dans la mesure du possible, tout en remplissant les objectifs de la mission.

6. Opérations au-dessus ou à proximité de la faune sauvage

6.1 Choisir les sites de lancement/d'atterrissage de RPAS avec discernement, en tenant compte de la topographie et des autres facteurs (comme la direction dominante des vents) pouvant influencer la distance optimale à respecter avec la faune sauvage. Dans la mesure du possible, essayer de choisir des sites de lancement et d'atterrissage situés hors de portée de vue des concentrations de faune sauvage, dans le sens du vent (tout en gardant à l'esprit l'obligation d'opérer à courte portée) et aussi loin que possible de la faune sauvage.

6.2 Analyser le niveau de bruit émis par le RPA lors du décollage et du vol afin de déterminer l'emplacement du site d'atterrissage/de décollage et l'altitude du vol, tout en tenant compte de l'influence des conditions du vent sur le bruit au niveau du sol.

6.3 Lorsque cela est possible, essayer de prendre de l'altitude sans survoler inutilement les concentrations de faune sauvage.

6.4 Dans la mesure du possible, essayer d'opérer les RPAS aux moments de la journée ou de l'année où les risques de perturbation des espèces sont les moindres.

6.5 Lors des opérations à courte portée, les pilotes et les observateurs désignés doivent surveiller la proximité et le comportement des prédateurs pouvant attaquer les animaux, leurs petits ou même le RPA dans la zone d'opération des RPAS, afin de prévenir les risques de collision. Si la proximité des prédateurs est constatée et si leur comportement dépasse les niveaux de perturbation jugés acceptables pour l'approbation de l'activité, alors les opérations devront être modifiées ou annulées.

6.6 Dans la mesure du possible, essayer d'éviter les manœuvres inutiles ou soudaines au-dessus de la faune sauvage, ou même le survol de celle-ci, et emprunter, si possible, les routes aériennes prévues, tout en réalisant les objectifs de la mission.

6.7 Voler aussi haut que possible et se rapprocher le moins possible du sol lors de l'opération de RPAS à proximité ou au-dessus de la faune sauvage. Lorsque le pilotage d'un RPA à proximité de la faune se révèle nécessaire, il convient de respecter les consignes de vol pour une perturbation minimale, et de maintenir constamment une distance de précaution par rapport à la faune sauvage pour s'assurer qu'il n'y a aucune perturbation visible. Les réactions de la faune sauvage aux RPA sont très variables et dépendent, par exemple, de l'espèce, de la période de reproduction, de l'altitude de vol ou de l'approche horizontale ou verticale de l'appareil.

Dans le cas où plusieurs espèces sont présentes, il convient d'adopter l'approche la plus prudente et si une quelconque perturbation de la faune est constatée à quelque distance que ce soit, alors il conviendra de s'éloigner davantage.

6.8 Les pilotes et les observateurs désignés devront se montrer plus prudents près des falaises, où des oiseaux peuvent nicher, et maintenir, quand cela est possible, la distance de séparation horizontale. Lors des opérations à courte portée, les pilotes et les observateurs désignés doivent prêter attention aux signes de perturbation de la faune sauvage et s'en informer mutuellement. Ils devront garder à l'esprit que les changements de comportement ne sont pas des indicateurs fiables des niveaux de stress des espèces, élément qui devrait aussi être pris en compte lors des phases d'EIE et de planification. S'il est estimé que les perturbations de la faune sauvage dépassent les niveaux jugés acceptables pour l'activité, les pilotes devront appliquer une approche de précaution en augmentant la distance séparant les RPAS des animaux si cela ne présente aucun risque et envisager l'arrêt de l'activité si les perturbations persistent.

6.9 Lors des opérations à longue portée menées à proximité ou au-dessus de concentrations d'espèces sauvages, étudier s'il est réaliste de placer un observateur dans les environs pour qu'il puisse noter les changements de comportement possibles et informer le pilote le cas échéant.

7. Opérations au-dessus des écosystèmes terrestres et d'eau douce

7.1 Les pilotes et observateurs s'emploieront à réduire au maximum les perturbations des caractéristiques géologiques et géomorphologiques sensibles (comme les environnements géothermiques ou les surfaces fragiles comme l'écorce ou les dépôts de sédiments), des sols, des rivières, des lacs et de la végétation dans la zone d'opération des RPAS, et à mener leurs activités de manière à contourner les sites sensibles dans toute la mesure du possible (y compris éviter de marcher dessus).

7.2 Si un atterrissage imprévu ou la récupération d'un RPA dans une zone inconnue s'impose, le pilote et/ou l'observateur prendront toutes les dispositions nécessaires pour limiter au maximum la perturbation des caractéristiques sensibles du site, comme la faune sauvage, la végétation ou les sols.

8. Considérations humaines

8.1 Dans la mesure du possible, éviter les opérations de RPAS au-dessus des Sites et monuments historiques (SMH) pour limiter les risques de perte d'un RPA dans ces sites. Si la récupération d'un RPA en panne dans un SMH se révèle nécessaire, il conviendra d'en informer l'autorité compétente et de demander conseil avant d'entreprendre la moindre action.

8.2 Les opérateurs de RPAS doivent être conscients que l'Antarctique est largement apprécié pour son caractère éloigné, isolé et sauvage et pour ses valeurs esthétiques et naturelles. Il s'agira donc de respecter le droit d'autrui de pouvoir faire l'expérience de ces valeurs et de pouvoir en jouir, et de modifier les opérations de vol dans la mesure du possible (calendrier, durée, distances, etc.) pour limiter le dérangement.

Activités après le vol & Rapports

9. Actions

9.1 Dans le cas d'un atterrissage forcé ou d'un accident, et en gardant à l'esprit l'obligation de retirer les déchets de l'Antarctique conformément au Protocole de Madrid (voir point 1.3), il conviendra de récupérer les RPA si :

- cette opération peut être exécutée en toute sécurité ;
- des vies humaines, la faune sauvage ou les valeurs environnementales sont mises en danger, auquel cas l'autorité compétente doit en être informée et des procédures d'urgence seront mises en œuvre pour neutraliser les risques ;
- l'impact environnemental du retrait ne sera probablement pas plus grand que si le RPA est laissé sur place ;
- le RPA endommagé ne se situe pas dans une ZSPA pour laquelle aucun permis d'accès n'a été délivré, à moins que le RPA ne représente une menace directe aux valeurs de la ZSPA concernée, auquel cas il conviendra de notifier l'autorité compétente et des procédures d'urgence seront mises en œuvre pour neutraliser les risques.

9.2 Si un RPA perdu ne peut pas être récupéré, l'autorité compétente doit en être informée, et les coordonnées GPS de sa dernière position connue seront indiquées ainsi que les possibles incidences sur l'environnement.

10. Procédure de rapport et mise à jour des présentes lignes directrices

10.1 Observer et enregistrer les réactions des animaux avant, pendant et après les vols de RPAS, de préférence par un observateur dédié plutôt que par le pilote qui lui, doit se concentrer sur le contrôle du RPAS.

10.2 Le rapport d'activité doit se conformer à l'EIE et/ou aux permis associés à l'activité. Envisager d'inclure les informations sur tous les impacts environnementaux et réfléchir aux moyens d'éviter ces impacts à l'avenir. Dans la mesure du possible, utiliser un format standard pour communiquer ces informations (voir par ex. les formulaires fournis dans le *COMNAP RPAS Operator's Handbook* [Manuel des opérateurs de RPAS du COMNAP]) et essayer de les mettre à disposition afin de renforcer les meilleures pratiques pour les RPAS.

10.3 Les opérateurs de RPAS sont encouragés à mener de plus amples recherches sur les impacts environnementaux des RPAS afin de combler les lacunes et les incertitudes, réviser régulièrement les études et publier les observations dans la littérature scientifique pour aider à affiner et améliorer ces lignes directrices environnementales sur les meilleures pratiques pour l'exploitation de RPAS en Antarctique.

Appendice 1

Sélection de documents techniques relatifs aux lignes directrices environnementales pour l'exploitation de systèmes d'aéronef pilotés à distance (RPAS) en Antarctique

Parties au Traité sur l'Antarctique, Résolution 2 (2004) *Directives pour l'exploitation d'aéronefs à proximité de concentrations d'oiseaux dans l'Antarctique.*

Parties au Traité sur l'Antarctique, *Manuel sur les espèces non indigènes* du Comité pour la protection de l'environnement (Version 2017).

COMNAP (Conseil des directeurs des programmes antarctiques nationaux) 2017. *Antarctic Remotely Piloted Aircraft Systems (RPAS) Operator's Handbook* [Manuel des opérateurs de RPAS en Antarctique]. Version 7, 27 novembre 2017.

IAATO (Association internationale des organisateurs de voyages dans l'Antarctique) 2016. « IAATO Policies on the use of unmanned Aerial Vehicles (UAVs) in Antarctica ». [Politiques de l'IAATO sur l'utilisation d'UAV en Antarctique : mise à jour de la saison 2016/2017]. Document d'information IP 120, XXXIXe RCTA, tenue à Santiago au Chili, du 23 mai au 1er juin 2016.

OACI (Organisation de l'Aviation Civile Internationale) 2015. "Manual on Remotely Piloted Aircraft Systems" (RPAS) [Manuel sur les RPAS], première édition. Organisation de l'Aviation Civile Internationale, Document 10019. Montréal, Canada.

SCAR : "Code of Conduct for Terrestrial Scientific Field Research in Antarctica" [Code de conduite du SCAR pour la recherche scientifique de terrain en zone continentale en Antarctique] (2009).

SCAR : "Code of Conduct for Activity within Terrestrial Geothermal Environments in Antarctica" [Code de conduite pour les activités se déroulant en zone géothermique continentale en Antarctique] (2016).

Appendice 2

Sélection de documents scientifiques évalués par les pairs sur les impacts environnementaux des systèmes d'aéronef pilotés à distance (RPAS)

Acevedo-Whitehouse, K. Rocha-Gosselin, A. & Gendron, D. 2010. A novel non-invasive tool for disease surveillance of freeranging whales and its relevance to conservation programs. *Animal Conservation* 13: 217-225.

Borrelle, S.B. & Fletcher, A.T. 2017. Will drones reduce investigator disturbance to surface-nesting seabirds? *Marine Ornithology* 45: 89-94.

Christiansen F, Rojano-Doñate L, Madsen PT and Bejder L. 2016. Noise levels of multi-rotor Unmanned Aerial Vehicles with implications for potential underwater impacts on marine mammals. *Frontiers in Marine Science* 3: 277. doi: *10.3389/fmars.2016.00277*

Erbe, C., Parsons, M., Duncan, A., Osterrieder, S.K. & Allen, K. 2017. Aerial and underwater sound of unmanned aerial vehicles (UAV). *Journal of Unmanned Vehicle Systems* 5: 92-101. *dx.doi.org/10.1139/juvs-2016-0018*

Goebel M.E., Perryman W.L., Hinke J.T., Krause D.J., Hann N.A., Gardner S. & LeRoi D.J. 2015. A small unmanned aerial system for estimating abundance and size of Antarctic predators. *Polar Biology* 38: 619-630 doi:*10.1007/s00300-014-1625-4*

Hodgson, J.C. & Koh, L.P. 2016. Best practice for minimising unmanned aerial vehicle disturbance to wildlife in biological field research. *Current Biology* 26: R404-R405 doi:*http://dx.doi.org/10.1016/j.cub.2016.04.001*

Korczak-Abshire, M., Kidawa, A., Zmarz, A., Storvold, R., Karlsen, S.R., Rodzewicz, M., Chwedorzewska, K., & Znoj, A. 2016. Preliminary study on nesting Adélie penguins disturbance by unmanned aerial vehicles. *CCAMLR Science* 23: 1-16.

McClelland, G.T.W., Bond, A.L., Sardana, A. & Glass, T. 2016. Rapid population estimate of a surface-nesting seabird on a remote island using a low-cost unmanned aerial vehicle. *Marine Ornithology* 44: 215-220.

McEvoy, J.F., Hall, G.P. & McDonald, P.G. 2016. Evaluation of unmanned aerial vehicle shape, flight path and camera type for waterfowl surveys: disturbance effects and species recognition. *PeerJ* 4: e1831. doi: *10.7717/peerj.1831*

Moreland, E.E., Cameron, M.F., Angliss, R.P. & Boveng, P.L. 2015. Evaluation of a ship-based unoccupied aircraft system (UAS) for surveys of spotted and ribbon seals in the Bering Sea pack ice. *Journal of Unmanned Vehicle Systems* 3: 114-22. *dx.doi.org/10.1139/juvs-2015-0012*

Mulero-Pázmány, M., Jenni-Eiermann, S., Strebel, N., Sattler, T., Negro, J.J. & Tablado, Z. 2017. Unmanned aircraft systems as a new source of disturbance for wildlife: A systematic review. *PLoS ONE* 12 (6): e0178448. doi:*10.1371/journal.pone.0178448*

Mustafa, O., Esefeld, J., Grämer, H., Maercker, J., Rümmler, M-C., Senf, M., Pfeifer, C., & Peter, H-U. 2017. Monitoring penguin colonies in the Antarctic using remote sensing data. Umweltbundesamt, Dessau-Roßlau.

Pomeroy, P., O'Connor, L. & Davies, P. 2015. Assessing use of and reaction to unmanned aerial systems in gray and harbor seals during breeding and molt in the UK. *Journal of Unmanned Vehicle Systems* 3: 102-13. *dx.doi.org/10.1139/juvs-2015-0013*

Rümmler, M-C., Mustafa, O., Maercker, J., Peter, H-U. & Esefeld, J. 2016. Measuring the influence of unmanned aerial vehicles on Adélie penguins. *Polar Biology* 39 (7): 1329-34. doi:*10.1007/s00300-015-1838-1.*

Smith, C.E., Sykora-Bodie, S.T., Bloodworth, B., Pack, S.M., Spradlin, T.R. & LeBoeuf, N.R. 2016. Assessment of known impacts of unmanned aerial systems (UAS) on marine mammals: data gaps and recommendations for researchers in the United States. *Journal of Unmanned Vehicle Systems* 4: 1-14. *dx.doi.org/10.1139/juvs-2015-0017.*

Vas, E., Lescroël, A., Duriez, O., Boguszewski, G. & Grémillet, D. 2015 Approaching birds with drones: first experiments and ethical guidelines. *Biology Letters* 11: 20140754. *dx.doi.org/10.1098/rsbl.2014.0754.*

Weimerskirch, H., Prudor, A. & Schull, Q. 2017. Flights of drones over sub-Antarctic seabirds show species and status-specific behavioural and physiological responses. Polar Biology (en ligne). DOI *10.1007/s00300-017-2187-z.*

Code de conduite du SCAR pour la recherche scientifique de terrain en zone continentale en Antarctique

Les Représentants,

Rappelant l'article 3 du Protocole au Traité sur l'Antarctique relatif à la protection de l'environnement en Antarctique (« le Protocole »), qui exige que les activités menées dans la zone du Traité sur l'Antarctique soient organisées et conduites de manière à limiter leurs incidences négatives sur l'environnement en Antarctique et sur les écosystèmes dépendants et associés ;

Reconnaissant la diversité des environnements terrestres, qui présentent des valeurs scientifiques et intrinsèques ;

Reconnaissant que ces environnements puissent être menacés par les impacts associés aux activités de recherche, notamment via l'introduction d'espèces non indigènes, le transfert d'espèces indigènes entre différents lieux ou le rejet des contaminants ;

Accueillant favorablement l'élaboration, suite à une large consultation et avec la contribution du Conseil des directeurs des Programmes antarctiques nationaux (« COMNAP »), par le Comité scientifique pour la recherche en Antarctique (« SCAR ») du Code de conduite du SCAR pour la recherche scientifique de terrain en zone continentale en Antarctique, que les Parties peuvent appliquer et utiliser, le cas échéant, afin de leur permettre de respecter leurs obligations dans le cadre du Protocole ;

Recommandent à leurs gouvernements :

1. d'approuver le Code de conduite facultatif en tant que meilleures pratiques actuelles pour la planification et la conduite d'activités dans les environnements antarctiques terrestres ; et

2. d'encourager la prise en compte du Code de conduite au cours du processus d'évaluation de l'impact environnemental pour les activités qui seront menées dans des environnements terrestres, et encourage leurs chercheurs à parfaitement maîtriser et respecter le contenu du Code de conduite au mieux de leur capacité lorsqu'ils mènent des activités de recherche dans ces environnements.

Code de conduite du SCAR pour la recherche scientifique de terrain en zone continentale en Antarctique

Contexte

Ce code de conduite (Cdc) du Comité scientifique pour la recherche en Antarctique (SCAR) fournit des orientations pour les scientifiques menant des activités de terrain en zone continentale en Antarctique. La nécessité d'un tel Cdc a été évoquée à l'occasion de la IXe réunion du CPE (Rapport final de la IXe réunion du CPE, para. 132.) Un Cdc a été approuvé par la XXXe réunion des délégués du SCAR à Moscou en juillet 2008. Le SCAR a présenté le Cdc à la XIIe réunion du CPE (2009) dans le document IP 4. Une nouvelle révision du Cdc a été coordonnée par le SCAR en 2017, avec le concours de spécialistes et de la communauté élargie du SCAR, et la version revue a été soumise à l'examen de la XXe réunion du CPE (WP 18). De plus amples consultations ont eu lieu lors de la période intersessions 2017-2018, notamment avec le COMNAP.

Ce Cdc trouve son origine dans les discussions menées lors de la réunion du CPE de 2006 sur les moyens d'éviter l'introduction de propagules[1] d'espèces non indigènes. Depuis ces discussions, le Cdc a été élargi afin de donner des orientations pour la planification et la conduite de recherches scientifiques de terrain visant à réduire au maximum les impacts sur l'environnement, y compris, sans s'y limiter, le transfert d'espèces non indigènes.

Introduction

L'Antarctique présente de nombreuses caractéristiques géologiques, paléontologiques, glaciologiques et biologiques uniques. Ce paysage et ses communautés biologiques n'ont souvent qu'une capacité naturelle limitée à se remettre d'éventuelles perturbations. Nombre de ces caractéristiques pourraient aisément être irrémédiablement dégradées. Ce Cdc fournit des recommandations sur la manière dont les scientifiques et le personnel associé peuvent mener des activités scientifiques de terrain tout en protégeant l'environnement de l'Antarctique pour les générations à venir, et sans porter préjudice à des recherches scientifiques ultérieures. Ces protocoles garantissent une incidence la plus faible possible de la présence humaine. Tout personnel menant des recherches scientifiques en Antarctique doit avoir pris connaissance de ce Cdc et les activités de terrain doivent être pensées de façon à limiter au maximum l'impact sur l'environnement.

Le Protocole au Traité sur l'Antarctique relatif à la protection de l'environnement (également appelé Protocole de Madrid ou Protocole sur l'environnement) est un document de référence pour la gestion et la protection de l'environnement en Antarctique. Le

---

[1] Propagule : moyen de propagation, par ex. graine, spore, œuf, insecte vivant (y compris des microbes dans un sol non stérile).

changement climatique ainsi qu'une pression croissante due aux activités anthropiques laissent à penser que des lignes directrices exhaustives sont nécessaires afin de protéger les caractéristiques uniques de l'Antarctique. Ce Cdc complète les sections correspondantes du Protocole, et fournit des conseils aux chercheurs réalisant des recherches sur le terrain (limnologiques, terrestres, côtières/littorales, glaciologiques, biologiques, paléontologiques, sociologiques, historiques, archéologiques, climatologiques et géologiques, entre autres). Est définie ici comme activité « de terrain » toute activité scientifique, et la logistique associée, menée dans l'environnement naturel, quelle qu'en soit la durée.

Tous les pays qui mènent des recherches sur le terrain en zone continentale en Antarctique sont invités à inclure ce Cdc à leurs procédures opérationnelles et à s'assurer que le personnel réalisant ou accompagnant des recherches scientifiques de terrain le respecte.

Il est recommandé que ce Cdc soit observé autant que faire se peut par l'ensemble du personnel réalisant des recherches scientifiques, tant que cela ne compromet pas la sécurité de l'expédition.

Lignes directrices générales

Le risque d'apporter des propagules non indigènes dans les écosystèmes antarctiques (et subantarctiques) est potentiellement plus élevé pour les scientifiques que pour les autres personnes qui se rendent en Antarctique, parce que leur domaine d'étude les conduit souvent dans des milieux alpins ou septentrionaux du pôle. En outre, les scientifiques œuvrant en Antarctique se déplacent également entre différentes régions de conservation biogéographiques de l'Antarctique (RCBA),[2][3][4] lesquelles diffèrent grandement en termes de biodiversité et de géodiversité. Dans le cadre de leurs recherches dans ces habitats, les scientifiques œuvrant en Antarctique peuvent emporter par inadvertance des propagules et/ou de la terre sur leurs vêtements, leurs équipements et leurs caisses à équipement. Si ces objets sont par la suite emmenés en Antarctique, ou dans des RCBA, et qu'ils n'ont pas été nettoyés ou stérilisés afin de retirer ou de tuer les propagules, alors il existe un risque que ces matériaux soient transportés en Antarctique et alentours. Les équipements doivent être minutieusement nettoyés avant leur introduction en Antarctique, ou avant leur transport entre différentes régions de l'Antarctique.

Les conséquences d'un transfert de taxons entre différentes zones par l'homme vont du changement de la structure génétique des populations à des modifications de la biodiversité locale et à des effets consécutifs sur les dynamiques de la communauté. Les transferts humains peuvent impliquer des espèces (ou leurs propagules) venant de sites extérieurs à l'Antarctique, et de telles espèces seront la plupart du temps considérées comme non indigènes. Compte tenu des différences entre les régions, le transfert intrarégional d'espèces

---

[2] Terauds A, Chown SL, Morgan F, Peat HJ, Watts DJ, Keys H, Convey P & Bergstrom DM (2012), *« Conservation biogeography of the Antarctic »*, *Diversity and Distributions* 18:726-741.

[3] Terauds A & Lee JR (2016), *« Antarctic biogeography revisited: updating the Antarctic Conservation Biogeographic Regions »*, *Diversity and Distributions* 22:836-840.

[4] Résolution 6 (2012) - XXXVᵉ RCTA, Hobart ; Résolution 3 (2017) - XLᵉ RCTA, Beijing.

indigènes devra cependant lui aussi être limité au maximum. De tels déplacements accidentels de biotes indigènes pourraient compromettre les études scientifiques portant sur l'adaptation moléculaire, l'évolution et la biogéographie régionale, mais aussi réduire la valeur intrinsèque qu'offre l'Antarctique en tant que système subissant une influence anthropique très faible.

Avant de se rendre sur le terrain

Informer les autorités nationales concernées des activités planifiées longtemps à l'avance et avec autant de détails que possible, de manière à permettre l'évaluation des incidences environnementales que pourraient subir les sites de terrain visités, conformément à l'Annexe I du Protocole au Traité sur l'Antarctique relatif à la protection de l'environnement.

En amont de la réalisation de toute activité scientifique, il est primordial d'envisager et de définir clairement le champ d'application de l'activité prévue, notamment sa localisation, sa durée et son intensité.

Tenir compte des effets cumulatifs de l'activité, à la fois en elle-même et associée à d'autres activités menées dans la région. Envisager des alternatives à l'activité qui entraîneraient des effets moindres, et réutiliser autant que faire se peut les installations existantes.

Dans le but de réduire au maximum les incidences environnementales des activités de terrain :

(i)   Choisir des sites les plus proches possible des stations de recherche, et utiliser les sentiers existants.

(ii) Limiter le nombre de visiteurs sur les sites de terrain aux personnes nécessaires à la réalisation de ces travaux de terrain.

(iii) Dans la mesure du possible, éviter les zones particulièrement vulnérables aux perturbations, telles que les zones couvertes de végétation, les sites de reproduction, les terrains structurés et les plans d'eau.

(iv) Réutiliser les sites existants autant que possible.

(v)   Prévoir les mesures nécessaires afin de prévenir et de réagir rapidement et efficacement à tout incident ou accident environnemental.

Tout élément emmené sur le terrain doit être nettoyé avant son introduction, puis renvoyé à la station principale pour être dûment nettoyé, lorsque cela est possible et sans risques.

Des précautions seront prises pour éviter d'introduire des espèces non indigènes ou des produits chimiques polluants, et pour éviter le transfert de matériaux entre les sites :

(i)   Veiller à soigneusement nettoyer tous les équipements et les vêtements, notamment les chaussures.

(ii)   Éviter d'apporter du matériel ou des emballages superflus sur le terrain. Prière de noter que plusieurs produits utilisés dans des emballages sont interdits en Antarctique, notamment les billes de polystyrène.

Une fois sur le terrain

Une attention toute particulière devra être portée aux zones présentant des caractéristiques biologiques, géologiques, paléontologiques, historiques, archéologiques ou géomorphologiques sensibles, telles que les colonies d'oiseaux et d'otaries, les zones de repos des oiseaux, les zones couvertes de végétation, les lacs ou mares d'eau douce, les dunes de sable, les pierriers, les terrasses fluviales, les gisements fossilifères, les morphologies fragiles ou vulnérables (par ex. sols structurés, sédiments faiblement ou non consolidés, encroûtements biologiques, trous dus aux intempéries, sols saturés en eau lors des périodes de fonte estivale, etc.), les pyramides à noyau de glace et les structures modelées par le vent.

Éviter toute perturbation inutile de la flore et de la faune antarctiques. Éviter les zones dans lesquelles les espèces sauvages sont facilement perturbées, en particulier pendant la période de reproduction.

Les échantillons collectés (géologiques, paléontologiques, biologiques, carottes de glace, etc.) devront être aussi réduits que possible afin de limiter les impacts environnementaux. Ne prélever des échantillons que dans le respect de l'évaluation d'impact sur l'environnement effectuée pour l'activité et, le cas échéant, des permis délivrés par une autorité nationale compétente.

L'emplacement de tout déversement, site de campement, fosse pédologique, site de forage ou de prélèvement, site expérimental ou toute autre perturbation devra être enregistré (de préférence grâce à un GPS) et signalé à l'autorité nationale compétente, afin que cela soit utile aux chercheurs suivants.

Réduire au maximum les incidences lors des déplacements au sein de l'environnement :

(i)   Emprunter les pistes, lorsqu'elles existent.

(ii)   Éviter de marcher sur les zones couvertes de végétation, les lits de ruisseaux, les berges des lacs, les formations rocheuses, reliefs ou terrains délicats.

(iii) Limiter l'usage des véhicules terrestres aux surfaces de neige ou de glace, ou aux voies tracées lorsqu'elles existent.

(iv)   Dans la mesure du possible, utiliser les sites d'atterrissage reconnus pour les hélicoptères, et s'assurer que les marquages des plateformes sont bien visibles depuis les airs.

(v)   Réduire au maximum les perturbations causées aux espèces sauvages en respectant les Lignes directrices de la RCTA pour l'exploitation d'aéronefs à proximité des concentrations d'oiseaux dans l'Antarctique.[5]

(vi)   Réparer toute perturbation causée par des activités, tant que ces réparations ne provoquent pas de nouvelles incidences environnementales.

(vii)   Des algues et des invertébrés vivent sous les pierres. Le déplacement de pierres ou de rochers doit de ce fait être limité aux seuls besoins liés aux travaux entrepris.

(viii) Ne pas construire de cairns.

Gestion des sites scientifiques de terrain

Réduire au maximum les incidences environnementales des sites de terrain :

(i)   Limiter la taille des sites aux besoins des activités scientifiques menées.

(ii)   Maintenir la propreté des sites au cours de leur utilisation.

(iii)   Éviter toute activité susceptible de répandre des matériaux étrangers dans l'environnement. Éviter en particulier l'utilisation de bombes de peinture, de bornes en bois etc., et mener dans la mesure du possible les activités de sciage et de déballage à l'intérieur d'une cabane ou d'une tente.

(iv)   S'assurer que les équipements ne s'envolent pas et ne soient pas volés par des oiseaux curieux (par ex. labbes ou manchots).

(v)   Dans la mesure du possible, prendre toutes les mesures de précaution à même de garantir la collecte puis le retrait des déchets humains et des eaux grises.

Une fois les travaux achevés, restaurer autant que possible le site en évitant de générer de nouvelles incidences environnementales. Garder à l'esprit que les sites sont susceptibles de faire l'objet d'un contrôle ultérieur de conformité au regard du Protocole au Traité sur l'Antarctique relatif à la protection de l'environnement.

Étant donné qu'il est important de prévenir l'introduction de substances et de polluants étrangers dans l'environnement :

(i)   Éviter les matériaux susceptibles de se briser à basse température, par exemple les plastiques à base de polyéthylène.

(ii)   Manipuler avec précaution les carburants, produits chimiques et isotopes (stables ou radioactifs) afin d'éviter les fuites ou les rejets involontaires dans l'environnement. Tenir compte des recommandations figurant dans le Manuel de nettoyage du CPE.[6]

(iii)   Stocker et manipuler les carburants et produits chimiques à l'aide de contenants adaptés.

---

[5] RCTA, Résolution 2 (2004), XXVIIe Réunion consultative du Traité sur l'Antarctique – Le Cap.
[6] Manuel de nettoyage du Comité pour la protection de l'environnement (*http://www.ats.aq/documents/recatt/att540_f.pdf*).

(iv) Lors de la manipulation de carburants ou d'autres liquides, utiliser des bacs récepteurs. Faire particulièrement attention en manipulant des carburants par grand vent.

Signaler tout accident ou incident environnemental aux autorités nationales compétentes.

Si l'installation à long terme d'un équipement est prévue sur le terrain :

(i) S'assurer qu'une évaluation d'impact sur l'environnement est réalisée avant toute installation, conformément à l'Annexe I du Protocole au Traité sur l'Antarctique relatif à la protection de l'environnement.

(ii) Identifier clairement tout équipement par pays, nom du chercheur principal et année de l'installation, et préciser la durée de maintien de l'installation.

(iii) S'assurer que les installations peuvent être récupérées et retirées lorsqu'elles ne sont plus nécessaires, sauf lorsque c'est impraticable ou que cela risque d'impliquer de nouvelles incidences environnementales, ou que cela a été identifié comme utile pour un suivi ou des recherches sur le long terme.

Ne déplacer aucun matériau et ne prélever aucun échantillon, à moins que l'évaluation d'impact sur l'environnement associée ou un permis dûment obtenu ne l'autorise.

Si des recherches sont menées sur des animaux vivants, observer les exigences juridiques des autorités nationales ainsi que celles qui figurent dans le « SCAR's Code of Conduct for the Use of Animals for Scientific Purposes in Antarctica » [*Code de conduite du SCAR pour l'utilisation d'animaux à des fins scientifiques dans l'Antarctique*].

Camps

Le matériel scientifique et du campement devra être nettoyé avant d'être introduit en Antarctique ou déplacé d'un site à un autre.

Réduire au maximum l'empreinte environnementale des camps en :

(i) Établissant des campements sur des zones de neige permanente ou des glaciers dans la mesure du possible et si cela ne présente aucun risque.

(ii) Installant les camps aussi loin que possible des berges des lacs, des lits des ruisseaux et flux associés ainsi que des zones couvertes de végétation, afin d'éviter toute détérioration ou pollution.

(iii) Prenant toutes les précautions nécessaires pour s'assurer qu'aucun aliment ni aucun déchet n'est accessible à des animaux.

(iv) Réutilisant les sites de campement, lorsque cela est possible.

(v) Maintenant autant que possible la propreté des camps pendant leur utilisation et les remettre en état, sans provoquer de nouveaux dégâts pour l'environnement, après utilisation.

(vi)   Utilisant l'énergie solaire et éolienne autant que faire se peut en vue de réduire au maximum l'utilisation de carburants.

Veiller à ce que le matériel et les provisions soient solidement arrimés en permanence pour éviter d'être emportés en cas de vents forts ou de courants descendants provoqués par un hélicoptère. Garder à l'esprit que dans certains lieux des vents catabatiques très violents peuvent se lever brusquement, et avec peu de signes avant-coureurs.

En travaillant dans une ZSPA ou une ZGSA, garder à l'esprit que le Plan de gestion peut poser des conditions supplémentaires pour les campements. Respecter toute condition figurant dans le permis d'entrée délivré pour accéder à une ZSPA. Les formulaire de rapports pour les visiteurs[7] devront être soumis à l'autorité nationale compétente dans les meilleurs délais.

Lignes directrices spécifiques selon l'environnement

Lacs et cours d'eau

Opter pour le matériel d'échantillonnage le moins nocif pour l'environnement côtier ou aquatique. Prélever soigneusement les échantillons et éviter tout échantillonnage excessif ou superflu. Réduire au maximum les effets cumulatifs en cas de prélèvements successifs au même endroit sur une longue période ou au cours de plusieurs saisons de terrain. L'usage de dragues, chaluts et carotteurs devra être le plus réduit possible.

Les écosystèmes aquatiques de l'Antarctique sont généralement extrêmement pauvres en nutriments (à l'exception de ceux subissant une influence animale), et sont par conséquent sensibles à la pollution anthropique. Des mesures seront mises en place afin de réduire au maximum et dans toute la mesure du possible tout rejet de déchets humains dans l'environnement.

Éviter de marcher dans les lits lacustres et fluviaux, ou trop près de leurs rives : cela peut perturber des biotes, fragiliser la stabilité des berges et modifier l'écoulement de l'eau. Si la traversée d'une étendue d'eau est nécessaire, utiliser le cas échéant les points de passage prévus à cet effet, ou marcher autant que possible sur des rochers.

Réduire autant que faire se peut l'utilisation de véhicules sur les glaces de lacs. Si l'accès à une étendue d'eau est requis pour des recherches scientifiques, utiliser dans la mesure du possible des embarcations non motorisées.

S'assurer que tout le matériel d'échantillonnage est correctement accroché ou bien à l'abri afin qu'il ne contamine pas l'étendue d'eau.

Nettoyer tout le matériel d'échantillonnage avant de le réutiliser dans une autre étendue d'eau afin d'éviter les contaminations croisées ; il est également envisageable d'utiliser un matériel différent pour chaque site.

---

[7] Se reporter à l'Annexe 2 du Guide pour l'élaboration des plans de gestion des Zones spécialement protégées de l'Antarctique du Comité pour la protection de l'environnement. Résolution 2 – XXXIVe RCTA, XIVe CPE – Buenos Aires (2011).

Lorsque cela est possible, préférer les chenaux aux barrages lors de l'étude des courants, afin de réduire au maximum les impacts de l'activité.

Éviter autant que possible l'utilisation de traceurs isotopiques stables à l'échelle de l'écosystème : il est préférable de les utiliser dans des récipients fermés. Envisager l'utilisation de traceurs naturels au cours des expériences. Les traceurs isotopiques radioactifs ne seront utilisés que dans des récipients fermés ou pour des expériences *ex situ*. Aucun résidu de traceur isotopique stable ou radioactif ne sera rejeté dans les écosystèmes. Consigner tout usage de traceur (lieu, type de traceur, quantité) et transmettre ces informations à l'autorité nationale compétente.

Afin d'éviter l'introduction de polluants ou la perturbation de la stratification de l'étendue d'eau et de ses sédiments :

(i)   Ne pas nager ou plonger dans les lacs, sauf si cela est nécessaire à des fins scientifiques.

(ii)   Emporter toute l'eau et les sédiments non utilisés du site, même sur des lacs recouverts de glace permanente, plutôt que de les rejeter dans le lac.

(iii)   S'assurer que rien n'est resté figé dans la glace de lac qui peut s'éroder.

(iv)   Envisager l'usage d'un véhicule sous-marin télécommandé en tant qu'outil pour les recherches menées sous la glace dans des lacs et des habitats côtiers ou littoraux.

Environnements libres de glace

La végétation terrestre comprend des espèces à croissance très lente et aux formes de croissance très fragiles. Les dégâts provoqués par le piétinement peuvent rester visibles pendant des années, voire des décennies, et toucher les nombreuses espèces terrestres d'invertébrés vivant dans les sols et se nourrissant des algues qu'il contient.

Dans les régions très fréquentées, utiliser les voies existantes autant que possible pour éviter de perturber de vastes étendues de végétation et de sols de surface. Dans les zones moins fréquentées, il conviendra de juger ce qui aura le moins d'incidence sur le milieu entre l'usage de chemins ou un mode de déplacement plus aléatoire. Les connaissances locales seront souvent d'une aide précieuse.

Nettoyer tous les équipements et chaussures, autant que possible, entre les différents sites, afin d'éviter le transfert de propagules et de terre.

En cas d'échantillonnage dans des zones couvertes de végétation, s'assurer que le site est remis autant que possible en l'état, sans que cela génère davantage d'incidences environnementales.

Utiliser le moins possible d'instruments mécaniques pour la collecte d'échantillons.

Lors du prélèvement de terre dans des zones désertiques, utiliser des bâches pour renfermer les matériaux extraits et limiter autant que possible les dégâts causés sur la surface désertique. Combler les trous creusés dans le sol, et remplacer dans la mesure du possible les matériaux de la surface afin de rendre son apparence initiale au site.

Ne pas déplacer ou extraire de roches, minéraux, fossiles, météorites ou structure façonnée par le vent, à moins que cela soit nécessaire dans le cadre des recherches réalisées.

Pour de plus amples recommandations lors de la réalisation d'activités scientifiques dans des zones continentales chauffées par géothermie, prière de consulter le *Code de conduite du SCAR pour les activités se déroulant en environnement géothermique continental en Antarctique.*

Glaciers et champs de glace

Garder à l'esprit que l'utilisation d'eau lors de forages à l'eau chaude, comme l'utilisation d'autres fluides de forage, peut contaminer la composition isotopique et chimique de la glace des glaciers.

Les systèmes hydrologiques sous les glaciers et les calottes glaciaires étant reliés à l'environnement alentour, et une contamination en aval n'étant pas exclue, faire preuve de prudence en cas d'utilisation de fluides de nature chimique lors du forage jusqu'à la base d'une calotte glaciaire. Cette prudence est à appliquer également lorsque le forage traverse la banquise pour atteindre l'océan en dessous. Pour plus d'informations sur les activités dans des environnements sous-glaciaires, veuillez consulter le *Code de conduite du SCAR pour l'exploration et la recherche dans des environnements aquatiques sous-glaciaires.*

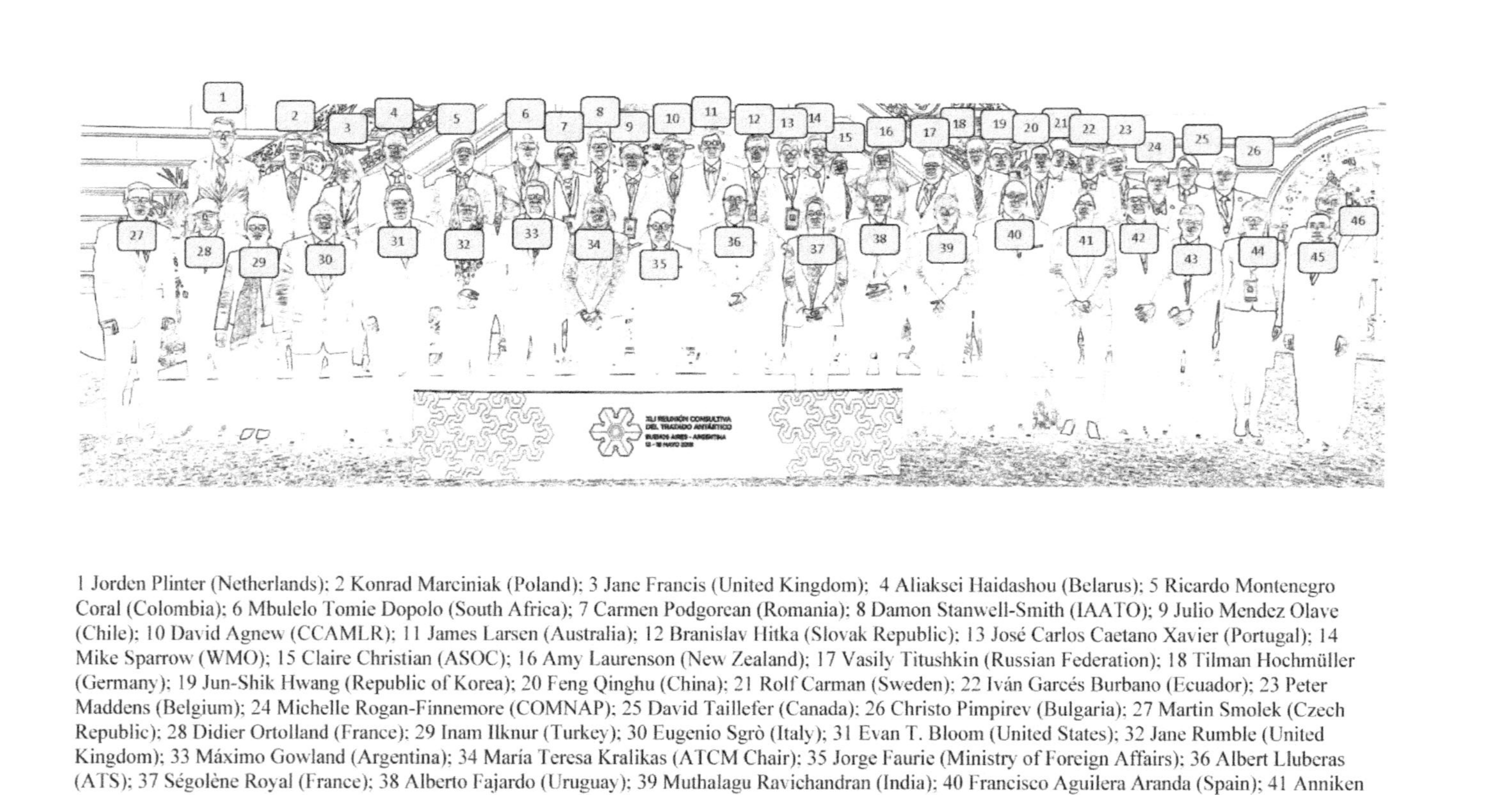

1 Jorden Plinter (Netherlands); 2 Konrad Marciniak (Poland); 3 Jane Francis (United Kingdom); 4 Aliaksei Haidashou (Belarus); 5 Ricardo Montenegro Coral (Colombia); 6 Mbulelo Tomie Dopolo (South Africa); 7 Carmen Podgorean (Romania); 8 Damon Stanwell-Smith (IAATO); 9 Julio Mendez Olave (Chile); 10 David Agnew (CCAMLR); 11 James Larsen (Australia); 12 Branislav Hitka (Slovak Republic); 13 José Carlos Caetano Xavier (Portugal); 14 Mike Sparrow (WMO); 15 Claire Christian (ASOC); 16 Amy Laurenson (New Zealand); 17 Vasily Titushkin (Russian Federation); 18 Tilman Hochmüller (Germany); 19 Jun-Shik Hwang (Republic of Korea); 20 Feng Qinghu (China); 21 Rolf Carman (Sweden); 22 Iván Garcés Burbano (Ecuador); 23 Peter Maddens (Belgium); 24 Michelle Rogan-Finnemore (COMNAP); 25 David Taillefer (Canada); 26 Christo Pimpirev (Bulgaria); 27 Martin Smolek (Czech Republic); 28 Didier Ortolland (France); 29 Inam Ilknur (Turkey); 30 Eugenio Sgrò (Italy); 31 Evan T. Bloom (United States); 32 Jane Rumble (United Kingdom); 33 Máximo Gowland (Argentina); 34 María Teresa Kralikas (ATCM Chair); 35 Jorge Faurie (Ministry of Foreign Affairs); 36 Albert Lluberas (ATS); 37 Ségolène Royal (France); 38 Alberto Fajardo (Uruguay); 39 Muthalagu Ravichandran (India); 40 Francisco Aguilera Aranda (Spain); 41 Anniken Ramberg Krutnes (Norway); 42 Rodrigo Mendes Carlos de Almeida (Brazil); 43 Steven Chown (SCAR); 44 Liisa Valjento (Finland); 45 Atsushi Iwasaki (Japan); 46 Juan A. Barreto (HC Secretariat). Absents: Carlos Eduardo Martinez (Venezuela); Emb. Roberto Seminario (Perú); Dmytro Cheberkus (Ucrania).

XLI REUNIÓN CONSULTIVA
DEL TRATADO ANTÁRTICO
BUENOS AIRES - ARGENTINA
13 - 18 MAYO 2018